本书为国家社会科学基金重大项目

"西方史学史谱系中的文明史范式研究"（19ZDA237）的阶段性成果之一

西 方
"文 明"
概 念 史

刘文明　魏孝稷 ◎ 主编

上海三联书店

目　录

序　言

刘文明

当代世界不同社会中的"文明"概念，很大程度上是近代欧洲"文明"观向外传播与各地本土类似观念翻译会通的结果，因此都具有大致相同的含义，即西方"civilisation"这一概念的内涵。例如，中国的"文明"一词，在先秦时期即已出现，到晚清时候才经日本福泽谕吉的翻译而与"civilisation"对接，使得具有本土特性的"文明"概念发生嬗变，具有了"civilisation"的含义，从而成为一个具有共性的现代概念。

不过，西方的"civilisation"为世界各地所接受，是通过欧洲国家的霸权而实现的，即这个最初产生于法国的地方性概念，通过欧洲的全球性扩张而传播到了全世界，并因欧洲的强权而为各地所接受，从而成为一种世界性话语。因此这个概念在世界历史进程中所扮演的角色，尤其是它作为一个理解近代西方扩张及其话语霸权的重要概念，值得我们反思和深入研究。

在此我们简要回顾一下"civilisation"在欧洲出现的历史。德国社会学家诺贝特·埃利亚斯（Norbert Elias）在《文明的进程》中提出，中世纪晚期至近代早期，欧洲社会出现了一个"文明化"进程，在这个进程中，以宫廷礼仪为表率的行为规范，从上层贵族扩展到市民及下层民众，并进而扩散到殖民地社会，与此同时形容词"文明的"（法语 civilisé，英语 civilized）也逐渐广泛用于描述个人和群体的行为。埃利亚斯认为，在这一历史进程中，欧洲人的行为规范从社会强制转变为自我强制，是一个行为"理性化"的过程，而后欧洲人作为"文明旗手"，又推动了世界的"文明化",因此他声称:"这样的文明便是西方有别于其他地方的、赋予其优越性的标志。"到启蒙运动时期,欧洲人的优越感随着其大规模海外扩张而变得更为强烈,需要用一个概念来表达其社会所取得的"成就",于是名词"civilisation"诞生了。这一单词首先出现于 1756 年法国思想家维克多·雷克蒂·米拉波(Victor Riqueti Mirabeau)的《人类之友,或人口论》一书,他把"文明"与"财富""自由"并用,而同时与"野蛮""堕落""压制"相对应。因此"civilisation"最初只有单数形式,是一个与"野蛮"相对应的具有价值取向的概念。因为此时在欧洲人眼中,海外殖民世界中的"他者"都是"野蛮""落后"的民族,以此来反观自身,欧洲文明就成了世界上最优越的文明。"civilisation"一词的创制便是这种心态的反映。

19 世纪,西方"文明"概念随着欧洲的扩张而传播到世界各地,西方所主导的"文明—野蛮"话语也在国际政治中产生了广泛影响,并且成为一种世界性话语。西方国际法学家以其"文明"标准来衡量各个国家的行为,将世界划分为"文明""半文明"和"野蛮"三类不同国家或民族。因此在他们所描述的世界图景中,欧洲及美洲基督教国家为文明国家,中国、日本、暹罗、奥斯曼土耳其等亚洲国家为半文明或半野蛮国家,非洲和大洋洲的土著部落为野蛮或蒙昧民族。福泽谕吉在《文明论概略》中接受了这种观点,他说:"现代世界的文明情况,要以欧洲各国和美国为最文明的国家,土耳其、中国、日本等亚洲国家为半开化的国家,而非洲和澳洲的国家算是野蛮的国家。……文明、半开化、野蛮这些说法是世界的通论,且为世界人民所公认。"由此梁启超在《文野三界之别》中也如此说:"泰西学者,分世界人类为三级。一曰蛮野之人,二曰半开之人,三曰文明之人。……此进化之公理,而世界人民所公认也。"不过,这三类国家中,只有"文明国家"才能成为所谓"国际社会"的合法成员,享有国际法的权利,这种国际法上的不平等,正是西方国家强行与非西方国家签订不平等条约的法理基础。因此 19 世纪西方的文明观,是一种以西方文明优越论为基础的文明等级观,并在国际政治中服务于西方的殖民掠夺行为。然而,西方列强通过宣扬"文明使命"而力图赋予其侵略扩张以合理性。因为在其主导的这套话语中,西方代表了文明与进步,非西方处于野蛮落后状态,因此西方人的扩张和殖民,不是"殖民掠夺",而是"文明教化"。

西方这套"文明—野蛮"话语在近现代世界大行其道，思想渊源却可以追溯到其古代传统。西方学者往往将古代希腊与古代希伯来称为西方文明的"两希传统"，正是这两个传统中的二元对立思维，成为西方"文明—野蛮"话语的思想基础。

美国历史学家布鲁斯·马兹利什(Bruce Mazlish)在《文明及其内涵》中认为："从历史角度来看，就'野蛮的'和'文明的'二词的形成而言，希腊人发挥了至关重要的作用。"因为从荷马时代起，希腊人就将附近的卡里亚人(Carian)称为"蛮族"，只是因为这些人说着希腊人听不懂的像"bar-bar"声音的语言。由此他评论说："希腊人关于我们与他们、文明与野蛮的观念在公元前480至前479年的希波战争中，随着希腊人的胜利而固定下来。"当然，古希腊文中尚未出现近似于"civilisation"的概念，例如，古代印度孔雀王朝的阿育王曾将其法令颁行各地，留下了一些石刻铭文，其中位于坎大哈(Kandahar)的双语石刻铭文是用希腊文和阿拉姆文(Aramaic)书写的，文中的"达摩"(dharma)一词用希腊文表述为"εσὲβεια"(eusebeia)，意为"虔诚"，这种翻译只是地方当局奉命行事时的意译，并没有完全表达"达摩"的含义，不过也表明了当时希腊语中没有相关的近义词。而印度思想家泰戈尔在中国演讲谈到"文明与发展"时说："我们自己语言中的梵语词'达摩'(dharma)与'文明'(civilisation)一词的词义最为相近。"因此，从词源角度来说，西方历史中的"蛮族"(barbarian)概念要早于"文明"概念的出现。不过，虽然希腊语中没有"文明"一词，但作为一种与"野蛮"相对应的观念却已然产生，并且成为后世西方"文明"观中的一个重要内涵，"野蛮"作为一个孪生概念始终与之相伴随。

在古代巴勒斯坦地区产生的犹太教，以及由此发展而来的基督教，也是现代西方文明观念中强调文野二元对立的思想来源之一。犹太人在公元前6世纪的"巴比伦之囚"期间，出现了一些"先知"宣扬上帝将派"弥赛亚"来拯救他们，于是进一步巩固了犹太教信仰。当巴比伦的犹太人被波斯人释放回到巴勒斯坦，建立政教合一的政权，又更加坚定了他们对上帝独一神的信奉。因此，犹太教作为一种严格的一神教，是在犹太民族遭受苦难的过程中形成和发展起来的，其结果正如肯尼亚裔美国学者阿里·

马兹鲁伊(Ali A. Mazrui)在《世界秩序中移动的文化边界》一文所说："二分法和二元论的倾向在犹太历史和犹太教义中非常强烈。它当然会影响犹太人的身份认同范式——一边是犹太人,另一边是异教徒(Gentiles)。几个世纪以来,犹太人面对人类其他地区,出现了各种形式的身份认同危机,并且通过大批离开巴勒斯坦、犹太人大流散以及受歧视和殉难的历史经历而被强化。政治上的犹太复国主义在其现代表现形式中,部分是作为犹太人的'我们'和作为异教徒的'他们'之间的二分法而诞生的。"因此基于犹太历史及其一神教思想而带来的自我与他者二元思维,从古代一直持续到现代。不仅如此,由于基督教与它具有渊源关系,这种二元论也通过作为一神教的基督教体现出来。马兹鲁伊进一步指出:"在一神教中,有一种倾向是将人类分为信徒和非信徒、有德行的人和有罪的人、善和恶、'我们'和'他们'。在一神教传统中,只有一个上帝,没有对手,他要求全部的忠诚和服从。正是因为一个人要么支持上帝,要么反对上帝,由此界线开始被精确地画出。"

因此,西方文明中形成于古代的文野二元对立观念,由中世纪基督教继承下来,并且到19世纪发展成为明确的"文明—野蛮"话语及以此为基础的文明等级观,这是我们理解西方"文明"观的一条重要历史线索。

不过,从19世纪晚期起,也有少数西方学者开始反思自身的"文明",例如英国学者爱德华·卡彭特(Edward Carpenter)就是当时反思西方文明的一个代表。在本书选译的《文明:病因与医治》一文中,他这样说道:"今天,我们发现自己处于社会的某种特殊状态当中,我们称它为'文明',但即使对于我们当中最乐观的人来说,它也并非全然令人满意。实际上,我们当中一些人倾向于认为它是不同种族的人们都不得不经历的一种疾病……无论我们将目光投向何处,或是豪宅或是贫民窟,我们都会看到疾病的各种特征,……在我们的现代生活中,我们发现构成真正社会的那种协调一致性已经丧失,取而代之的是阶级之间和个人之间的冲突,部分人的畸形发展导致对他人的损害,以及大量社会寄生者对社会机体的损耗。如果疾病这个词可以用于任何方面,我应该说——无论是从本义还是引申义而言——它适用于当今的文明社会。"因此他从社会生活和精神生活中人的"统一性的丧失"(loss of unity)这一视角,分析了英国文明的堕落和病态,并试图找到医治的办法。他的观点在当时招致了许多批评,甚至是"愤怒的攻击"。不过,到 20 世纪上半叶,由于第一次世界大战导致了许多西方人以往那种理想主义的幻灭,线性进步观也受到巨大冲击而发生动摇,于是对西方文明的怀疑和反思开始增多,德国学者奥斯瓦尔德·斯宾格勒便是其中著名的一位,其观点通过《西方的没落》反映出来。这种反思通过汤因比的《历史研究》一直延续到了当代,本书中选译的两篇论文,即布鲁斯·马兹利什(Bruce Mazlish)的《历史和全球视野下的"文明"》和帕特里克·曼宁(Patrick Manning)的《1756 年以来的"文明"概念:世界历史框架下的反思》,便具有一定的代表性。

　　由上可见,19 世纪以来西方的"文明"观,既有基于欧洲优越性的阐述,也有对这一概念的反思,因而具有丰富的历史内涵。本书就是试图通过选译一些 19 世纪以来西方学者阐述"文明"概念的代表性文章,一方面帮助我们了解"文明"概念在西方社会产生与变迁的历史,另一方面加深我们对 19 世纪以来西方"文明"观及其内涵的理解。因此,本书将全部12 篇文章分成"'文明'概念变迁"和"什么是'文明'"两个主题:一是关于"文明"概念的历史研究,二是关于"文明"内涵的阐述。第一个主题由 5篇文章构成。首篇是法国年鉴学派创始人吕西安·费弗尔的《文明:一个词汇和一组观念的演变》,深入探讨了"文明"概念在法国的出现及其早期使用情况。其后法国学者埃米尔·本维尼斯特的《文明:对文字史的一个贡献》,是在费弗尔研究基础上的深入和补充。美国学者布鲁斯·马兹利什的《历史和全球视野下的"文明"》将西方"文明"概念置于全球视角来考察,尤其关注它在全球的传播及演变。帕特里克·曼宁的《1756 年以来的"文明"概念:世界历史框架下的反思》则沿着马兹利什的思路,对西方"文明"概念产生以来在西方及世界历史中的运用,从全球史视角进行了反思。荷兰社会学家约翰·古德斯布洛姆的《文明:一个有争议概念的演变历程》,在评论马兹利什关于"文明"概念阐述的基础上,对这个概念使用的历史作了简要评述。第二个主题由 7 篇文章构成,不同学者从不同角度阐述了"文明"。弗朗索瓦·基佐从文明史视角解释了"文明"的含义,而且这一解释奠定了西方"文明"概念的基本内涵。约翰·密尔作为一个自由主义思想家提出了对"文明"的理解,D. D. 乔治从宗教和道德视角阐述了什么是"文明",爱德华·卡彭特作为一个社会主义者对西方文明提出了批评,涂尔干和马塞尔·莫斯探讨了"文明"概念对于社会学和人类学研究的意义,作为历史学家的詹姆斯·鲁滨逊从人类社会进步的视角概括了"文明"的含义,科林伍德则从历史哲学视角考察了"文明"及其与"野蛮"概念的关系。

近年来,概念史成为历史研究中一个重要的分支领域,反映社会面貌及其历史变迁的"文明"概念,自然也受到了历史学者的极大关注。而且,"文明"概念史也是我们从史学史角度理解文明史书写的一个重要基础。因此,本书的编纂作为国家社科基金重大项目"西方史学史谱系中的文明史范式研究"的阶段性成果之一,希望通过对有关西方"文明"概念的历史梳理,有助于推进国内史学界对西方文明史的深入研究。

『文明』概念变迁

吕西安·费弗尔（Lucien Paul Victor Febvre,1878—1956）出生于法国东北部洛林的南锡,20 岁时进入巴黎高等师范学院学习,大学毕业后曾在一所中学任教。1911 年通过博士论文《菲力普二世与弗朗什—孔泰:政治、宗教与社会史研究》,1912 年任第戎大学历史系教授。1914 年第一次世界大战爆发后他参军服役了四年。1919 年到斯特拉斯堡大学任教,并在这里结识了马克·布洛赫。1929 年,二人共同创办《经济与社会史年鉴》,成为法国年鉴学派创始人。1933 年,费弗尔任法兰西学院近代文明史教授。1947 年,他组建法国社会科学高等研究院并担任院长。费弗尔的主要著作有:《大地与人类演进:地理学视野下的史学引论》(1922,与朗乃尔·巴泰龙[Lionel Bataillon]合著),《马丁·路德的时运》(1928),《莱茵河:历史、神话和现实》(1935,与阿尔伯特·德芒戎[Albert Demangeon]合著),《十六世纪的无信仰问题:拉伯雷的宗教》(1942),《书籍的历史》(1958,与亨利-让·马丁[Henri-Jean Martin]合著)。

1930 年,费弗尔与埃米尔·托纳拉(Émile Tonnelat)、马塞尔·莫斯(Marcel Mauss)、阿尔弗雷多·尼科弗罗(Alfredo Niceforo)和路易斯·韦伯(Louis Weber)共同出版了一本讨论"文明"概念的小册子《文明:词与意》(*Civilisation-Le mot et l'idée*),《文明:一个词汇和一组观念的演变》便是该书中由费弗尔撰写的第一篇论文"Civilisation. Évolution d'un mot et d'un groupe d'idées"。该文后来收入 1973 年由彼得·伯克(Peter Burke)主编的费弗尔文集《一种新历史:费弗尔文选》(*A New Kind Of History: From the Writings of Lucien Febvre*)。在该文中,费弗尔考察了"文明"概念在法国的起源及其在欧洲的初步使用。费弗尔认为,civilisation 一词于 1766 年出现在法国的出版物中,但他推测也可能更早。因此,尽管他在撰写这篇文章时,没有检索到 1756 年米拉波在《人类之友》中已使用该词,但这篇文章仍不失为文明概念史研究的经典之作。

（刘文明编写）

文明：一个词汇和一组观念的演变

吕西安·费弗尔

（蒋勋蓉译　刘文明校）

　　研究一个词的历史永远不会徒劳无益,研究历程或长或短或单调乏味或多变有趣,都总是有益的。然而,在每一种主要语言中,总有十来个术语(这个数量常常更少而绝不会更多),它们的历史并不会引起学者的兴趣。但如果我们赋予"历史学家"这个词应有的力量,那么这些术语的历史对于历史学家而言就颇有研究价值。

　　这些用语,其含义在字典中的定义或多或少有些粗陋,而在人类经验的影响下,其演进的步伐从未停止,或许可以这样说,它们传递给我们的是其一路走来意味深长的历史。仅靠这些用语,我们就能追溯和考量一群主导观念发生的变化——也许很慢,但是非常精确(因为语言并不是快捷的记录工具),人们常常乐于把这些观念看成是静止不变的,因为这似乎能给人以安全感。① 法语中"文明"一词的历史建构,实际上意味着对法国精神自 18 世纪后半叶至今实现和经历的历次革命中影响最深远的各个阶段的重构,因此,这也同时意味着接受(从某个特定的视角接受)历史的全部,而历史的起源和影响已经超越了单个国家的边界。下文的简要梳理或使追溯革命的各个阶段成为可能,而我们当今审视革命的态度

---

① 此处补充说明一点:未曾有历史教师提出或有年轻的历史学者考虑过对这些词的历史进行细致研究,或撰写一篇有关此专题的博士论文。这一事实足以说明精神上条理的缺乏,而非物质条理的匮乏,这是对当代历史的研究仍然缺乏的。此类研究用于研究古代历史,并被证明极其宝贵,对我们有重要的指导意义。当然,此类研究颇为不易,为此,我们需要具备坚实哲学基础的历史学家—aves rarae。这样的人的确存在,如果没有,我们或许应该考虑培养一些这样的人才。

较之从前更为严苛，这样的梳理至少能再一次证明，向我们社会滚滚袭来浪潮的节奏不是由某同一循环周期内往复循环的某种科学和思想决定的，而是所有学科以及各个分支学科的进展共同作用的结果。

一

让我们清晰地划出这个问题的范围。几个月前，在索邦大学举行的答辩会上，一篇答辩论文论及了图皮-瓜拉尼（Tupi-Guarani）文明。图皮-瓜拉尼是人生活在南美的一个小部落，他们无论从哪个意义上看都与我们祖先所用术语"蒙昧人"（sauvage）相符。然而至今为止，长期以来关于未开化（noncivilisés）民族文明的观念已经被普遍接受。如果考古学能够提供足够材料，我们将看到考古学家淡定地论及匈奴文明，而之前匈奴人被我们的祖先称为"文明的祸患"（les fléaux de la civilisation）。

但是，我们的报纸、期刊以及我们自己都滔滔不绝地讨论进步、征服和文明的好处，有时笃信不疑，有时冷嘲热讽，有时甚至带着苦涩。但是，问题的关键是，我们不停地在谈论这个话题，这恰恰暗示着，一个词、一个完全相同的词被用来指示两种不同的概念。

第一种概念中，文明一词就是指在一个人类群体的集体生活中能观察到的所有特征，涵盖他们的物质、思想、道德、政治生活以及社会生活，很不幸，除了用"社会生活"，我们没有其他的词来定义这个概念。有人建议，这个意义上的文明应该被称为"民族志"（ethnographique）概念的文明，[①]它不暗示任何关于所考察事实的具体细节或整体模式的价值判断，它既与群体中分别考察的个体没有关联，也与他们的个人反应和个体行为没有任何关系，它首先是一个指向群体的概念。

在第二种概念中，我们谈到文明的进步、失败、伟大、弱小时，我们大脑中的确存在价值判断。我们抱有这样的观念：我们谈论的文明——亦即我们自己的文明，在物质和道德层面，与任何其他的蒙昧（sauvagerie）、野蛮（barbarie）或半文明（demi-civilisation）相比，都是伟大和美丽的，也

---

① A. Niceforo, *Les indices numériques de la civilisation et du progrès*, Paris, 1921.

更加高贵、舒适和美好。总之,我们笃信,我们所参与、宣传、受益和普及的这种文明,会给我们大家带来某种价值、声望和尊严。因为它是所有文明社会共同享有的一项集体财富,同时也是我们每一个人自豪地吹嘘自己拥有的一种个人特权。

由此,在一种人们认为清晰和合乎逻辑的语言中,今天在用一个词、且是完全相同的一个词来指代两个完全不同,甚至几乎截然对立的概念,这其中的缘由何在? 这个词的历史又能在何种程度上、以何种方式帮助我们理解这些问题?

"文明"一词在语言中的出现是晚近的事。安德烈-路易斯·马志尼(André-Louis Mazzini)于 1847 年的著作《论意大利与自由及现代文明的关系》(*De l'Italie dans ses rapports avec la liberté et la civilisation moderne*)的首页中写道:"这个词是法国首创,在世纪末由法国精神所创。"这马上让人想到尼采写给斯特林堡(Strindberg)的书信,斯特林堡于1888 年对自己不是德国人这一事实表达了遗憾之情:"没有任何文明可以和法国文明相提并论,这一点无可非议,完全顺理成章,必定是真正的文明。"[①]正如我们所见,这些陈述提出了一个重要问题,但并没有做出解答,至少这个事实是无可争辩的——"文明"一词在法语中的起源和使用都是晚近的事。

谁最早使用该词或者至少谁在正式出版物中最早使用该词? 我们无从得知。没有人会对这个回答感到诧异。我们的条件很差,事实上,我们根本没有条件去书写我们语言中最近起源的单词的历史。除了一系列《法兰西学院词典》(*Dictionnaires de l'Académie française*)(1694,1718,1740,1762,1798,1835,1878),除了从菲雷蒂埃(Furetière)到利特雷(Littré)(包括不应被遗漏的《百科全书》)这些经典索引,它们为基本书籍起了补充作用。最后,除了一些有用但相当概述性的有关 18 世纪的研究,如戈辛(Gohin)1903 年关于《1710 年到 1789 年法语的演变》(*Les transformations de la langue française de* 1710 *à* 1789)的研究,以及马

---

① 阿尔伯特·库森(Albert Counson)引用的文本,*Qu'est-ce que la civilisation?* (Public. de l'Académie de langue et littérature française, Bruxelles, 1923). 同一作者,*La civilisation, action de la science sur la loi*, Paris, Alcan, 1929, pp. 187 et 188, n。

克斯·弗雷（Max Frey）关于《法国大革命时法语词汇的演变（1789—1800）》（*Les Transformations du vocabulaire française à l'époque de la Révolution*，1789‐1800)的研究，我们完全没有可以研究的材料；我把上述研究视为概述性的，这也是事实使然，情不得已。我们能找到的孟德斯鸠、伏尔泰、杜尔哥（Turgot）、卢梭、孔多塞等人使用的个人词汇表甚至不足 20 个，而单单研究他们使用的语言就足以让我们写出法国语言思想通史中最精妙和最新的章节之一，其价值和意义通过费迪南·布吕诺（M. Ferdinand Brunot)的里程碑式的著作《法语史》（*Histoire de la langue française*)可见一斑。

任何人，如果想书写一个 18 世纪出现的词的历史，都不得不从无以数计的文学作品中随机抽取样本，完全无法借力于索引或目录，因此常常耗费大量时间而毫无结果。就我而言，通过长期尽可能有条不紊地阅读，我能找到的、法语的正式出版文献中最早使用"文明"一词是在 1766 年。

我知道，人们通常认为这个新词的使用与更早期的年轻的杜尔哥在索邦学院的上课讲稿有关。戈辛在其著作中，谈及了"文明"一词的诞生时间："1752 年前后"，参考书目是："杜尔哥，II，第 674 页"，[1]显然，这个参考书目不是指被视为唯一权威的谢尔勒（Schelle）版，而是戴尔（Daire）和迪萨尔（Dussard）的版本，该书中的两卷（以杜邦·德内穆尔[Dupont de Nemours]版本为基础)出现在 1844 年出版的《主要经济学家作品合辑》（*Collection des principaux économistes*)中。我们发现，在该书第二卷（第 671 页)中刊出，或更准确地说，重刊了以下内容："这些思想与摘录写在纸上，以便用于有关世界史或有关科学艺术的进步与衰落的三大著作之一。"在第 674 页中写道："在文明的开端，进步或许尤其显得十分迅速。"不幸的是，很可能并不是写下这段文字的杜尔哥，而是杜邦·德内穆尔在多年之后发表其硕士论文时很自然地使用了该词。[2] 我们在谢尔勒再版的、直接取材于手稿的文本中没有找到它。[3] 它既没有出现在 1750

---

[1] Counson, *Discours cité*, p. 11.

[2] 如 M. 谢尔勒明确表示的那样，杜邦·德内穆尔一直在这样做，他对杜尔哥的文本改动较多。

[3] 但它收录于 *Oeuvres de Turgot* (Paris, Alcan, 1913)第一卷，第 214 页，不过是在 M. 谢尔勒所撰写的 *Tableau philosophique des progrès successifs de l'esprit humain* 开头的一个概要。

年的讲稿中,或者在《一个秘鲁人的来信》(*Lettres d'une Péruvienne*)收录的 1751 年写给格拉菲尼夫人(Madame de Graffigny)的书信中,也不在 1756 年出版的《百科全书》(*l'Encyclopédie*)的"词源"(Étymologie)辞条中。这些作品中表达的含义,[1]经常让我们联想到据称索邦学院院长早在 1750 年就已经提出的这个词,然而他从未真正使用该词,他甚至未使用动词 *civiliser* 或者当时已经普遍使用的分词 *civilisé*,他使用的始终是 *police* 和 *policé*(教养),简言之,他应该是在人生中某一个机缘巧合的情况下在纸上写下了某个词,他与这个词再无瓜葛,在我看来,与他同时代的人在后来的 10 年也无人愿意冒险提出这样的词,卢梭在他 1750 年获第戎学院奖的《论科学与艺术》中没有,杜克洛(Duclos)在他 1751 年出版的《本世纪风俗评论》(*Considérations Sur Les Moeurs De Ce Siècle*)中没有,爱尔维修(Helvétius)在他 1758 年出版的《论精神》(*l'Esprit*)中也没有。其他的人我们在此不再赘述。

因此,我们关注的这个词直到 1766 年才见诸于出版物。那个年代,阿姆斯特丹的雷伊(Rey)公司以一卷四开本和三卷十二开本两种形式出版了已故的 M. 布朗热(M. Boulanger)的《通过其习俗揭示的古代》(*Antiquité dévoilée par ses usages*),在十二开本的第三卷中写道:"当一个蒙昧民族变得文明时,我们绝不能通过赋予它严苛的、不可改变的法律导致其'文明'行为中止,我们必须使其认为赋予它的法规是一种持续的文明。"[2]这个新颖的、机智的措辞被印成斜体。《通过其习俗揭示的古代》是在作者去世后出版的,作者逝于 1759 年。所以,如果有人在准备出版该书时对已故的 M. 布朗热的手稿作了补充(如果不是重写),而我们不知道,该词至少也可以追溯到出版的那个年代。而且,某人就是永恒的霍尔巴赫男爵(Baron d'Holbach)面前那个伟大的新词缔造者,例如,霍尔巴赫男爵早在 1773 年就在《社会体系》(*Système social*)中写道:"社会中的人成为用电者",这是普利斯特列(Priestley)的《电的历史》

---

① 参见谢尔勒主编的 *Oeuvres de Turgot* 第一卷。
② Livre VI, chap. II, pp. 404 – 405 du tome III de l'éd.

（*l'Histoire de l'électricité*）在书店中面世两年后。① 令人惊异的事实是
霍尔巴赫男爵在他的《社会体系》一书中使用了"文明"一词。② 但是，M.
布朗热除了前面引述的句子外，从未使用该词。我曾仔细研读《东方专制
起源研究》（*Recherches sur l'origine du despotisme oriental*）（1761）一
书，该书中 *civilisé*（文明的）一词确实出现，但是并不频繁。*Civilisation*
（文明）一词则从未出现，常用的是 *police* 和 *policé*（教养）。在布朗热的
作品中使用 *civilisation* 的例子只有一处，但是在霍尔巴赫男爵的作品中
则不然。无论如何，我们有我们需要的事实，我们有 1766 年使用该词的
例子。我不是说这是第一个例子，当然我希望其他研究者比我更加幸运，
摒弃布朗热和霍尔巴赫男爵，夺走他们身上这一项算不上显达的殊荣。

这个词并非一直被视为异类，1765 年到 1775 年间它被接纳了。我
们找到 1767 年博多神父（Abbé Baudeau）在《公民大事记》（*Ephémérides
du citoyen*）③一书中使用该词并写道："土地所有权构成了走向最完美文
明的重要一步。"在不久后的 1771 年，他在《经济哲学简介，或礼仪之邦分
析》（*Première Introduction à la philosophie économique，ou Analyse des
États policés*）一书中再次使用该词。④ 雷纳尔（Raynal）在他的《欧洲人在
东西印度殖民和贸易的历史、哲学及政治》（*l'Histoire philosophique et
politique des établissements et du commerce des Européens dans les
deux Indes*）（1770）中效仿博多神父，在他的第 19 本书中多次使用这个
新词。⑤ 狄德罗（Diderot）在 1773—1774 年的著作《对爱尔维修标题为

---

① 参见 *Système social*，Londres，1773，3，t. I，chap. XVI，p. 204. *L'Histoire de l'électricité*
est de Paris，1771。

② 参见第一卷，第 210 页，第 16 章："一个民族及统治他们的领袖人物的文明需数世纪的时间才
能完成"，在此书中，civiliser 和 civilisé 同时被使用，相似的是，在 1770 年出版的《自然体系》
（*Système de la nature*）中我没有找到 civilisation 一词。

③ February 1767，p. 82. Weulersse 摘引自 *Les Physiocrates*，ii，p. 139。

④ Ch. 6，art. 6（*Coll. des Économistes*，p. 817）："欧洲目前的文明状态。"

⑤ 参见 1781 年日内瓦版，第 10 卷，第 19 册，第 27 页："解放，或者以不同名称大致所指的同一
事情，帝国的文明是一个长期而艰难的过程……国家（États）的文明实乃情势之所致，而非统
治者的智慧所赐。"同书第 28 页，关于俄罗斯："该地区的气候真的有利于文明吗？"第 29 页：
"我们不禁叹问：世上真的可能正义泯灭而文明仍存吗？"同时参见第 1 卷，第 60 页："一个神
奇秘密阻止……文明的进步。"

〈论人类〉的著作的反驳》（*Réfutation suivie de l'ouvrage d'Helvétius intitulé « l'Homme »*）中大胆使用了该词。[1] 然而，该词的使用并不是随处可见。在神父让·德·查斯特拉克斯（Jean de Chastellux）的论文《论公众的幸福》（*De la félicité publique*）和著作《对不同历史时期人类命运的思考》（*Considérations sur le sort des hommes dans les différentes époques de l'Histoire*）（其第一卷 1772 年在阿姆斯特丹面世）中，他大量使用 police 一词，但似乎从未使用 civilisation。[2] 有语言纯正癖的作家布丰（Buffon）或许会用这个词的动词和分词，但在他的《自然时代》（*Époques de la Nature*）（1774—1779）中，他似乎对其名词形式完全一无所知。安托万-伊夫·戈盖（Antoine-Yves Goguet）于 1778 年出版的《论法律、艺术及科学的起源及其在古代民族中的进步》（*De l'origine des loix，des arts et des sciences et de leurs progrès chez les anciens peuples*）一书的情形也是如此，而人们本来期待可以在书中见到该词。另一方面，德默尼耶（Démeunier）在 1776 年出版的《论不同民族习俗的精神》（*l'Esprit des usages et des coutumes des différents peuples*）一书中谈到"文明的进步"（progrès de la civilisation），[3]这个词的使用变得不那么罕见。当我们接近大革命时期，这个词开始胜出。[4] 1798 年，该词终于

---

[1] *Oeuvres*，éd. Tourneux，t. II，p. 431："我也认为文明有目的，更多是与人类总体的幸福相一致的目的。"

[2] 他相当自然频繁地使用 civilisé 和 civiliser：导言第 10 页："什么是文明的人？"第 2 卷第 10 章，第 127 页："你赞许沙皇彼得对极北寒冷地区进行文明教化这一事实吗？"

[3] Dans l'Avertissement. Cf Van GENNEP，*Religions，moeurs et légendes*，3e série，Paris，1911，p. 21 sqq.

[4] 有大量文本佐证，例如：1787，CONDORCET，*Vie de Voltaire*："文明在地球上传播得越广，我们将越能看到战争和征服销声匿迹。"1791，BOISSEL，*Le Catéchisme du genre humain*，2e édit.，d'après JAURÈS，*Histoire socialiste，la Convention*，t. II，p. 1551 seq. - 1793，BILLAUD-VARENNES，*Éléments de républicanisme*，d'après JAU-RÈS，*Ibid.*，t. II，p. 1503 et p. 1506. - 1795，CONDORCET，*Esquisse d'un ta-bleau historique des progrès de l'esprit humain*，p. 5："人类被观察的首个文明的国家"；p. 11："它介于文明和我们在未开化人中能观察到的蒙昧之间"；p. 28："所有文明的"；p. 38："达到高度文明的民族"等等。1796，*Voyages de C. P. Thumberg au Japon*，traduits per L. Laigles et revue per J. -B. Lamarck，4 vols. t. I，Paris，an IV（1796）. 编者"前言"："它（日本民族）获得了这个文明国家能够接受的某种程度的自由。"最后这个词的使用如此普遍，以致 1798 年 6 月 30 日，拿破仑登上埃及的领土的前夜，在"东方号"旗舰上，他在公告中写道："士兵们，你们将要实施的征服行动对于世界的文明和商业的影响不可估量。"我们一直试图收集那个时代不同文体的著作。

第一次被之前一直对它不屑一顾的《学院词典》（*Dictionnaire de l'Académie*）收录，就像《百科全书》甚至《分类学百科全书》之前一直对它十分轻视那样。① 唯独《特雷武词典》（*Dictionnaire de Trévoux*）收录了它，但只给出了它旧有的法学含义："'文明'，法学专用术语。一种将刑事案件转为民事案件的判决。"②

于是，1765 年到 1798 年间，我们今天几乎离不开的这个词在法国诞生、发展并立稳脚跟。但这里出现另一个只能凭连连好运的发现才能解决的问题。

如果我们打开穆雷（Murray）的《英语词典》第二卷去查找该英文单词的背景，英文单词 *civilisation* 与法文 *civilisation* 只有一个字母的不同，是法文单词的忠实翻版，我们发现博斯韦尔（Boswell）所写的颇有文采的一段文字。③ 他说在 1772 年 3 月 23 日这一天，他去拜访年迈的约翰逊（Johnson），约翰逊正在为编写他的词典第 4 版做准备，博斯韦尔做了如下记录："约翰逊不接受 *civilisation*（文明），而只认可 *civilité*（文雅）。尽管我对他充满敬意，但我还是认为，来自动词 *civiliser* 的 *civilisation* 一词，在与 *barbarie*（野蛮）相对的意义上，比 *civilité* 一词更好。"这是一段十分有意思的文字，大家都熟知当时存在于法国知识分子和英国知识

---

① 利特雷由此在他编撰的《词典》里"文明"词条中犯下一个严重的错误（事实上是一个无关紧要的错误），他断言"该词仅仅是自 1835 年版的《学院词典》才出现的，而当公众的思想开始以历史进程为中心时，该词仅仅被现代作家们使用"。

② *Dictionnaire universal français et latin*，*nouvelle édition*，*corrigée*，*avec les additions*，Nancy，1740. 1762 年版的《学院词典》增补了大量 1740 年版没有收录的词（据戈辛的统计，为 5217 个），并对词典这个概念做了大量拓展。更值得一提的是，civilisation 并未被收录其中。1798 年的版本包含 1887 个新词，并证明了一个新的取向：彰显了语言进步中的哲学精神；它不仅仅是记录语言的用法；它还审判语言的用法。然而，1798 年版的定义实在是简单（如果不是很差的话）："文明，已经教化的有教养的行为或状态。"(Civilisation, action de civiliser ou état de ce qui est civilisé.) 所有词典都接受了这一定义，直到 *Dictionnaire général de la langue française du commencement du XVIIe siècle à nos jours*，d'Hatzfeld, Darmesteter et Thomas, Paris, s. d. (1890)："通过引申，新义：人性在道德、智力、社会等领域的进步。"

③ J. A. H. Murray, *A New Dictionary*, vol. II, Oxford, Clarendon Press, 1893, vo *Civilization*："1772. Boswell. Johnson, xxv. On monday, March 23, I found him [Johnson] busy, preparing a fourth edition of his folio Dictionary. He would not admit *civilisation*, but only *civility*. With great deference to him, I thought *civilisation*, from to *civilize*, better in the sense opposed to *barbarity*, than *civility*."

分子之间的联系,把两国的精英阶层连接在一起,对显而易见的有关根源问题不予过问是不可能的。但问题是,谁借用了谁的语言?

在博斯韦尔给予"文明"一词以"文化(culture)"的含义之前,穆雷没有引用博斯韦尔之前写作于 1772 年的英文文本。布朗热的文本至少是 1766 年——二者相差 6 年,时间并不长。但是,有一个后来出现的文本证明法文中这个单词早于英文中这个单词。1771 年的阿姆斯特丹出现了罗伯森(Robertson)的《皇帝查尔斯五世统治时期的历史》一书的法文译本。[①] 当然,我对这一著作感到好奇,它很可能有助于阐明词汇起源的问题。在"导言"(l'Introduction,p. 23)中我发现这样的句子:"有必要追随他们[北方民族]从野蛮进入文明的快速步伐。"随后我又读到如下的论述:"人类社会最腐败的状态就是人类失去了……他们简朴的原始习俗,却没有达到以正义和正直来抑制残忍的欲望这种文明程度。"我立即找到这一名著的英文文本的开篇《欧洲社会进步观》(View of the Progress of Society in Europe)。在这两处,被法文译者译为 civilisation 的英文单词不是英文单词 civilisation,而是 refinement(优雅)。

这个事实并非无足轻重。它肯定会削弱苏格兰人在引入这个新词中所扮演的角色。诚然,在法国,我们发现该词出现于一些翻译著作中,例如格拉斯哥的教授米勒(J. Millar)于 1773 年的著作《关于社会开端的考察》(Observations sur les commencements de la Société)。[②] 格里姆(Grimm)曾在他的著作《文学通信》(Correspondance littéraire)中描述了这本书,他利用这个机会使 civilisation 一词现身于出版物。[③] 不过在那个年代,这不再是令人惊讶的事。我们在另一本译著中也能读到该词,即罗伯森的《美洲史》(l'Histoire de l'Amérique),[④]但它出版于 1780 年。我们还可以在 1790 年由鲁谢(Roucher)翻译、孔多塞注释的亚当·斯密

---

① *The history of the reign of the Emperor Charles V* 第一个英文版本出版于 1769 年。

② Préface, p. xiv:"*L'influence des progrès de la civilisation et du gouvernement.*" La section II du chapitre iv (p. 304)标题为:"一个民族的统治的变化破坏了文明的进步",相似地,La section II du chapitre v (p. 347)标题为:"财富和文明相对于仆人的一般影响。"

③ Édition Tourneux, t. X, Paris, 1879, ln-8, p. 317, novembre 1773 :"文明的连续进步……文明的第一次进步。"

④ Tome II, p. 164.

的《国富论》中读到。① 这些仅仅是几个例子，但是我们不能从这些找到的例子中得出这个词从苏格兰或英格兰传播到法国的结论。罗伯森的文本排除了这个可能性，除非另有新的发现。

二

虽然如此，英文用法与法文用法的相似性带来了一个新的问题。在英吉利海峡的两岸，动词 *civiliser*（to civilize）和分词 *civilisé*（civilized）的出现都大大早于对应的名词，②穆雷给出的例子把我们带回到 17 世纪 30 年代（1631—1641），而在法国，蒙田（Montaigne）早在 16 世纪就在他的《随笔集》（*Essais*）中使用了该词，他在谈到特纳布（Turnèbe）时写道："他那种外向的举止在宫廷贵妇面前显得不文明（*pas civilizée*）。"③半个世纪后，笛卡尔（Descartes）在《方法论》（*Discours de la Méthode*）一书中清晰地把一个"文明的"（*civilisé*）人与一个"蒙昧的"（*sauvage*）人区分开来。④ 在 18 世纪上半叶，动词形式 *civiliser* 和分词形式 *civilisé* 继续不时出现。由此，从以 iser 结尾的动词演变出以 isation 结尾的名词形式应该是这一发展过程中意料之中的事。⑤ 为什么却没有人想到这样做呢？

---

① 译文基于第 4 版，参见 t. I, chap. III, p. 40："最先到达文明的似乎是那些地理上以地中海沿岸为其家园的民族。"

② 至少文化意义上是如此的［文明一词的动词和分词形式早于实词名词出现］，英语和法语情况一样，因为文明一词在法律含义上（如《特雷武词典》给出的定义）是个古老的词汇。穆雷列出了一些 18 世纪初期的例子（Harris；la Cyclopaedia de Chambers，等等）。

③ *Essais*, I. I, chap. xxv, "*Du Pédantisme*".

④ *Oeuvres de Descartes*, éd. Adam, t. VI, *Discours de la Méthode*, 2e partie, p. 12："由此，我猜想那些以前半蒙昧（demi-sauvages）的民族，受犯罪和冲突导致的混沌动乱所迫才逐步建立法律，一步步地自我教化（civilisez），他们不可能像那些从一开始共同生活就遵循由审慎的立法机构制定的法律的民族那样变得同样礼貌（policez）。"稍后即有另一文本将野蛮人（barbare）和蒙昧人（sauvage）定义为缺乏理性："认识到所有这些和我们的感情相异的民族，无论是野蛮人还是蒙昧人，都不是仅仅因为那个原因，而是因为他们中的很多人都跟我们一样运用理性，他们甚至运用得更多。"这些文本是由亨利·贝尔（M. Henri Berr）提示我的。

⑤ 特别是恰恰在 18 世纪，以 iser 结尾的动词大量出现，如前面所述，M. 弗雷在其著作《法国大革命时法语词汇的演变》中列出了革命时期的许多例子，第 21 页（*centralizer*, *fanatiser*, *fédéraliser*, *municipaliser*, *naturaliser*, *utiliser*, *etc.*）。但是戈辛之前从百科全书派著作中列出另一个相似的动词清单，其中我们发现了 *barbariser* 一词。

1740 年伏尔泰在《风俗论》的"前言"中赞同沙特莱侯爵夫人（Madame du Châtelet）试图"直接研究那些最早文明的（*civilisées*）民族"的方法，他建议她考虑"按照它们似乎变得文明的（*civilisé*）顺序来研究"整个世界，[1]但是，他从未使用 *civilisation* 一词，除非我弄错了。卢梭在 1762 年的《社会契约论》中斥责彼得大帝试图"当他的臣民只需要顽强战斗的时候，却让他们变得文明（civiliser）"，[2]然而，卢梭也未使用 *civilisation* 一词。[3] 这一点确实有些令人惊讶，让我们想到可能时机尚不成熟，由动词形式向名词形式的转变并非仅仅是一个机械的过程。

我们能够说，在 *civilisation* 一词出现之前那些已经在使用的名词，会让 *civilisation* 一词的出现显得多余而毫无意义吗？整个 17 世纪，法国的作家依照模糊而又非常具体的等级制度把人们分成不同等级，最底层的是蒙昧人（*sauvages*），较之地位稍高一点、但与之区别不大的是野蛮人（*barbares*），之后是从第一阶段过渡到拥有文雅（*civilité*）、礼貌（*politesse*）的人，最后是有良好教养（*police*）的人。

我们不难想象，同义词学者可以说出这些数量颇大的同义词之间的细微差别。有一整类文献中充斥着隐瞒地剽窃，试图定义那些被赋予巧妙心理学解释的术语的正确含义。

"文雅"（*civilité*）是一个古老的词，它与 *civil* 和 *civilien* 一同出现于戈德弗鲁瓦（Godefroy）的作品中，尼古拉·奥里斯姆（Nicolas Oresme）的文章中也包括"教养"（*policie*）、"文雅"（*civilité*）和"友好相处"（*communité*），进一步说明了这一点。[4] 罗伯特·埃斯蒂安（Robert Estienne）没有在其 1549 年编撰的有宝贵价值的《法语-拉丁语词典》中漏掉"文雅"（*civilité*）一词，他将其收录在 *civil* 一词后面，*civil* 被精确地定

---

[1] *Oeuvres de Voltaire*, éd. Beuchot, t. XV, p. 253 et 256.

[2] *Contrat social*, chap. VIII du livre II.

[3] 据我的核对结果，该词也未在卢梭 1750 年第戎获奖的论文（《论科学与艺术的复兴是否有助于使风俗日趋纯朴》）中出现，卢梭只是使用了 police 和 policé，正如杜尔哥在同时期的《哲学公告》（1750 年）中，以及杜克洛（Duclos）在《本世纪风俗评论》（1751）中，以及许多其他同时代作家。

[4] *Dictionnaire de l'ancienne langue frçncaise*, Paris, 1881. 在 Hatzfeld、Darmesteter 和 Thomas 编撰的《通用词典》（Dictionnaire général）中有关 *Civilité* 的词条中，提到了尼古拉·奥里斯姆的《伦理学》（*Éthiques*）。

义为"知道圆滑得体的人"，也解释为 *urbanus*（优雅的）和 *civilis*（文雅的）。1690 年，菲雷蒂埃在其《三卷本通用词典》(*Dictionnaire universel divisé en trois tomes*)（其中 *civiliser* 和 *civilisé* 都与 *civil* 一同出现）中将 *civilité* 定义为："与他人交往和交谈时真诚、文雅和礼貌的行为举止。"[①]也就是说，虽然 *civil* 一词在其人文涵义之外仍保有政治法律的含义，"文雅"(*civilité*)一词则只表示跟礼貌举止有关的意思，根据卡利埃尔(Callières)(1693)的观点，实际上"文雅"(*civilité*)取代了当时被弃用的"高雅"(*courtoisie*)一词。[②] 对于敏感的 18 世纪语法学家而言，"文雅"(*civilité*)一词事实上不过是表面更好看而已。吉拉尔神父（Abbé Girard）编撰的 1780 年版的《法语同义词词典》(*Synonymes françois*)颇为有趣，[③]有大量的世俗经验并借用了很多微妙的表达，从中我们读到："就人类而言，'文雅'(*civilité*)是对上帝的公共膜拜——是内心情感外在的、有形的见证。"另一方面，礼貌(*politesse*)"则如同公共膜拜对于祷告的补充一样，是对'文雅'(*civilité*)的补充，——是一种获得更加富于感情的人性、更加关心他人、更加有教养的方式"。这种"礼貌"(*politesse*)相较于"文雅"(*civilité*)，以"更精细的教养"为先决条件，是"天生的品质，或者说更难伪装"，[④]由此得出的结论总体认为"礼貌"

---

① *Civiliser* 同样被菲雷蒂埃定义为：使变得"文雅"(civil)和"礼貌"(poli)，顺从和谦恭(courtois)，例如："福音宣讲使最蒙昧最野蛮的民族变得文明(*civilisé*)"，或者，"农夫不像城里人那样文明(*civilisés*)，而城里人又不像宫廷贵族那样文明。"

② F. de Callières 说(*Du bon et du mauvais usage dans les manières de s'exprimer*，Paris，1693)，"'高雅的'和'友善的'，几乎不再被那些进入社会的人使用，被 civil 和 honnête 这样的词取代了"。鲍修埃(Bossuet)指出，*civilité* 一词已经全部丧失了其政治意涵，在《普世史》(*Discours sur l'Histoire universelle*)第 3 部分第 5 章中的一段中，他陈述了该词古人和当代人使用该词的不同方式："*civilité* 一词不仅对希腊人意味着使人变得合群的彬彬有礼和相互尊重，一个文雅的(civil)人更是指一个好的公民，他视自己为国家的一个成员，顺从于法律的支配，并与之协力促进公共财富，不参与任何危害他人的行动。"托斯卡纳语中 civilt à 一词的用法保留了更多的法律含义，如果我们根据《秕糠学院辞典》(*Vocabolario degli Accademici della Crusca*)来说，法律含义仅在 civil 一词中保留下来；在"公民的生活习惯和方式"(*costume e maniera di viver civile*［拉丁文为 *civilitas*］)这句话的含义中，它增加了"公民身份"的意思。

③ 由博兹(Beauzée)修订的版本。吉拉尔的著作第一版刊于 1718 年(*La justesse de la langue françoise，ou les sinonimes*)；第二版是 1736 年(*La Synonymes français*)；第三版由博兹于 1769 年修订，1780 年再版。

④ *Op. cit.*，t. II，§ 112，p. 159.

(*politesse*)优于“文雅”(*civilité*)。孟德斯鸠在《论法的精神》(*esprit de lois*)一书中的观点是一种悖论,其中一段说道:“文雅”(*civilité*)在某些方面比“礼貌”(*politesse*)更有价值,礼貌“讨好他人的不道德行为”,而“文雅”“防止我们暴露自身的恶习”。但是伏尔泰事先在他的作品《扎伊尔》(*Zaïre*)的第二封书信(1736 年)中已经解答了他的问题,伏尔泰和与他同时代的人认为,如果法国人“自奥地利的安妮统治时期开始已经成为地球上最友善的、最礼貌的民族”,这样的礼貌并不是“像人们所谓的‘文雅’那样主观武断,它是法国人比其他任何民族都乐于培养得更加广泛的一套自然法则”。①

然而,另一概念居于这样的“礼貌”(*politesse*)之上——旧文本中称之为 *policie*,这是卢梭喜用的词,②现代文本称之为 *police*(教养)。毫无疑问,那些有教养(*polices*)的人,地位远高于那些“文雅的”(*civils*)和“礼貌的”(*polis*)的民族。

Police 一词涵盖了法律、管理和政府领域,从 1549 年在其词典中将“*citez bien policées*”(有良好教养的公民)翻译为“*bene moratae, bene consitutae civitates*”(良好的道德,有良好教养的公民)的罗伯特·埃斯蒂安,到 1690 年写下“与野蛮相对,为了生存和维持整个国家及社会的秩序而遵守的 police(礼节或监管)、法律和行为准则”的菲雷蒂埃,在这一点上每一个作家都意见一致。菲雷蒂埃还引述了该词的使用作为例证,“美洲被发现时,那里的蒙昧人既没有法律也没有‘police’”。与此相似,费纳隆(Fénelon)这样写道库克洛普斯(Cyclops):“他们不知道法律,他们不遵守‘police’的规则。”③在菲雷蒂埃之后 30 年,当德拉马尔(Delamare)撰写巨著《论监管》(*Traité de la Police*)(1713)时,第一卷的第一部分用于

---

① *Op. cit.*, livre XIX, chap. xvi. 他指的是那些希望“帮助他们的人民过上和平生活”的中国人,他们已经尽可能广泛地扩展了 *civilité* 的规则。

② *Contrat Social*, III, chap. viii:“人的劳动产出仅够人们果腹之需的地方应该由野蛮民族居住:礼貌(politie)在那种地方是不可能存在的。”参见同书,IV, viii:“权力的双重形式造成的结果是司法中的冲突不断,这使得基督教国家不可能存在礼貌(politie)。”戈德弗鲁瓦(Godefroy)列出该词在中世纪时期的不同形式:policie、pollicie、politie,记录了曾被短期使用的实词 policien,其意思是公民,如阿米约(Amyot)所用。

③ *Odyssée*, IX.

定义"police 的一般概念"，他再一次提到该词长期以来包含的普遍含义。他写道："该词有时用于指所有国家的一般政府，在这个意义上它可以具体分为君主政体、贵族政体和民主政体，……在其他情况下，它指每个特定国家的政府，并被分解为教会管理、民政管理和军事管理。"[1]这些含义已经存在很久并已过时。德拉马尔有兴趣并坚持使用限定的含义。他在引述勒·布雷（Le Bret）及其《论国王的统治权》（*Traité de la Souveraineté du Roy*）后写道："通常，在更狭义的意义上，police 用于指任何城镇的公共管理，而且这个词的用法与这一含义的联系如此紧密，以至于不管什么时候脱离语境来使用时，都只从后面这个意思来理解它。"[2]

德拉马尔没有错。然而，数年后在一些作家中出现了一种倾向，他们专注于一般观念而非专门的准确性，赋予 *policé* 一词一种更受限制的含义，更少明确地具有法律和制度的含义。这一事实对我们的目的极为重要。

杜克洛 1731 年在《当代风俗评论》（*Considérations sur les moeurs de ce temps*）中论及"有教养的"（*policés*）民族时强调："他们比'有礼貌的'（*polis*）民族更有价值"，因为"最'有礼貌的'的民族并不总是最有美德的，"[3]他补充道，如果说在蒙昧人当中，"力量能使人们变得高贵和优异"，这仍不可与"有教养的"（*polices*）人相提并论。对他们而言，"强力服从于禁止和压制暴力的法律"，并且"被广泛地意识到的真实的个人优异品质是来自心灵"。[4] 在那个年代，这番话十分有意思。那时，管理者、语言纯洁者以及技术人员都在努力消除 police 一词的"模棱两可"（这使得它难以运用），杜克洛正相反，他在这个传统的基本政治和宪法词汇中补充了新的道德和思想含义。他并非唯一这样做的人。我们只需打开后来成为《风俗论》初稿的那本《历史哲学》（1736），当伏尔泰写道："秘鲁人是

---

① *Op. cit.*，t. I，p. 2. 60 年后，Fr.-Jean de Chastellux 在其著作 *De la félicité publique ou Considérations sur le sort des homes dans les différentes époques de l'histoire*，(t. I, Amsterdam, 1772)中写道："时至今日，police 一词可以用来指对人的管理。"(chap, V, p. 59)。

② 勒·布雷的定义也是一个专业定义，并不限于一个城镇。他写道（IV, chap. xv）："我把在秩序井然的国家公布的那些用于控制食物贸易、抑制商业和技艺中的肆意垄断、防止道德腐败、遏制过度奢侈、在城镇禁止不法娱乐的法律法规称作 police。"

③ *Oeuvres complètes*，éd. de 1806，t. I，p.70，杜克洛进一步阐述道："在野蛮人中，法律应该塑造道德；而在有教养的人中，道德应该完善法律，有时对其进行补充。"

④ *Considérations*，chap. XII (*Oeuvres*，1806，I，216)。

有教养的(*policés*),崇拜太阳"或者"幼发拉底河这边最有教养的亚洲民族崇拜星星",又或者"从印度到希腊,所有伟大的有教养的民族都在思考的一个具有哲学性质的问题,是善与恶的起源"。① 14 年后,卢梭在他获第戎学院论文比赛奖的论文中写道:"科学、文字以及艺术使得他们喜欢自我约束,并使他们成为我们所称的有教养的人;"1756 年,杜尔哥在他为《百科全书》写的有关"词源"(*Étymologie*)的辞条中指出:"有教养的民族的语言更为丰富,……只有其语言能够表达蒙昧民族所缺乏的一切思想的名称",或者拥有"精神的光芒赋予一个有教养民族的好处。"② 很显然,他们那个时代的所有积极参与生活和哲学活动的人都在寻找一个词,借助该词他们可以用自己不会排斥的术语来定义理性在宪法、政治、管理领域和道德、宗教以及思想领域的胜利和传播。

他们的语言中缺乏这样的词汇。正如我们已经看到的那样,"文雅"(*civilité*)一词不再可能担当此任。1750 年杜尔哥仍然忠实地使用"礼貌"(*politesse*)一词,而 1736 年伏尔泰使用的 *politesse* 这同一个词,不是"人们所称的'文雅'"。正如塞维涅夫人(Madame de Sevigne)之前曾抱怨的那样:"我是森林中一头远离'礼貌'(*politesse*)的鹿,我不再知道地球上是否存在音乐",③ 伏尔泰在 1750 年的著作《哲学表》(*Tableau philosophique*)中用庄严的言辞这样称呼国王:"噢,路易! 我主圣明! 您快乐的臣民已经成为'礼貌'(*politesse*)的中心!"这是一个过于华丽的用语,带有陈腐的语气。④ 事实上,当时找不到一个恰当的词可以表达我们今天用"文明的"(*civilisé*)一词表达的含义。并且,由于思想最终以如此方式演变,不仅使"有教养的"(*police*)民族被赋予优越感,也使哲学、科学、艺术和文学文化繁荣的民族具有了优越感,使用一个长期用于指明旧概念的词来指一个新概念只是一个短期的权宜之计。尤其是,如我们所见,尽管 *police* 一词完全支配了 *policé* 一词的含义,但 *police* 被赋予了

---

① Voltaire, *Oeuvres*, éd. Beuchot, t. XV, pp. 16, 21, 26.

② *Oeuvres de Turgot*, éd. Schelle, t. I, p. 241 sqq.

③ 写于 1680 年 6 月 15 日的书信。奇怪的是,那时的人们说"没有教养,回归教养",就如同我们说"回归文明"。

④ *Oeuvres de Turgot*, éd. Schelle, t. I, p. 222.

一个更加受到限制的、更加常见的含义。这个含义被一种不断增长的强大力量所支配。

于是，人们考虑采用笛卡尔 1637 年已经使用的那个词，赋予它颇为现代的含义，菲雷蒂埃把它翻译为："使变得文雅、礼貌、顺从和谦恭"，但却给出下列的例子："福音宣讲使最蒙昧最野蛮的民族变得文明（*civilisé*）"，或者，"农夫不像城里人那样文明（*civilisés*），而城里人又不像宫廷贵族那样文明"。可见，这个词的释义很广。

这些人是谁？当然不是每一个人。例如，杜尔哥在《图表》（*Tableau*）和他的索邦学院讲稿以及他关于"词源学"的文章中，既不用动词 *civiliser* 也不用分词 *civilise*。爱尔维修在 1758 年的《论精神》中也没有用，二人都忠诚于 *policé* 一词，同时期的许多人都是如此。但是，伏尔泰较早地把 *civilisé* 和 *policé* 这两个词结合起来。我们给出的上述例子来自 1740 年。在《历史哲学》一书中，*policé* 一词占据了非常重要的地位，但是在第九章（《神权政治》），我们发现 *civilisé* 开始悄然出现，与它一起出现的一句话还透露了他的顾虑，他写道："在那些不恰当地被称作 *civilisés* 的民族中。"[1]然而伏尔泰也不止一次在《历史哲学》中不恰当地使用了同一个词。例如，他如是强调："我们看到，在所有 *civilisées* 民族中，道德是相同的。"在第 19 章中，我们可以读到以下论述："在我考察的其他民族很长时间之后，埃及人才联合起来，才能变成'文明的'（*civilisés*）、'有教养的'（*policés*）、勤劳的和强大的。"[2]这是一个很有意思的等级阶梯——社会的形成（村镇联合），道德行为的完善，自然法的确立，经济发展以及最终的控制。伏尔泰仔细斟酌了他的用词，而非随意写下。但是他仍然使用了两个词，而 25 年后沃尔内（Volney）[3]承袭了《历史哲学》的思想，他的《关于美国的说明》（*Éclaircissements sur les États-*

---

① Ed. Beuchot, t. xv, p. 41.

② 最后两处引述，参看 éd. Beuchot, t. XV, pp. 83 et 91。

③ Volney, *Éclaircissements sur les États-Unis* (*Oeuvres complètes*, Paris, F. Didot, 1868, p. 718)："'文明'这一概念，我们应该理解为一个城镇的人们的集合体，也就是说，一个封闭的居住地，配备一套公共的防御系统，对外可以抵御抢劫掠夺，对内可以抵制动乱……这个集合体暗示了这样的概念：成员的自愿许可，对其天赋的安全权力的维护、个人自由和财产……由此，文明只是保护个人和财产等等的一种社会状态。"整段话，极其重要，是卢梭的评论。

Unis)中的一篇文章里只用了一个词,那时,*civilisé* 一词的实质含义已经同化了 *policé* 一词的全部含义。这种二元性使我们能清晰地看到那个时代的人所用语言的范围。他们试图将 *civilité* 和 *politesse* 全部概念都用 *policé* 一词涵盖,但是尽管如此,*policé* 一词进行了抵制,然后,又有 *police* 一词出现,对于创新者来说这是一个不小的麻烦。*civilisé* 一词又如何呢?他们企图扩展它的含义,但是 *policé* 一词奋力抗争而且让自己看起来活力四射。为了克服 *policé* 一词的抵制并表达那时正在人们脑海中成形的新概念,为了给予动词 *civilisé* 新的力量和新领域的含义,为了创造一个新词,而不是沿袭 *civil* 和 *poli*,甚至(在一定程度上)*policé*,在分词形式和动词形式基础上创造一个名词 *civilisation* 成为必需,这个词的形式显得有点卖弄,但并不令人惊讶,因为它响亮的音节早已回响在宫殿(*Palais*)的拱顶之下,而且最关键的是,它没有一种处于难堪境地的历史。它与 *civil* 和 *civilité* 保持了足够的距离,人们不用担心这些过时的前身。作为一个新词,它能够指代一个新的概念。

<h2 style="text-align:center">三</h2>

"文明"(civilisation)一词在恰当的时机横空出世。我是说,那正是《百科全书》即将完成的时候,《百科全书》1751 年就已经启动编撰,编写工作于 1752 年和 1757 年两度因主导者的严苛而中断,但 1765 年因狄德罗(Diderot)的毅力和勇气而得以继续,终于在 1772 年胜利告终。"文明"一词诞生于 1757 年《风俗论》问世之后,该书第一版就以 7000 册的销量席卷欧洲,首次尝试综合了人文、政治、宗教、社会、文学和艺术形式并将这些形式融入历史。"文明"一词诞生之际正是培根、笛卡尔、牛顿以及洛克(Locke)四人共同为哲学的创立奠定基础之时,达朗贝尔(D'Alembert)在其[百科全书]《序言》(*Discours préliminaire*)中将他们的哲学尊奉为现代最后的征服和加冕礼。[①] 最为重要的是,"文明"一词

---

① 对于科学和艺术的缜密定义,参见 *Discours sur l'Encyclopédie* 第二部分:"它们是人类精神应视为其主宰的、最重要的幕后操纵者。"达朗贝尔做如是结论。

诞生之时,恰逢整部《百科全书》出现的理性主义和实验科学开始为人所知并形成一整套自己的方法和步骤之时,无论是将《圣经》完全置于一旁征服自然的布丰(Buffon),还是对人类社会的无限变化进行分类的孟德斯鸠,他们的方法都与理性主义和实验科学息息相关。有人用文字做了如下阐释:"文明是一种被全新的自然及人文的哲学激发的结果",[①]这样的阐述很有道理,即使下面的补充显得过于仓促:"其自然哲学就是进化,其人文哲学则是可完善性。"实际上,亨利·道丹(Henri Daudin)关于拉马克(Lamarck)和居维叶(Cuvier)的佳作表明了这一点,真正意义上的、现代精神中的进化比期望的要漫长。[②] 然而,有一种观点却是正确的,即:受到启蒙的人类新近探索自然的态度,对于完善 18 世纪末思想家的观念发挥了巨大的作用。[③] 这些思想家听取了科学的建议和忠告,这意味着他们是沿着未来的方向前进着,也意味着他们用希望的憧憬代替了对过往时代的怀旧。如果我们忽视了人们精神世界发生的惊人革命,我们就不可能理解这个词在我们语言中的诞生和快速传播,而人们精神世界的革命正是首先源于拉瓦锡(Lavoisier)的研究和发现,他从 1775 年开始出版著名的笔记,并在 1789 年出版的《化学概要》(Traité élémentaire de chimie)中进行了总结概括。致使革命发生的第二个原因出现得稍晚一些,是自 1793 年起在博物馆开展的研究和组织工作,正如《哲学旬刊》(Décade philosophique)在它最初出现时所述,[④]"通过呈现事实为一个自由民族的真正教育做重要贡献"。事实上《哲学旬刊》是正确的,并且表达了那个时代的人们的伟大抱负。这让我们想起佛克罗伊(Fourcroy),他在 1793 年完成了《自然史与化学的原理》第五版(第一版出版于 1780年),他感到必须向读者解释,每每更新版本都力争追踪化学领域极其快

---

① Counson, *Discours* cité.

② *Cuvier et Lamarck : Les classes zoologiques et l'idée de série animale* (1790 - 1830), Paris, Alcan, 1926, *passim* et notamment t. II, chap. X, § V et Conclu sions, pp. 254 sqq. 同时参见 Lucien Febvre, "Un chapitre d'histoire de l'esprit humain : les sciences naturelles de Linné à Lamarck et a Georges Cuvier" (*Revue de Synthèse historique*, t. XLIII, 1927)。

③ Counson, *Discours*, cité.

④ T. I, an II - 1794, pp. 519 - 521;参见 H. Daudin, *op. cit.*, t. I, p. 25, n. 4 以及 le *Muséum* 第一章第 2 节的全部。

速的变革,这让他遇到何其巨大的困难,"我们所做的一切,"他解释道:"是从大量事实中提取简单的结果,我们只严格接受那些实验能够证明的东西。"[1]这是与推测相抗衡的实验科学的定义,无论我们想到的是拉瓦锡战胜的燃素,还是布丰写作的、1792年被博物馆的年轻博物学家批驳的那些"宇宙浪漫故事",[2]这种方法对自然科学当然是有效的,但却不仅仅限于自然科学。

这是由于人文分析家和自然分析家都自早期就抱有对事实的尊重,到18世纪末,这一点在两个领域中都变得更加显著。前者与后者同样热切,将工作置于事实基础上的努力颇为英勇,让人感怀。他们关切当今世界吗?就政治和宪法问题而言,18世纪是回忆的世纪;在经济学和社会科学领域,18世纪是统计数据诞生的世纪;在科技领域,则是调查研究的世纪。每一个问题,无论理论的还是实践的,无论有关人口、薪酬、供给品还是价格,任何跟第一批"科学的"农民或现代生产过程的推广者的努力有关的问题,必然会带来几十本书的问世——书籍、小册子、详细的调查,以及独立个体、学术协会和皇家官员的作品。我们只需想想那些地方性的研究院、农业学会和工厂的检查员,他们确定的大量事实在今天的我们看来实在引人注目。当18世纪末的欧洲人把自己所处的洲与其他洲相比较——这里也有大量的事实,这些事实不会被弃之一边——的时候,他们是关心过去,还是关心当代世界中似乎与遥远过去息息相关的巨大组成部分?有必要说,尽管《百科全书》不单单是汇编,但它根本上从一开始的确是1750年前后所有已知事实的汇编?[3]是直接摘自几百年前伟大学者的著作,或那些曾经将文明的白人的思想视野扩展至远西、美洲又迅速至太平洋的无数游记的文件汇编?当伏尔泰对致力于将事实系统化的危险尝试表达厌恶,并对具体、个体表现出高度专注和充满活力感兴趣时,如果他所做的不是对牢牢控制中的事实进行确定和分类,又是什

---

① *Op. cit.*, Paris, Cuchet, 1793, 5 vol. ln-8, t. I, *Avertissement*, p. ix.

② Millin 尤其如此。参见 H. Daudin, *op. cit.*, t. I, p. 9 et n. 1. 此转变在布丰看来事实上来得十分迅猛。参见同书 p. 38, n. 3.

③ 参见 René Hubert 的著作 *Les sciences socials dans l'Encyclopédie*, Lille, 1923,尤其是第一部分,第23页以后,以及"Conclusions",第361页以后。

么呢？

　　只不过这样的收获绝非一日之功。18 世纪中叶前后，也就是
civilisation 一词诞生的时期，人们对于世界的整体性缺乏认识——对当
时世界的认识远远不足，对过去的了解就更少了。人们精心收集并考证
那些历史事实或民族志事实，以便有助于我们形成关于人类及其发展的
整体观，这种科学仍然充满了漏洞、缺陷和模糊不清。关于这样的事实，
我们也应该说，考虑到我们自身和我们自己的研究领域，正如亨利·道丹
先前在论及拉马克和居维叶的评论时说的那样："具体的现实世界何其复
杂、多样纷呈，一门对它进行观察的科学，其编目系统和对该现实世界的
分类又尚不成熟，它怎么可能找到方向并获得真实的结果呢？"[1]对我们
自己和他而言，我是指 18 世纪后半叶那些摸索前进的历史学家和社会学
家以及亨利·道丹研究或者说剖析其研究方法的博物学家，有一点是确
定无疑的，即："事实不可能以其纯粹的状态被人类的理解力所理解、而不
受到心理层面的偶然因素影响。"另一方面，"对一个先入之见的确认本身
在很大程度上就依赖于那个先入之见的想法"。[2] 这样，如果发展起来的
是一个单一、连贯的人类文明的绝对概念，而不是一个高度具体化和个体
化的民族或历史的文明的相对概念，我们有何理由感到讶异？

　　这里我们也应该谨记那个时代的博物学家们的观念，牢记"系列"这
个概念的重要性及其外在表现，博物学家将这个概念与"自然秩序"这一
自圆其说的概念相联系起来。[3] 当拉马克在 1778 年前后试图理解"自然
秩序"时，他把它看成是一个渐进平稳的发展进程。到 19 世纪早期，经过
在物理和化学领域的长期探索，他开始发表他的博物学观点，他在讲稿和
著作中呈现的主要论点和指导原则是动物社会的单一的渐进系列。[4] 当
然，我们不应该走得太远——但是忽视自然界的联系就意味着对真正历
史精神的粗暴亵渎。它们是否可以帮助我们理解，在一个等级阶梯中，其

---

① *Op. cit.*, "Conclusions", *L'idée scientifique et le fait*, p. 265.

② *Ibid.*, pp. 269 - 270.

③ 关于其起源和在 18 世纪的发展，请参见 H. Daudin 三卷本著作的第一卷：*De Linné à
　　Lamarck：méthods de la classification et idée de série en botanique et en zoologies*（1740 -
　　1790），Paris，Alcan，1926。

④ 参见 Daudin，*Cuvier et Lamarck*，II，pp. 110 - 111。

底层为蒙昧,中间为野蛮,顶端的"文明"(*civilisation*)是怎样自然而然地占据了在它之前 *police* 一词高居的地位呢?

这个词就这样诞生了,并且不断传播。它生存下来,不断上升并获得巨大成功。从它诞生之日,我们便满怀欣喜地为它披上经年日久为它编织的思想的华丽披风,我们如此心切甚至显得有些可笑。让我们只看文本,不带先入之见去进行阅读,长期以来,很长时间以来,我们的搜寻一无所获,我的意思是说没有找到任何创造这个新词的正当理由。这个新词瞬时即来、瞬间即去,在"礼貌"(*politesse*)、"教养"(*police*)和"文雅"(*civilité*)之间漂游不定,给它下一个更好的定义的企图,尤其是把它与 *police* 一词联系在一起的努力都成效不大,①我们常常有这样的清晰印象,这个新词并不对应某个明确的需要,即使是对使用这个词的人而言也是如此。

当然,针对某些问题上的讨论是存在的,或者更加准确地说,被表达出来的看法意见相左。"文明"是如何运转的? 霍尔巴赫(D'Holbach)1773 年回答道:"一个民族通过实验而变得文明",这个想法并非荒唐,他进一步阐述道:"各民族及其领袖完全的文明,以及对政府、道德及恶习进行希望的改革,只能通过数个世纪的进程来实现,是人类精神不懈努力和社会不断实验的结果。"②与这个宏观但略显迷惑的原则相对立的是经济学家的理论。重农主义者也有他们的原则,我们可以回忆一下博多神父在 1767 年的早期文章:"土地所有权,使人依附于土地,构成了走向文明的最完美形式的重要一步。"对雷纳尔而言,商业才至关重要,1770 年他写道:"使其他所有人都变得有礼貌(*poli*)的是商人,"③这里实际上可以看到我们刚才发现的含义的不确定性,因为雷纳尔文章中的 *poli* 相当精

① 参见 Fr.-J. de Chastellux, *De la félicité publique ou Considération sur le sort des homes dans les différentes époques de l'histoire*,他试图将 police 一词在政治宪法中的独特意涵与其在"最大程度的幸福"中的普遍意涵进行对比——即使在用词方面没有混为一谈(作者不了解它的新词义),但在他的头脑中,这一概念显然与"文明"的概念混淆了。(具体参见同书第 1 卷第 13 页:"所有国家不可能有相同的政府,所有的城镇和所有阶层的公民不可能有相同的习俗,但大家都可能宣称拥有最大程度的幸福。")

② *Système social*, London, 1773, 3, t. I, chap. xiv, p. 171.

③ *Histoire philosophique et plitique des éstablissements et du commerce des Européens dans les deux Indes*, 1770; éd. de Genève, 1781, t. I, p. 4.

确地意味着 *civilisé*，他继续作了深入阐述，这一次用新词代替了旧词：
"是什么把人们凝聚在一起，使他们穿衣，使他们变得文明？正是贸
易。"①这是一个实用主义的理论，为苏格兰人所用，例如米勒(Millar)在
他的《社会等级差异的起源》(1773 年译本)②中看来，文明是"礼貌风尚成
为富裕和安全的一种自然的结果"，亚当·斯密用同样的方式将财富和文
明紧紧地联系在一起。③ 另一方面，安托尼-伊夫·戈盖(Antoine-Yves
Goguet)似乎并不知道 *civilisation* 一词，好像是对雷纳尔做出了一个直
接的问答，他在 1778 年的《论法律、艺术、科学的起源及其在古代民族中
的发展》(*De l'origine des lois, des arts et des sciences et de leurs
progrès chez les anciens peuples*)一书中这样写道："唯有通过文学才能
使礼貌(*politesse*)进入一个地区"，④这是那个时代很多人的原则，他
们——包括布丰认为，"人类力量的树干长在知识的树干上"，这也是另一
些人，比如狄德罗信奉的原则，他们一起在人类知识的进步中探寻文明的
源泉，并把它看成趋向理性的提升："教导一个民族就是使之文明化，扼杀
其学习就是使其逆转到原始的野蛮状态……无知是奴隶和蒙昧人的命
运。"⑤其后，孔多塞在其名篇《伏尔泰的一生》(*Vie de Voltaire*)中呼应
《俄罗斯政府的大学计划》一书的作者："并非君主的政策，而是文明民族
的启蒙，将永远保护欧洲不受外敌侵略，文明在地球上传播得越广，我们
就越能看到战争和征服像奴隶制和贫困一样销声匿迹。"⑥实践形式上的
分歧并不会走得很远，至少他们并不能够改变至关重要的核心。对所有

---

① *Histoire philosophique et plitique des éstablissements et du commerce des Européens dans les
  deux Indes*，1770；éd. de Genève，1781，t. I，p. 4.

② 根据 1773 年于 Amsterdam 出版的第 2 版；*Preface*，p. xviii. 该书第 6 章的第二部分标题名
  为："Des effects ordinaires de la richesse et de la civilisation relativement au traitement des
  serviteurs."(第 347 页)

③ *Recherches sur ... la richesse des nations*，译自 1790 年 Roucher 的第 4 版，由孔多塞注释，第
  1 卷第 3 页(导言)："*Chez les nations riches et civilisées au contraire, etc*。"

④ T. IV，I. VI，p. 393..

⑤ *Oeuvres*，éd. Assezat，t. III，p. 429. (*Plan d'une Université pour le gouvernement de
  Russie*，vers 1776？，1875 年首次出版。)

⑥ 有一种观点认为，和平以及和平的主要先决条件——文明，并不依赖于统治者和他们的权力，
  这种观点这些年常常被阐释。参见：Raynal，*Histoire philosophique*，éd. de Genève，1781，
  t. X，p. 31："士兵们虽能守护疆域，却不能使之变得文明。"

这些人而言,无论他们个人做何倾向,文明首先根本上是一种观念,很大程度上是一种道德观念,"我们不禁会问,没有正义的地方是否可能存在文明?"①

这甚至对于哲学家也是如此,他们追寻着卢梭的足迹,不同程度地致力于解答卢梭 1750 在《论科学与艺术》中提出的那个有价值的问题。这个新词似乎恰恰是解答卢梭的悖论所需。这个词正好作为一个方便的术语应用于卢梭极力反抗的敌人——以质朴的美德之名、以森林未被玷污的圣洁之名——但是他并未使用该词,他似乎完全不知道这个词的存在。热烈的讨论在卢梭过世后的很长时间一直持续,直到 19 世纪中叶。18世纪末,这些讨论从未导致对文明概念的重要研究。人们只是同意或反对这一事物——理想的文明、完美的文明在那个时代所有的人心中不同程度上像是一种冲动,而不是一个清晰的概念。而且,无论如何也没有人想对它的通用范围进行限制或详述。人们心中有一种不容置疑的生机勃勃的观念,然而,正是一种绝对的、单一的人类文明的概念,一步一步地赢得了每一个族群,使包括最杰出的民族在内的一切"有教养的"(*policé*)民族克服了蒙昧,甚至包括希腊人,戈盖(Goguet)为我们描绘的"英雄时代"的希腊人,他们既无道德,又无原则,与美洲的蒙昧人一样缺乏用于描述"正义、正直和大部分道德美德"的词。② 人们坚信是一个单一的系列,一个连续不断的链条把人们联系在一起:霍尔巴赫在《偏见论》(*Essai sur les Préjugés*)中论述道:"一系列相继不断的实验将蒙昧人引导至文明的社会状态,在这种社会里,他们开始关注崇高的科学和最为复杂的学术分支。"③这种观点受到不只雷纳尔一人的反对,雷纳尔指出:"所有'有教养的人'都曾是蒙昧人,而所有蒙昧的民族只要能顺遂自己的自然本能都注定会变成'有教养的人'",④另一个反对者莫欧(Moheau)则心平气和地写道:"处于粗野和蒙昧状态的人倾向于崇拜处于文明和完善状态的人,对

---

① *Histoire philosophique*,t. x,p. 29. 另见同书第 28 页:"野蛮民族有可能无需发展道德而变得文明吗?"
② *De lo'origine des loix*,Paris,1778,t. IV,livre VI,p. 392.
③ *Essai sur les préjudgés*(1770),chap. XI,p. 273.
④ *Histoire philosophique*,éd. de Genève,1781,t. X,livre XIX,p. 15.

此我们不应感到讶异。"①

无论多么广为传播和流传，这类共识没有走多远。为了摆脱那种模糊的乐观主义，首先需要一种持续的努力，以便阐明一个清晰有效的"文明"概念的全部组成部分。但是，要达此目的，不仅有必要打破旧的单一世界，并最终得出"文明状态"（d'état de civilisation）这一相对概念，继而很快变成复数，复数"文明"（*civilisations*）或多或少是异质的、自主的，被认为是许多不同历史群体或族群的属性。经过一系列进步的步骤，套用霍尔巴赫的话来说，即经过一系列的实验，这个阶段在 1780 年和 1830 年间到来，这只是一个相当粗略的年代。我们在此所探讨的历史并不简单。当文明这个概念是一个综合体，一切都得到阐述和研究，它怎么会简单呢？

四

让我们跳过革命和帝国时期，来到 1819 年的里昂。一本名为《长者与年轻人》（*Le Vieillard et Le Jeune Homme*）的书问世，从书名中我们可以知道它的年代，作者是巴朗什（Ballanche），该书中，作者思想活跃，但延续了他一贯的混乱，再版时也只是补充了评论。② 如果我们不辞辛劳去阅读书中"七个对话"中的第五个对话，我们会两次遇到一个非凡的创新，虽然这很可能并不为当时的读者所察觉。巴朗什在莫杜依（Mauduit）版本的第 102 页写道："只有在古代文明（*civilisations*）的残余中奴隶制才继续存在"，稍后在第 111 页，他说明中世纪的各种宗教汇集了"所有早先文明（*civilisations*）的遗产"。这是不是第一次在法国作家的正式出版文章中 *la civilisation* 被 *les civilisations* 替代，这样就不顾一种用了 50 年的用法呢？对此我不敢妄然断言，因为我不敢保证自己读过 1800 年至 1820 年间法国所有的出版物，来试图追寻名词词尾的"s"。但

---

① *Recherches et considérations sur la population de la France*，Paris，1778，p. 5.

② Ballanche，*Le Vieillard et le jeune homme*，Paris，Alcan，1928. 新版，由 Roger Mauduit 做引言和注释，见 *Revue critique*（1929）中我们的记述。

是，如果真发现早于这个年代、早于我受幸运之神垂青（并非完全夸张）而发现的例子，有人使用复数形式的"文明"，确实会令我吃惊。这个事实的重要性无需强调，巴朗什的复数形式标志着长期耐心搜寻信息的终结和理性调查研究的顶峰。

我们前面谈到了18世纪的历史学家，更广泛地说是所有未来社会科学的倡导者们，处处表现出对事实的品尝。这种品尝不仅在他们身上确定无疑，同时也存在于同时代的博物学家、物理学家和化学家身上。只需看看《百科全书》，我们就知道，18世纪末的伟大水手，尤其是那些在太平洋走上探索之旅的旅行者，以及他们用法语、英语发表于各地、很快又从一种语言被译成另一种语言的行程叙述，通过提供大量新的证据，极大地满足了对人，或更确切地说，对人们，对他们的行为举止、风俗习惯、思想观念和机构制度的好奇心。这些证据很快被继续从事德梅涅（Démeunier）和戈盖（Goguet）①等人之类工作的工作者收集、整理和分类，他们尽可能详尽地记录那些正在被曝光的"蒙昧"民族。"我是旅行者和水手，也就是说，在那群懒惰傲慢的作家眼里，我是一个骗子和傻瓜，那些作家躲在阴暗的书房里做纸上谈兵的理论研究，直至王国降临这个世界及其居民，把自然留给他们每个人、任由其想象。"这些犀利的言辞来自布干维尔（Bougainville）的著作《1766、1767、1768和1769年环游世界》，正是这个布干维尔引发了人们很多的撰文评论和口头议论。② 但是他嘲讽的那些闭门造车的科学家们，"那些关在阴暗书房里的思索者们"，在水手的唤醒下，在水手们对"不同地区"的航程描述中，渐渐地觉察到"巨大的差别"，他们原本对伟大的单一体系坚定的信念开始动摇。③ 20年后，《拉贝鲁斯游记》（*Voyage de La Pérouse*）一书的作者米莱特·米罗

---

① Démeunier 的著作 *L'esprit des usages et des coutumes des différent peoples，ou Observations tirées des voyages et des histories*，出版于1776年，1783年由 M. Hismann, Nuremberg 译为德文（*Ueber Sitten und Gebräuche der Voelker*）。参见 Van Gennep 著作 *Religions，moeurs et légendes*，Paris，Mercure de France，3e série，1911，p. 21 sqq. 告诫之意清晰可见："尽管有关人的书籍不能胜数，但还没有人尝试写一本包罗各民族的道德规范、风俗习惯以及法律的书，本书的意图正是填补这一空白。"

② Nouvelle édition, augmentée, 1re partie, Neuchâtel, 1772；*Discours préliminaire*，p. 26.

③ M. Commerson 写给 M. de la Lande 的书信，摘自 *Isle de Bourbon*，le 18 avril 1771，参见 *Voyage de Bougainville*，p. 162.

(Milet-Mureau)，还在抱怨探险者们的叙述把我们的风俗习惯和蒙昧人的风俗习惯进行做作的比较，使得一些人宣称文明人相对其他人具有优越性。米莱特·米罗责难所有那些甚至在那个时代还抱有旧的偏见的人（德梅涅很早以前也攻击过这些人），①这个事实说明他本人已经超越了这些偏见，同时表明拉贝鲁斯和他的同伴收集的事实和文献已经开始启迪新的思想。但从作品本身来看，例如沃尔内的作品一次次表明人们在用头脑思考。我们稍后再看他对文明的总体概念，但当他在《废墟》中谈及"流产的文明"、中国文明时，尤其是在《关于美国的说明》中他谈到"蒙昧人的文明"时，我应该承认他仍然给予文明一词一种道德进程的含义，但不管怎样，这些表达方式似乎有了新的含义。② 数年后，这一点在亚历山大·冯·洪堡(Alexander von Humboldt)那里更是如此，例如，在他的《新大陆赤道地区旅行记》（其对开本首版可追溯到 1814 年）中，他写道："凯麦斯人(Chaymas)对数学一窍不通，马斯登(Marsden)先生发现苏门答腊的马来人也是如此，尽管他们已经有 5 个多世纪的文明。"③他进而谈到蒙戈·帕克(Mungo Park)，"那个积极进取的人独自深入非洲腹地，去探索在那一片野蛮荒芜中古代文明留下的痕迹"，在谈到他的《新大陆山脉及土著居民的建筑风光》一书时，他说："此书的目的是通过研究美洲人的建筑遗址、象形文字、宗教祭祀礼仪和占星术，以期揭示美洲人的古代文明。"④

事实上，这里我们离"文明"复数的概念并不遥远，在族群意义和历史意义上，"文明"这个巨大帝国都划分成了自治的行省。我们应该注意到，紧随地理学家和现代社会学先驱的步伐，语言学家欣然接受了这个新的概念。众所周知，亚历山大·冯·洪堡得益于他的哥哥，他乐于经常引述

---

① *Voyage de La Pérouse autour de monde*，Paris，Plassan，1798，t. I，p. XXIX.

② 引言参见 *Oeuvres complètes*，F. Didot，1868，p. 31（Ruines，chap. XIV）；p. 717（*Eclaircissement*）。除了这些文本之外，我们还应该摘录 Peuchet 的 *Discours sur l'étiude de la statistique*（*Statistique élémentaire de la France*，Paris，Gilbert，1805 的开头部分），他谈到非洲的各民族"总是与相邻民族战事不断，致使他们的文明进步迟缓"。

③ 引自 *Voyage d'après l'édition*，de Paris，3 vol.，1816 – 1817. 有关马来人(Malais)的部分参看 t. III (1817)，p. 301，关于 Mungo Park，参看第 50 页。

④ *Voyage*，t. I，1816，p. 38. 在之前的第 35 页，洪堡分析了他的 *Essai politique sur le royaume de la Nouvelle Espagne*，他说该书考虑到了"人口数量，居民的道德规范，他们的古代文明以及国家的政治部门"，并考察了"欧洲在它当前的文明状态对殖民地的食物的需求量"。

其兄(我们后面将做探讨)关于文明、文化和教化(*Bildung*)的论述。很可能是受到其兄长的研究影响,在《宇宙》一书中他将梵语文明视为通过语言传达给我们的文明。[①] 在法国,我在布尔努夫(Burnouf)和拉森(Lassen)所著的《论巴利文》(*Essai sur le Pali*)一书中发现了使用"文明"复数形式的又一例证。作家们这样强调:"在哲学家们看来,语言使强大的纽带变得更加坚固,这种纽带能把属于不同文明(civilisations)的民族团结成一个统一的民族,例如把笨重粗犷的山民阿拉干人(Arakan)和更有'教养'(*policé*)的暹罗居民凝聚在一起,这里的纽带就是佛教。"我们应该看看布尔努夫后来的作品,这些作品中现代用法的"文明"一词随处可见,无论是在谈论"印度文明的起源",还是谈到《吠陀》的原创性:"没有什么是从早前文明或从外国民族那里借来的。"[②]

尽管这些文章散见各处,它们足以显示旅行、旅行的诠释者、18 世纪末至 19 世纪初的语言学家在确立奈斯弗(Niceforo)所称的"文明的民族志概念"方面发挥的作用。有必要补充指出,这些思想的演进可能或一定借助于另一个在自然科学领域与之同期发生的演进吗?而自然科学的演进与之同样迅捷、同样有着决定性的影响。

幸运的是,我们找到同一作者的两篇文章,写作日期精确(一篇写于 1794 年,另一篇写于 1804 年),这两篇文章让我们能够精确判断在这两个严格界定的年份之间、在科学家最基本的概念中发生的变化。虽然我在别的地方引用过这两篇文章,[③]这里请允许我再次用到其中的主要篇章。首先,在《自然史与化学的原理》第五卷的开头,当佛克罗伊用颇为轻蔑的口吻谈到以"动物之间显示的不同形式"为基础、为便利之需而建立的等级分类时,他立即注意到"这种分类在自然界中并不存在,大自然创

---

① *Cosmos*, *essai d'une description physique du monde*, trad. Faye, Paris, Gide, 1847, t. I, *Considérations*, p. 15.

② *l'Essai sur le Pali* 于 1826 年问世于巴黎(参见第 2 页)。同时参见 E. Burnouf 在法兰西大学的开学致词:"De la langue et de la littérature sanscrites";它出现在 1833 年 2 月 1 日的 *Revue des deux mondes*(具体参见特刊的第 12 页)。同时参见同作者的著作:*l'Essai sur la Véda*, Paris 1863, p. 20, p. 32, etc. 这些只是例子。

③ Lucien Febvre, "Un chapitre d'histoire de l'esprit humain", *Revue de Synthèse historique*, XLIII, 1927, pp. 42 - 43.

造的所有个体形成了一条不间断的链条"，他这个论点广为人知，当时所有的科学家都在不同地方阐述这一点，然而历史学家和哲学家却在高唱单调的文明史诗：取得从蒙昧民族到"有教养的民族"（*peuples policés*）、从原始人到狄德罗及卢梭的同时代人的稳定进步。1804 年，佛克罗伊（Fourcroy）为莱弗罗（Levrault）的《自然科学词典》撰写引言，这一次，恰恰在 10 年之后，他写道：

> 著名的博物学家（居维叶和他的学生）否认形成这种链条（不间断的和完整的生物链条）的可能性，他们认为自然界中并不存在此种系列，自然界中形成的只是区别于彼此的群体，确切地说，有成千上万个独立的链条，他们自身的系列是连续的，但是这些链条之间根本没有联系，或者说不可能联系在一起。

显然，这两种表述之间存在分歧，这是一场发端于博物馆、由居维叶引导的革命，在几年的时间里，给了那些头脑最冷静的人截然相悖于以往的结论。对自然科学家而言，它代表着长期专业化进程的开启和 18 世纪"普世"（*universelles*）观念的相对主义发展，这在历史学、民族志和语言学等领域也以类似的方式发生。

历史学家几乎不可能忽视政治事件，或简言之，革命在何种程度上支持了上述演进。我们上文指出，在法国以及整个欧洲自 1789 年以来经历的折磨与希望的岁月里，"文明"这个词取得了胜利，并为自己赢得了一席之地。这不仅仅是机遇的问题，革命运动肯定是一场完全面对未来的乐观主义运动，在这种乐观主义背后支持它、为之提供充分理由的，是一种哲学——进步哲学、人类以及依赖人类的生物可以无限趋向完美的哲学——这条道路的每个阶段都以某种进步告终。我们不应该将巴雷尔（Barère）的以下声明视为不重要或毫无意义："对哲学家和道德家而言，革命背后的原则是人类启蒙的进步和对更好的文明的需要"，[①]这正是卢

---

① *Réponse d'un républicain français au libelle de sir François d'Yvernois*，Paris，Frimaire an IX（texte cité par Counson，*Discours* cité，p. 8，n. 1）.

梭否定进步、诅咒文明的时期所有激烈讨论背后的东西。[1]

但是，革命渐渐地演进并产生了影响。它建立了一个新秩序——但只是在古代秩序的废墟上；如此浩大的事业不可能不在很多人中产生焦虑和躁动。最初的后果一方面是对书信的影响，另一方面是对那些迫不得已踏上旅途的旅行者——流亡者(émigrés)的影响，我们可以通过费尔南多·巴尔登斯贝格(Fernand Baldensperger)的一本书来了解。[2] 对我们而言，很难忽视这种旅行对那个时代人们的思想的影响，无论是被强迫的旅行还是其他，这种影响至少为他们更好地理解、更好地吸收那些水手、未知社会的探索者以及博物学家的经历做了准备。那些博物学家是民族志学家的最忠实伙伴，并吸引同时代人去关注丰富多样的人类举止和习俗制度。[3] 也许我们应该留意塔列朗(Talleyrand)在1797年芽月(Germinal)15日给学院(Institut)的第一份备忘录，其中关于在美国的旅

---

① 我们发现这些观点不仅出现在那些给受过教育的人们阅读的书籍中（参见 *Eclaircissements sur les Etats-Uis* de Volney, *Oeuvres*, p. 718 sqq., 他长篇有趣的讨论意在表明如果世界上存在邪恶堕落的民族，其原因不是由于社会的形成激发了邪恶的倾向，而是由于他们是从蒙昧状态发展而来，而这种状态是所有国家和所有政府形式的起源，沃尔内还想表明，人们可以排斥这样的观点，即艺术和文学是"文明的不可分割的组成部分"、是"各民族幸福繁荣的确定无疑的标志"。）小的宣传册上也充斥着这样的观点（参见 *Catéchisme du genure humain* de Boissel, 2e édit., 1791；布瓦塞尔的论点事实上有些奇怪，因为他反对卢梭，而卢梭的思想是基于文明社会的最初基础，卢梭的灾难性错误让他更倾向于蒙昧的生活方式，沃尔内反对卢梭的武器是法律和那些今天。（1791年）应为文明基石的基本原则，而卢梭对这些原则当然并无意识。）

② *Le movement des idées dans l'émigration française*, t. I et II, Paris, 1924.

③ 1718年至大约1850年的美国和法国的思想，或者更广泛的欧洲思想足以让这样的主题成就佳作，我是说，成就历史书和哲学书。社会学应该会从这样的书里找到其自身的起源。我们过多地沉迷于夏多布里昂(Chateaubriand)，更值得研究和分析的远不止他的 *Natchez*；我想我们应该惊叹：对于美国文明的研究为那些头脑敏锐的人们带来何其丰富的思想、反思和预测，从沃尔内（只枚举一例）到亚历山大·洪堡，以及米歇尔·谢瓦利埃(Michel Chevalier)的 *Lettres sur l'Amérique du Nord* (1834-5)，还有托克维尔的《论美国的民主》(1835)。当然，也会有相反的证据。我们无需谈及巴朗什，他的 *Palingénésie* 对美国的描述和鲍修埃(Bossuet)的《普世史》(*Histoire universalle*)一样吝啬——众所周知，奥古斯特·孔德(Auguste Comte)为鲍修埃辩护说他"将其史观限定于对同质的、连续的系列的考察，依然可以当之无愧地算得上是世界历史"。巴朗什将那些被他称为"由于各种原因致使其演变进化至今停滞而滞留在不完美状态的独立文明的其他中心"置于一边，他所指的不仅是美国，还包括印度和中国，等等。当然，他也做了如下补充（多少有些敷衍柏拉图式）："除非对那些附属系列的研究能够对主要问题有启发意义。"(*Cours de philosophie positive*, t. v, 1841, p. 3 sqq. 包含社会哲学的历史部分)

行他做了如下描述："旅行者依次经历了文明和工业的各个阶段，最后回到了由新砍伐的树木建造的小木屋。那样的旅行是对民族和国家的起源的实际而生动的分析。……人们似乎在穿越人类精神进步的历史。"除此之外还有其他文本。

如果我们翻开巴朗什的《长者与年轻人》中的对话，这些对话为我们提供了有价值的文本，我们发现对话开头的几句话对这一点特别有启示作用。[①]

"环顾四周"，[内斯特（Nestor）对他的新信徒们说道]"你们已经看到古老的社会正在死亡的痛苦中挣扎，你们总是问我：'人类将往哪里去？'我看见文明在一天天远去，一步步陷入深渊，我看到这里面只有废墟。然后你们说，'历史教给我的是，变得有教养（policées）的社会已经死亡了，帝国不再存在，几个世纪的黑暗笼罩全人类。现在我看到相似的事情发生，这让我无比担心……'"

让我们就此离开巴朗什言过其实的哀号，我们不再引用他的散文。经历过革命和帝国的人懂得了一个道理，这是他们的前辈在大约 1770 年使用"civilisation"这个词时所不知道的。那就是，文明可能会死亡。他们并不是简单地从书本里学会了这个道理。[②]

这是全部吗？上面我们提到了一种焦虑不安和不稳定的状态；为了支持我们的论点，我们提到了各种类型和各种情况的大量流亡者、难民和旅行者。但是，他们都是贵族和孤立的个体。事实上，正是"国家"（nation）（正如人们开始冠之以如此称谓），整个国家都深切地感受到危机的影响，这场危机造成了"茫然的动荡不安""怀疑和不确定"，当然，还有其他一些东西——非常确切的经济混乱和社会动荡。其结果是一种十

---

① p. 48 *sqq.* （Premier entretien）. 此文本可追溯至 1819 年，两年后，圣西门（Saint-Simon）的 *Système industriel* 问世并对国王作了如下的陈词："陛下，风起云涌的事件正在法国乃至由欧洲各个西方民族构成的整个伟大国家形成加剧社会危机。

② 很长时间以后，戈比诺（J. A. de Gobineau）在 *l'Inégalité des races humaines*（1853）第一部分第 1 章中写道："文明的衰落是所有历史现象中最令人震惊，同时也是最难以理解的。"

分奇怪的东西——卢梭的悲观理论,当革命在自我陶醉的时候,它似乎被其自身的成功所毁灭,而这种悲观理论因这场革命而突然复活了,这是革命本身所引起的混乱、所产生的思想、所创造的环境造成的结果。我们发现,在大危机结束后,有些人接受了卢梭的理论为己所用,当然,强调的重点完全不同。"各个时代的伟人,牛顿、莱布尼兹、伏尔泰和卢梭,知道你们因何伟大吗?你们是伟大的盲人……因为你们认为文明是全人类的社会命运归宿……"这个姗姗来迟、给卢梭画蛇添足的演说家是谁?文章标题为《普遍和谐》(Harmonie universelle),刊登于1804年霜月(Frimaire)11日的《里昂公报》,作者是一个贝桑松(Besançon)的店员,名叫夏尔·傅立叶(Charles Fourier)。[①]

> 你们这些学识渊博的人,看看你们遍布乞丐的城镇、在饥饿中挣扎的市民、你们的战场以及你们所有的社会恶名。当你们看到这一切,你们还认为文明是全人类的命运归宿吗?或者,当卢梭谈到文明的人时说"他们不是人",你们认为他是对的吗?有些动荡的缘由是你们不能"看透"的。

正是用这样的文字,社会主义之父写下了他的序曲,而杰曼·德·斯戴尔(Mme de Staël)夫人则感到有必要捍卫这个维持人类完善性的制度,她说:"这个制度在过去50年来一直是所有开明哲学家的制度。"[②]事实上,

---

① 参见 Hubert Bourgin, *Charles Fourier*, p.70。傅立叶的抗议和他有关文明的理论被视为一套自由竞争和不诚实的无政府主义的系统,在他之前早已有一种斯巴达式的谴责,它来自许多各不相同的态度,涉及各个方面。参见文本:例如 Billaur-Varennes, *Éléments de républicanisme*, 1793, cité par Jaurès, *Histoire socialiste: La Convention*, II, p.1503:"有谁不知道,随着文明把我们如坦塔洛斯(Tantalus)般陷于感觉的河流,想象力和内心的享受使得纯粹动物性的享受变成次要的了。"同时参见:Chamfort, *Maximes et Pensées* (avant 1794);"文明就如同烹饪,当你看到清淡健康的、精心烹制的食物摆在桌上,你会欣喜地意识到烹饪已经成为了一门艺术;但当我们看到果汁、果冻、松露馅饼时,我们会咒骂厨师和他可恶的厨艺。"我们可以顺便得出一个结论,尚福尔(Chamfort)没有布希亚-萨瓦兰(Brillat-Savarin)胃口好。

② *De la littérature considérée dans ses rapports avec les institutions sociales* (*Oeuvres complètes*, t. IV, p.12). 我们应该注意到稍后的第16页中的评论表露了一种与前面提到的奥古斯特·孔德不同的态度,孔德认为:"每当一个新的国家,例如美国和俄罗斯等,朝着文明进步,人类就变得更加完美。"

人们的观念已经发生了变化，加上科学家、旅行者、语言学家和那些（用一个更加准确的名字）哲学家的共同努力，那个自问世之时就如此简单的文明概念萌生出很多新的特征，展示出一些令人颇感意外的侧面。

五

一个更加准确的定义变得必不可少。不止一种人在苦苦寻觅，在复辟时期（它在本质上是重建和重构的时期），各种准确性和范围不尽相同的文明理论如雨后春笋涌现出来，我们只需枚举一二。1827 年，由埃德加·基内（Edgar Quinet）翻译并撰写引言的《人类历史哲学观念》[①]一书在书店问世。同年，乔瓦尼·巴蒂斯塔·维柯（G. B. Vico）的《新科学》一书的译本《历史哲学原理》在巴黎出版，由儒勒·米什莱（Jules Michelet）对作者的思想体系和生平撰写了导言。[②] 1833 年，乔弗罗（Jouffroy）的《哲学融合》（*Mélanges philosophiques*）汇编了 1826 年至 1827 年的大量论文（尤其是 1826 年《历史哲学》课程的两篇讲稿）[③]，它们或部分或直接地论及文明[④]。其中一位论述的是文明这一概念本身以及它的历史诠释，这就是弗朗索瓦·基佐收录于 1808 年《欧洲文学档案》（第 18 卷）中的《1807 年的哲学和文学作品》一文中，他写道："人类历史应该仅仅被看成为全人类的文明而汇集的材料。"[⑤]我们知道他 1828 年

[①] Strasbourg, Levrault, 3. Réimp. en 1834. 关于该书的命运，参见 Tronchon 的博士论文（索邦）：*La fortune intellectuelle de Herder en France*, Paris, 1920。

[②] Paris, Renouard, 1827. 其他的科学［米什莱（Michelet）在他的 *Discours*（p. xiv）所说］关注对人类的指引和完善。然而没有一门科学曾试图找到文明的基础原则，任何一门能够揭示这些原则的科学将使我们有权去衡量各民族的进步和衰落，我们应该有能力计算各国家的寿命和年龄。于是，我们应该了解一个社会如何将自己提升到，或者回归到它所能及的最高文明程度，这样理论和实践就能协调一致。

[③] 发表标题为"De l'état actuel de l'Humanité"（*Mélanges philosophiques*, p. 101）；在巴黎由保兰（Paulin）出版的同一系列书中，我们也应该特别指出选自 *Globe*（11 Mai 1827）第 83 页的一篇文章，标题是"Bossuet, Vico, Herder"。

[④] 1832—1834 年间甚至出现了一份杂志 *Revue sociale. Journal de la civilisation et de son progrès*。*Organe de la Sociètè de civilisation*（6 livraisons, 1832 - 1834; signalée par Tronchon, *La fortune intellectuelle d'Herder en France*, *bibliographie critique*（thèse complémentaire），Paris, Rieder, 1920, p. 28, no. 265）.

[⑤] Tronchon, *op. cit*, p. 431.

在索邦学院再度任教时讲课的主题,1828 年继而在撰写《欧洲文明史》以及 1829 年撰写《法国文明史》时都对这一主题进行了探讨,[1]通过对文明这一概念本身进行有条理,或者更确切地说,系统的分析,他给同时代的人不仅提供了对现存思想的概览,同时还提供了众多伟大的、典型的法国式诠释的一个典范,他高度娴熟地(有时颇有专家风范)给我们综合地呈现了各种迥然不同的观点,以及一种(自然地,但带有相当大胆的简单概括)对最黑暗的混沌和最难以摆脱的复杂性进行层层剥茧、步步澄清并使其吸引力十足的方法。

基佐开门见山地说,文明是一个事实,"一个像任何其他事实一样,可以被研究、被描写、被解释的事实"。[2] 这是多少有些高深莫测的陈述,却又被一个历史学家这样直白地解释:"一段时间以来,有众多颇有道理的言论,认为有必要把历史限定在事实的范围内。"不禁让人立刻想到乔弗罗 1827 年发表于《环球》的论文对"鲍修埃(Bossuet)、维科、赫尔德(Herder)"的评论:"鲍修埃、维科、赫尔德的与众不同之处在于对历史的藐视——事实总是就像他们脚下的小草一样妥协。"[3]这样看来,基佐的担心有点令人惊讶,但是很容易理解(为此,戈比诺后来颇为活跃地但有些故作姿态地谴责基佐)。基佐希望被看作历史学家,不希望仅仅因为他关注普遍的、而非具体的事实而被称为思想家。但是基佐了解的"事实","像任何其他事实一样","是整个民族的汪洋大海,包揽了一个民族生活的全部要素以及所有作用力量,"隐蔽、复杂、难以描述和解释、但依然存在的"普遍事实,它属于那种"不被破坏就不能从历史中排除的历史事实"。[4] 值得注意的奇怪事情是,他立刻又补充道:"严格来说不能被称为社会事实,而是个体事实,个体事实是人类精神而非公共生活所关心的,例如宗教信仰和哲学思想、科学、法律和艺术",它们能够而且应该"从文明的角度"进行考察。对于任何希望精确评估社会学的成就、并试图判断

---

① 这两门课程变成两本书:*Cours d'histoire modern*,*Historie générale de la civilisation en Europe*,Paris,Pinchon and Didier,1828,以及 *Hsitoire de la civilisation en France*,Pinchon and Didier,1829. 这些作品经常再版。

② *Civilisation en Europe*,p. 6.

③ *Mélanges philosophiques*,Paris,1833,p. 88.

④ *Civilisation en Europe*,p. 9.

100 年来在某些被视为清晰明确的词的语气中存在怎样差异的人来说，这段文字堪称精湛。

从这些序论中，我们至少可以得出以下两个结论。一是基佐选择了国家（nation）或确切地说，用他的话说，民族（people）作为他的研究框架。诚然，他确实谈到欧洲文明，但是欧洲不算一个大民族，又是什么呢？难道基佐不是通过那个最高级的创造者、宣传员——法国来研究欧洲文明吗？① 由此，他采纳了乔弗罗的观点来讨论"每一个"民族，"每一个"文明，同时清晰地认识到多个"民族家庭"（families of peoples）的存在，②这一整套观念都背靠那棵"文明大树"，"终有一天它的繁茂枝叶将覆盖整个地球"，从而使所有民族在其荫庇之下。③ 这正是基佐提出的以下问题的答案："是否存在一个全人类的普世文明、一种共同的人类命运？ 各民族是否一个世纪又一个世纪地相互传承下来某种不会丧失的东西？"我们还应该进一步补充：是否存在"普遍的进步"？ 基佐回应道："就我而言，我相信存在着普遍的人类命运和人类遗产的传递这种事情，因此需要记录和书写一种普世的文明史。"④他进一步论述道："对我而言，进步和发展的观念似乎是文明一词中涵盖的基本观念。"⑤我们于是看到一个微妙的问题通过一种娴熟的合成方式被迎刃而解。的确存在多种文明，它们需要被内在地、独立地研究、分析和剖析，然而，比这些更为重要的是，确实存在持续向前运动的文明，尽管它的运动轨迹不是一条直线。文明，也就变成了进步。但是，确切地说，是什么的进步呢？

关于这一点，基佐说过，文明基本上是人类的产物，是人在社会条件下的某种发展，也是在人的智力条件下的发展。这些都是相当含混的术语，他试图给它们一个更加精确的定义。一方面，有人类普遍外部条件的

---

① 同上，第 5 页："几乎没有任何有关文明的伟大思想和原则不是先从法国传播到其他地方去的。"
② "例如，虽然俄国的文明与法国或英国文明有天壤之别，但仍然可以很容易发现俄国文明和英法文明系统是一脉相承的……俄国是与英法属同一个家庭中的小弟弟，是同一所文明学校的不那么聪明的学生。"（'De l'état actuel de l'humanité', *Mélanges*, 1826, p. 101）
③ "Du rôle de la Grèce dans le développement de l'humanité", *Mélanges*, 1827, p. 93.
④ *Civilisation en Europe*, p. 7.
⑤ 同上，第 15 页。

发展,同时另一方面,有人的内部的、个人天性的发展,总之,我们有社会的不断完善和人性的不断完善。基佐事实上坚持认为这两个因素不仅是互为补充、并列存在的,同时社会和智力这两个因素同时出现、紧密地快速地联系在一起,在文明不断完善的、不可或缺的进程中相互影响。如果其中一个因素的发展大大先于另一方,就会出现不安和焦虑。"如果重要的社会改良和人类物质福利的重要进步彰显时,没有伴随着智力发展的伟大进步和人类思想的相似进步,那么社会的改良则显得不确定、莫名其妙、没有实际保证。"它能够持续并传播影响吗?"只有思想才能轻视距离、跨越海洋,使自己在任何地方都能被理解和接受","社会福利从其特征上看是从属性的,只要它没有产生自身之外的结果",令人好奇的是,这些言论出自一个数年后被其反对者斥为愤世嫉俗的财富至上论者之口。① 相反地,如果智力方面爆发某种重要发展,而社会进步没有同时出现,结果是导致惊奇和不安,"就好像是一棵漂亮的树只开花不结果……思想被轻视……当思想不能控制外部世界的时候"。

我们知道基佐其后的论证过程。文明的两个要素是智力发展和社会发展,它们紧密联系在一起,当它们同时发挥作用时,完美社会就得以实现。快速回顾欧洲的不同文明足以让基佐看到,英国的文明几乎完全只想社会完善,但是它的代表人物最终缺乏必需的才能,"不足以点亮伟大的智力火炬来照亮整个时代"。相反地,德国文明的精神力量极其强大,但是组织软弱,社会完善的成就不足。思想和事实、智力格局和物质格局几乎在德国完全分离,而也是在德国,人类精神曾经长期繁荣,远远领先于它的人类条件,这样的判断是否有误呢? 另一方面,有一个国家,独一无二的国家,能够追求思想和事实、智力和物质格局的和谐发展——这个国家当然就是法国,那里的人从不缺乏个人的伟大,并且个人的伟大一直能带来影响并惠泽于公共福利。②

这里,综合推理的技巧再次被娴熟地运用,困难不留痕迹地烟消云散。物质福利以及社会关系的高效组织这一观念,"权力以及人类群体创

---

① 这些引文均选自 *Civilisation en France*。
② 基佐于是引用了他所提到的民族,并对《欧洲文明史》中所包含的一般性的和客观的论点进行了阐述。

造的福利在个体中更加平等地分配"这一观念，这些早在 1807 年傅立叶（Fourier）指责被文明所忽视的东西，统统被基佐囊括在不同要素当中，任何名副其实的文明都应该昭显这些要素。作为对一个古老争论的终结，基佐表明"教养"（*police*）和"文雅"（*civilité*）共同促成了这种文明。更准确地说，我们或许可以认为，他的视野之开阔，在他具有吸引力和颇为均衡的建构中，不仅为获得人类社会中的权力和福利留下空间，为发展人的能力、感情和思想，并在个人和道德上都得到丰富留下空间，也为法律、科学、艺术及那些"人性的光辉形象"留下空间，[①]他独特的宽容理解，恰好阻止了"文化"与"文明"在法国出现分离，当时在某些法国人的头脑中有了这种想法，而在那个时期的德国则发生了二者的分离。

在法国，没有针对文化这一概念的研究。如果认为某种对我们的知识鸿沟做出的轻慢讽刺是恰如其分的，我会断然否认。但是，无论我对文化这一概念多么无知，我至少可以说它确实存在，其历史值得追溯，它是一个相当重要的问题。

让我们紧扣要点。若想探究德国的思想史，探索德语的"文化"（*Kultur*）[②]一词是何时出现、在何种情况下出现的，我并非合适人选，我也不该提出关于其起源的问题。我只是注意到，据我们 1762 年版的《法兰西学院词典》中法语"文化"一词可以用于引申意义，指："艺术和精神的修养"，列出了两个例子："艺术的'文化'非常重要，致力于精神的'文化'"，这是一个不够充分的定义，随着时间持续，可能将来能够更加充分。同一词典的 1835 年版，我们看到："用于引申含义，指完善科学、艺术、发展心智能力的实践。"诚然，这只是一种释义而非一种有意义的解释。但是即使这样说，这一概念仍远不及莱茵河对岸的德国 1793 年版的阿德隆（Johann Christoph Adelung）字典中的 *Kultur*：使一个人或民族的全部精神和道德力量变得高尚和文雅。这令我想到赫尔德，他赋予同一个词一整套非常丰富的内涵：驯化动物的能力，对土壤的清理和占有，科学、艺术和商业的发展，最后还包括"教养"。在我们的语言中也常常碰到这类

---

① *Civilisation en Europe*，p.18.
② 参见 M. Tonnelat 提供的信息。

思想,但是我想顺便补充一句,我们不应该过于草率地认为这些概念是借来的,而且引人注目的是,在法国,这些概念总是被归在"文明"这一标题之下。[1] 这样,对斯达尔夫人(Mme de Staël)来说,"大量及广阔的森林指向一个新兴的'文明'",这句话中若用文化一词的确让人迷惑,[2]这个词再次让我们能够看到赫尔德的思想与康德的思想或多或少有些相似,康德将文化的进步与理性联系起来,将普世的和平视作二者的终极影响。[3]

然而,毫无疑问,这些思想在法国是为人所知的,至少是有零零碎碎的了解。无需深入研究,我们只需想到那位德国化的法国人夏尔·德·维利尔斯(Charles de villiers),他在那个时代培养了对德国思想如此强烈的热爱。他没有忽视康德的思想。只有这一证据就够了:那本 40 页的八开本小册子,将《世界公民观点之下的普遍历史观念》介绍给法国读者。如果我没有弄错,康德的论文在 1784 年的《柏林月刊》(*Berlinische Monatschrift*)上首次发表,译本出现于 1796 年。文中有不少关于"文化状态"的论述,这种状态"就是人的社会价值的发展",[4]译者从自身角度出发阐述了观点,向读者阐释(第 39 页)他们已一步一步从"蒙昧"状态,从完全无知和"野蛮"进入"文化"阶段,而"道德"的时代仍然还在他们的前面。夏尔·德·维利尔斯在其《论路德改革的思想与影响》(1804)和《德国古典文学与历史现状简况》(1809)中,将法国人的注意力转向文化历史的成长,这个观念是德国人通过呈现"政治史、文学史、宗教史的影响及其与人类文明、工业、福利、道德、品格、生活方式之关系"所创,如他所说,这激发他们创作出"深远的、非凡的著作"。[5] 这一切仍然显得十分模

---

[1] 参见 Buffon, *Époques de la nature*, p101:"人开始自我文明化的第一个特征是培养对动物的控制。"

[2] 这是我们应该注意的影响。例如,在孔多塞的 *Vie de Voltaire* 中我们读到:"当你拓展一个农业(*culture*)兴旺、商业安全、工业兴盛的空间时,你一定增大了享受和全人类可及的资源的总量",我们首先想到的是此处 culture 一词的含义同德文中 Kultur 一词,而全然不会意识到此处该词仅仅是指"农业"。

[3] 这是孔多塞的观念,在他的 *Vie de Voltaire*(1787)中写道:"文明在世界上传播得越广,我们越将看到战争和征服随同奴役和贫穷一起销声匿迹。"

[4] Op. cit., pp. 13, 23, 25, etc.

[5] *Coup d'oeil*, p. 118, n. 有关 Ch. De Villiers, 参见 L. Whittmer, *Charles de Villiers*, *1765 – 1815*, Geneva-Paris, 1908,(thèse Genève),以及 Tronchon, *Fortune intellectuelle de Herder en France*, passim.

糊，相当混杂不清。无论如何，"文化"与"文明"之间似乎并不存在任何清晰的对立。

亚历山大·冯·洪堡也没有系统地确切阐述二者之间有这样的对立关系，在其著作中经常使用"文化"，同时也使用"文明"而无困扰，似乎是要在相互关系中来界定这些术语。[1] 但另一方面，他的确喜欢提到他的语言学家兄长威廉·冯·洪堡[2]——对威廉而言，他能够对此做出清晰的阐述。在其关于卡威（Kawi）语的著名研究中，[3]他对其做了详细阐述。他说明，进步的曲线是怎样通过一种灵活但人为的等级，从具有温和、人性化的行为举止的人，上升到有学识、有艺术品位、有文化修养、最终能达到圣人般（我很想说，歌德式的）安详境界的人，这样的人是被完全塑造的人。上述步骤构成了《文明、文化和教养》（*Zivilisation*，*Kultur and Bildung*）一书的主要内容。对威廉·冯·洪堡而言，毕竟"文明"吞并了"教养"（*police*）一词的古老形式——安全、秩序、在社会关系领域中已经确立的和平和彬彬有礼——的领地。然而，举止温和、有良好教养的人并不一定在心智上也是有修养的，某些蒙昧人也可能有最优秀的个人举止，但却对有关精神修养的事情全然无知。反之亦然。由此，这两个领域相互独立，这两个概念也是迥异。

在法国，这些想法是否取得了进展呢？我们应强调这些想法能够强化或支持某种心智态度，沃尔内在早期就给我们提供了一个这种态度的例子，一个极好的范例。如前文所述，沃尔内同许多他的同代人一样，意图驳斥卢梭关于文学、科学、艺术的发展导致人类变得刚愎任性的观点，他事实上提出了一种激进的方法，必要时采取极端行动肃清立场，意欲完

---

[1] 参见 *Voyage aux régions équinoxiales*，1816－1817，t. III，p. 287："'智育'（culture Intellectuelle）正是促进人类特征多元化最重要的因素"。同书第 264 页："我踌躇是否应该使用'蒙昧'（sauvage）一词，因为该词暗示着，那些被弱化的、生活在布道所里印第安人和那些自由独立的印第安人之间存在'文化'（culture）差异，而这种差异常常与观察到的真实情况相悖。"同书第 260 页："这些地区的野蛮或许并非由'文明'的实际匮乏所致，而是受到长期衰落影响的结果……被我们描述为未开化的大部分部落很可能是那些曾经拥有先进'文化'的民族的后代。"

[2] 参见 *Cosmos*，trad. Faye，t. I，Paris，1847，p. 430 et la note。

[3] Wilhelm von Humboldt，*Ueber die Dawi-Sprache auf der Insel Java*. 参见 *l'Ein-leitung* en tête du t. I，Berlin。

全摒弃文明。如沃尔内所论,[①]卢梭本可能、也本应该意识到并说明美术、诗歌、绘画以及建筑并非"文明的内在组成部分,或民族生存状态和富足水平的象征"。有大量"取自意大利和希腊"的例子,无可辩驳地证明了美术、诗歌、绘画以及建筑"无论在军事专制统治的国家,抑或是狂热的民主国家都可能繁荣,而这两种国家在本质上同样是蒙昧(sauvage)的"。诚然,它们如同装饰性的花草绿植,"只需强大一时的政府,无论其类型,就可以鼓励并奖励其发展",但若被过度扶持,则是危险的:"美术滋生于人们支付的贡税,同时伤害着实用性更强的基础艺术,常常变成一种滥用公共资金的方式,结果对人的社会状态、对文明造成颠覆性影响。"于是,经过沃尔内修正、改正和矫正的卢梭,说到底还是变得十足幼稚。从基佐的综合观点看,他的优点是在文明概念的诸多要素中,保留了"智力发展"这一要素。

他的这一优点并未始终得到认可。1853 年戈比诺(Gobineau)在其著作《论人种的不平等》中试图定义"文明"这一概念时,[②]他就先对基佐的观点进行了猛烈的批评。基佐将"文明"定义为"一个事实",而戈比诺则说:"不对,它是一系列事实,一连串的事实。"基佐并非对此全然不知,他也如是说,实际上是戈比诺对基佐的著作读得过于仓促,而他谴责《欧洲文明史》一书作者的首要原因是他未将"政府形式"这一概念排除。审视基佐的观点,我们很快发现,正如戈比诺所称,一个民族只有达到以下状态才能宣告自己是文明的:"拥有能够在某一时刻同时调和权利和自由的制度,并且这些制度能够准确地协调物质发展和道德进步之间的关系,以把政府和宗教限制在清晰的界限内。"简言之,他带着一些不满做出结论说:很容易看出,根据基佐的观点,"只有英国才是唯一真正文明的国家"。戈比诺表达了蔑视,不过事实上他不应于此长篇累牍。戈比诺的立场实际上非常有意思,他谴责基佐不该继续将"教养"(police)视为文明这一概念的重要因素,人们为这一概念感到遗憾,也为基佐感到遗憾。一些人呼吁他摒弃文学、科学和艺术,实际上是摒弃所有构成"文化"的要

---

① *Oeuvres complètes*, éd. Didot, 1868, p. 718 *sqq.* (*Éclaircissements sur les États-Unis*)
② Livre I, chap. viii : Définition du mot civilisation.

素；其他人则希望他抛弃政治、宗教以及社会制度。基佐并没有接受以上两种观点，而以他的方式看，他并没有错。

六

然而，他并非没有一些担忧。他在《法国文明史》一书中用一段精彩的文字表达了他的种种不安。[1] 之前他指出，"在考察物质世界的科学中"，事实被研究得不足，人们对事实少有尊重，"人们一味按照假设的指引，走上一条充满风险的道路，除了他们自己的推理别无其他引导。"然而，在政治领域和真实世界里，"事实是全能的，事实的本质使其被认定为合法；如以纯粹真理的名义期待一种思想在此生的事务中发挥作用是不合时宜的"。但是在上世纪（正是上世纪，基佐的读者开始见证路易十五的统治），乾坤倒转。"一方面，事实在科学领域发挥了前所未有的重要作用，而另一方面，思想在自然的真实世界发挥了前所未有的重要作用。"真实情况如此，以致当时文明的反对者们怨声载道，他们公开反对他们眼中科学精神的索然无果、琐碎细微、无关紧要，科学精神在他们看来使思想贬值、制约想象、扼杀才智的伟大，尤其使才智的自由之花枯萎，使其物质化。"另一方面，在政治领域和社会政府中，他们只看到光怪陆离的想法和雄心勃勃的理论，像伊卡洛斯（Icarus）一样渴望成就丰功伟绩，结果只带来和他一样痛苦的命运。基佐说，这不过是言之无物的抱怨，事情本该如此。人类面对一个既不是他创造，也不是他发明的世界，他首先是观众，然后才是演员。世界是一个事实，人类视其如是，他的心智作用于事实，当他发现了主宰世界的生命和发展的法则时，他观察到的法则也不过都是事实。对于外部事实的了解在我们的头脑中发展为支配这些事实的思想。"我们致力于改革、完善和规范一切，我们觉得能够主宰世界，把世界打造成理性的帝国。"这就是人类的使命——作为观众，他受制于事实；作为演员，他仍是主宰者，将一个更为规范、更为纯粹的形式强加于事实之上。

---

[1] Op. cit. , éd. originale, pp. 29 - 32.

这是一段令人称道的文字,当然,在两种态度、两种方法和两类职业之间也存在冲突,在研究和调查的精神、出于公正无私的动机而对事实进行的收集和研究中采用的积极科学的方法和另外一种精神——或许我们可以这样说,即直觉和希望的精神,先于和预见事实的想象精神,社会的改良和实用主义的进步的精神——之间存在冲突。正如基佐所指出的,希望通过文字平息争执、使智力进步与社会完善和谐发展是无可厚非的,但是,实际情形又是如何呢?两个同样擎天撼地的神祇,其中一个怎么可能附属于另一个?——或者,一个相当天真的想法——二者怎么可能比肩而立,和谐共处呢?

事实上,基佐在写下这些文字并于 1828 年与 1829 年做讲座的时候,发生了什么?首先,实验科学方法还未在很大程度上渗透到那些后来被称为道德科学的学科。为什么没有这样呢?相反,是怎样的各异因素的复杂组合造就了这样的局面?要说明这一点需要大量的工作。为了做到这一点,我们不得不关注有关浪漫主义的起源、成因及精神的问题,这是一个人们至今远未达成共识以期解决的问题。

还有一点,对于基佐的同代人而言,文明并不仅仅是一个研究对象,而是他们身处其中的一个事实。是好是坏?许多人会选择后者。现在,以我们在本研究中的立场来看,这个事实十分重要。对于基佐所称的那些文明的反对者而言,他们的抱怨是由每一个社会变革派别接受和不断构想出来的,同样是这些抱怨,激发的不仅是书籍和文章,或许事实上已经为未来对任何隐含着某种价值判断的文明概念所做的科学批评提前铺平了道路,使得那些批评更加容易和更加可取。换言之,我们或许会问这样一个问题,所有这些抱怨并非有预谋地促成了我们支持的文明的科学概念和实用概念的解体,这个解体过程是在 19 世纪的后 50 年里完成的;最终导致一种看法认为,人类的任何一个群体,无论其对宇宙采用何种物质和心智行动方式,都拥有其自身独有的文明形式;另一方面,尽管如此,仍然保留着由西欧和美洲东部的白人所携带和传播的优越文明的旧观念,并作为一种观念逐步在事实中成形。

对我们而言,我们并不需要密切追踪这两个概念在 19 世纪和 20 世纪分裂的足迹,我们正在勾勒一个词的历史轨迹,这已经让我们看到当今的"文明"一词单数和复数被同时使用，我们已然大功告成。这不过只是一篇序言，我们只需注意到，那个实用的、激进的、自身不可辩驳的观点断言每个个体民族、每个个体文明的存在，但它并不妨碍人们头脑中仍然保持一个普遍人类文明的旧概念，我们如何让这两个概念相符相合？我们如何看待他们之间的关系？这不是我的工作，我的工作只是说明与该问题有关的这些术语是怎样在我们的语言中，通过一个半世纪的研究、思考和历史演进，一点点地萌生发展，渐渐变得清晰。

埃米尔·本维尼斯特(Émile Benveniste，1902—1976)，法国语言学家，被誉为 20 世纪最杰出的语言学家之一。1902 年，本维尼斯特出生在法国殖民地叙利亚阿勒颇，后被送回巴黎，在索邦大学学习期间师从索绪尔的弟子梅耶(Antoine Meillet)学习印欧语。1927 年，年仅 25 岁的本维尼斯特接替导师梅耶在法国高等研究院主持波斯—伊朗语和比较语法教学。1966 年，论文集《普通语言学问题》出版，在学术界引起轰动，让他成为结构主义的代表人物。

《文明：对文字史的一个贡献》一文最早发表于 1954 年出版的《致敬费弗尔文集》(*Hommage à Lucien Febvre*)一书中，是作者向费弗尔的致敬之作。费弗尔在 1930 年发表《文明：一个词汇和一组观念的演变》一文，详细梳理了"文明"一词在 18 世纪中期和 19 世纪上半叶法国和英国文献中使用情况。本维尼斯特在该文中进一步指出，"文明"一词现代意涵的第一个使用者可能是米拉波侯爵，最早的文献是米拉波于 1756 年撰写的《人类之友》一书，比费弗尔追溯的用法早 10 年。现在人们已经普遍接受了本维尼斯特这一考据的结果。但是，本维尼斯特也承认，尽管把"文明"一词的出现向前推 10 年，仍不足以证明英文"文明"一词的出现是英国人独立创造的，还是从法语传播过去的。

（魏孝稷编写）

文明:对文字史的一个贡献

埃米尔·本维尼斯特

(刘凌寒译　刘文明校)

现代思想的全部历史和西方世界的主要智力成就都与几十个基本词汇的创造和处理有关,这些词汇都是西欧语言的共同财产。我们刚刚开始意识到,对现代文化中一个词汇的起源进行精确地描述,是多么值得去做的事情。这样的描述只能是对每一种语言中每一个词的大量详细研究的总和。这些工作仍然很罕见,从事这些工作的人强烈地感觉到最必要的词汇文献的匮乏,特别是在法语中。

在一项著名的研究中,[①]吕西安·费弗尔(Lucien Febvre)对我们现代词汇中最重要的术语之一"文明"一词的历史,以及 18 世纪末至 19 世纪中叶与之相关的概念的发展做了精彩的概述。他还对确定该词在法语中的出现时间所遇到的困难表示遗憾。正因为"文明"是显示世界新视野的词汇之一,所以尽可能具体地描述它产生的条件是很重要的。本文的特定目的是扩大问题的范围和丰富文献,但将限制在该词首次使用的早期阶段。

费弗尔并没有遇到 1766 年之前使用"文明"的任何可靠的例子。在他的研究报告发表后不久,费迪南·布鲁诺(Ferdinand Brunot)在其《法语史》(*Histoire de la langue française*)[②]中,以简洁的注释提供了新的

---

① L. Febvre, *Civilisation. Le mot et l'idée*, (Publications du Centre International de Synthese) Paris, 1930, p. 1 - 55. 1929 年 5 月在综合中心的演讲。

② F. Brunot, *Histoire de la langue française*, t. VI, Ire partie, 1930, p. 106. 他把杜尔哥(Turgot)的一段话作为这个词的第一个例子,费弗尔认为(*op. cit.*, p. 4 - 5)这段话可能属于杜邦·德·尼穆尔(Dupont de Nemours)。

具体细节和更早的例子。另一方面,约阿希姆·莫拉斯(Joachim Moras)以一篇详细的论文论述了法国的文明概念。[①] 对此,现在我们可以补充我们在阅读中发现的其他资料。

现在看来,这个词的最早的例子很可能是在米拉波侯爵(Marquis de Mirabeau)的著作中找到的。今天,我们很难想象《人类之友》(L'Ami des hommes)作者的名气和影响力,不仅在重农学派的圈子里,而且在整个知识界和长达几十年里,至少直到 19 世纪前 25 年都影响很大。为了了解他的影响,我们有他同时代的那些热衷于接受他学说的人的热切陈述。林格特(Linguet)就是这样一个人,他在《民事法律理论》(Théorie des lois civiles,1767)中这样并列引用:"《人类之友》《论法的精神》以及其他一些由优秀天才出版的作品。"鲍迪尤神父(Abbé Baudeau)也是如此,他的《经济哲学初论》(Première Introduction à la philosophie économique,1771)的署名是:"《人类之友》的信徒。"同样,在很久之后的 1814 年,思维极为清晰的本杰明·康斯坦特(Benjamin Constant)在一篇与本研究主题直接相关的作品《征服和夺取的精神及其与欧洲文明的关系》(De l'esprit de conquête et de l'usurpation,dans leurs rapports avec la civilisation européenne)中,提到了"两位权威人士:孟德斯鸠先生和米拉波侯爵"。[②] 然而,今天无论谁读米拉波的书,都会惊讶地发现,这位作家的过度言词和怪癖没有对这位经济学家和改革家的声誉造成任何损害。今天,语言历史学家会对这些明显的缺陷感到震惊,离谱的语句、粗俗的口吻、混合的比喻、夸大的言辞和不平衡的语气,似乎是一种大胆而暴躁的思想的自然表现。

现在,正是在这部立即使米拉波的名字受到尊敬的作品中,第一次发现了"文明"这个词。《人类之友,或人口论》(L'Ami des hommes,ou Traité de la population)写于 1756 年,但实际上是 1757 年出版的,[③]没

---

① J. Moras, *Ursprung und Entwickelung des Begriffs der Zivilisation in Frankreich(1756 - 1830)*,Hamburg,1930(*Hamburger Studien zu Volkstum und Kultur der Romanen 6*).

② Éd. 1814,p. 53,n. I.

③ 韦洛塞(G. Weulersse)证明了这一点,他在 *Les Manuscrits economiques de Franfois Quesnay et du marquis de Mirabeau aux Archives nationales*(Paris,1910,p. 19 - 20)中表明:"这部作品完全是在 1756 年创作的,甚至毫无疑问是在 1756 年印刷的,但它直到 1757 年才出现。"

有作者的名字，一开始就获得了成功。在该书第一部分的中间，我们读到："在一个秩序良好的社会中，宗教牧师应该拥有第一等级，这才是正确的。宗教无疑是人类首要的也是最有用的约束力，它是文明的主要动力源，它不断地宣扬和提醒我们兄弟情谊，软化我们的心，等等。"①从那以后，这个词在作品的其他部分再次出现。在米拉波后来的著作中也见到过这个词。因此，我们在他的《税收理论》(*Théorie de l'impôt*，1760)中发现："在我们之前的所有帝国，以及在文明圈中游走的所有帝国的例子，将详细地证明我刚才提出的观点(p. 99)。"②在米拉波的文章目录中，还发现了一个他偏爱这个词的鲜为人知的证据，值得在此回顾一下，尽管从归于它的日期来看对我们的主题价值不大。米拉波留下了一部作品的粗略草稿，这部作品只开了个头，著作名为《女性之友或文明论》(*L'Ami des femmes ou Traité de la civilisation*)，与《人类之友或人口论》相对应。韦洛塞(Weulersse)认为这个草稿"在 1768 年左右"。令人遗憾的是，保存在国家档案馆的这一仅存的文本不能更准确地确定其日期。谁要是有好奇心去查阅它，③就会发现一份由 5 页半的序言和 10 页(唯一写好的)论文正文组成的手稿。该书的基调从以下编排得到体现：在一段祈祷形式的序言之后，该书以下列标题开始："论文明。第一部分，初始时代。第一章。哑哑学语的人(Le bégayement)。"尽管它很夸张，以最怪异的风格进行了反思和离题发挥，但这个片段还是包含了对这个词的几个有启发性的用法，而这个词正是这篇论述的主题。我们将列举出所有这些用法："她(简朴)将引导我走文明之路"(第 1 页)；"这是一个知道两种性别中哪种对文明影响最大的问题"(第 2 页)；"这些偏见的消除是文明带来的知识所产生的"(第 4 页)；"正直的人为其行为保持正直和善心，为

---

① 回到米拉波并不困难。这段话在《特雷武词典》(*Dictionnaire de Trévoux*)第二版中被引用。这段引用现在出现在布洛赫(O. Bloch)和瓦尔堡(W. von Warburg)的新版《法语词典》(*Dictionnaire étymologique de la langue franfaise*，Paris，1950)中，但日期有误(是 1755 年而不是 1757 年)，作品的标题也有错误(是 *L'Ami de l'homme* 而不是 *L'Ami des hommes*)。

② 我们认为，重提莫拉斯(J. Moras)举出的米拉波的例子，或费弗尔和莫拉斯已经引用的鲍迪尤神父在《公民星历》(*Éphémerides du citoyen*)中的例子，不会有任何用处。

③ Dossier M. 780, no. 3. 这份手稿是由韦洛塞指出的(*Les Manuscrits economiques*，p3)，莫拉斯并没有完全利用它。

社会维持文明和精神"（同上）；"文明和习俗迫使他们（原文如此）自己在社会上谦卑"（同上）；尤其是这段话，它是一个定义："我非常惊讶，我们在所有领域的研究中所具有的错误观点，在文明的问题上居然表现得这么突出。如果我问大多数人，文明包括什么？他们会回答说：文明就是风俗习惯温和，文雅有礼貌，高雅举止蔚然成风，遵从礼仪犹如法律。我认为，这一切仅仅是道德的表面现象，而不是它的本来面目。如果文明不能赋予社会以道德的实质与形式的话，那么它就对社会毫无帮助。"（第3页）从这些用法中可以看出，对米拉波来说，"文明"是直到他那个时代在法语中被称为"有教养"（police）的过程，也就是说，是一种倾向于使人和社会更加"开化"（policé）的行为，是促使个人自发地遵守礼节规则，并使社会习俗向更加文雅的方向转变。

从1765年开始，一般在米拉波的启发下，那些使用"文明"一词的作者也是在这个意义上理解这个词的。上面提到的研究已经考虑到了布兰格（Boulanger）、鲍德鲁（Baudreau）和杜邦·德·尼穆尔（Dupont de Nemours）的文本，在此转载这些文本是没有用的。不过，我们要补充几个例子，这些例子取自林格特的《民事法律理论或社会的基本原则》（伦敦，1767）。"我们将在后面说明，这种不幸是不可避免的。这是由于各民族的文明"（1：202）；[1]"这是人类文明时期原始法典的头两个标题"（2：175）；"我很高兴在附近发现了人类迈向文明的第一步的痕迹"（2：219）；"为了……使生育工具变成奢侈品，所需要的只是更多一点文明，这并不需要很久"（2：259）。在这里，"文明"意味着使人类从野蛮摆脱出来的最初的、集体的进程，这种用法甚至在当时就导致"文明"的定义，即文明社会的状态，从那时起，这样的例子越来越多。

我们可能会想，既然 *civiliser* 和 *civilisé* 已经使用了很长时间，为什么 *civilisation* 出现得这么晚？这不太可能是由于 *civilisation* 作为一个法律术语（将刑事诉讼变成民事案件的行为）的存在阻碍了这一发展，因为它不可能广为流传。人们会想到另外两个主要原因。一个是当时带-

---

① 这是布鲁诺（《法语史》）从一处不同的参考文献引用的唯一一段话（第190页），这要么是指另一个版本，要么是错误的。

isation 的词很少，而且数量增加缓慢。尽管莫拉斯是这么说的，但在 18 世纪中叶，在大革命之前，这种类型的词只有很少的数量：在 F. 高亨（F. Gohin）[1]和 A. 弗朗索瓦（A. François）[2] 的列表中，我们只发现了 *fertilisation*、*thésaurisation*、*temporisation*、*organisation*（它们在之前就已经被创造出来了，但当时才变得流行），最后还有 *civilisation*。与同一时期产生的约 70 个带-*ité* 的术语相比，这确实是少数。[3] 即使在这一小部分中，大多数词都保持着"行动"的专属含义（例如"施肥"[fertilisation]）。"国家"概念（对它来说"文明"概念来得相当快）只是从"植物的组织"（l'organisation des végétaux）、然后是"慈善组织"（des organisations charitables）中的"组织"表现出来。与其他带-isation 的派生词相比，"文明"的使用很早就具有特殊性，但习惯使得我们对此不敏感。除了在一类技术性的抽象词汇中的这种相当轻微的生产力之外，为了解释"文明"概念出现较晚，我们应该考虑这个概念的新颖性，以及它所暗示的对人和社会的传统概念的改变。从最初的野蛮到现在社会中人的状态，人们发现了一个普遍的、渐进的发展，一个缓慢的教育和完善的过程，总之，一个不断进步的秩序，"礼貌"（civilité）这个静态的术语已经不足以表达它，它必须被称为"文明"，以便共同定义它的方向和它的连续性。这不仅是一种社会的历史观，也是对社会演变的一种乐观和坚决的非神学解释，有时这种解释被强调，但宣称的人并没有意识到这一点，尽管他们中的一些人，首先是米拉波，仍然将宗教视为文明的主要因素。

但是，正如费弗尔所看到的，[4]这个词在英国有一段平行的、几乎是同时代的历史，其中的状况，很奇怪地相似：*civilize* 和 *civilized* 出现较早，*civilisation* 作为一个法律术语从 18 世纪初就被证实了，但社会意义上的 *civilisation* 则要晚得多。对于一个注定要广泛传播的概念，而且是

---

① F. Gohin, *Les Transformations de la langue française pendant la deuxième moitié du XVIIIe siècle*, Paris, 1902, p. 266sq.

② F. Brunot, *Histoire de la langue*, t. VI, 2ᵉ part., p. 1320.

③ F. Gohin, *op. cit.*, p. 271.

④ L. Febvre, *op. cit.*, p. 7 sq.

在两国密切接触的时期,这就提出了一个问题,即一个或另一个概念在最初使用时的优先考虑,以及可能的相互影响。这首先是一个确定在英语中"文明"出现日期的问题。《牛津英语词典》将第一个例子的日期定为1772年,这个例子来自博斯韦尔(Boswell)的《约翰逊的生活》。在这种情况下,费弗尔没有决定的法语还是英语优先的问题,立即得到了对法语有利解决,因为法语中"文明"的出现要早15年,即1757年。这实际上是莫拉斯的结论,因为尽管他进行了广泛的阅读,但他无法在1772年之前找到英语中的"文明"。[①] 然而,解决方案不能如此简单地达成,新的和具体的信息在这里可能是有意义的。

有必要看看《牛津英语词典》作为最早的文本中是如何介绍这个词的,并有必要完整地阅读博斯韦尔的这段话(这段话在字典中只是部分地引用):"[1772年]3月23日,星期一,我发现他[约翰逊博士]正忙于准备其对开本字典的第4版。……他不愿采用 civilisation(文明)这个词,只采用 civility(文雅)。尽管对他非常尊重,但我认为,作为与 barbarity(野蛮)相对的意思,出自 civilise(使开化)的 civilisation 一词比 civility 更好;因为每个意思都有一个截然不同的词,要好于用一个词来表达两种意思(他对 civility 就是这样用的)。"这段话很有意思,原因不止一个。博斯韦尔意识到,在"礼貌(courtesy)、优雅(politeness)"意义上的"civility"与野蛮的反面"civilisation"之间已经有了区别。毫无疑问,他是在为一个已经在使用的词求情,而不是为一个他自己发明的新词求情,因为这是一个把它记录到字典里的问题。因此,他一定读过这个词,可能约翰逊也读过,尽管后者不愿意接受它。如果说从博斯韦尔的这种使用中可以得出什么结论,那就是其他作家已经接受了它。

"文明"一词的快速推广间接证实了这一推论。早在1775年,阿什(Ash)的字典(《牛津英语词典》作了引用)就将"文明"记录为"被教化的状态,教化行为"。一年后,我们发现了以下这样的例子(《牛津英语词典》中都没有引用)。理查德·普莱斯(Richard Price)在北美战争之际发表的一本小册子中说道:"……处于文明的中间状态,介于其最初的粗鲁和

---

① J. Moras, *op. cit.*, p. 34 sq.

最后的精致及腐败状态之间。"①最重要的是,在亚当·斯密的《国富论》(1776)中,我们没有进行系统的搜索就在几页之内找到了这些例子:"因此,只有凭借常备军,任何国家的文明才能在相当长的时间内得以延续甚至保存"(2:310);"随着社会在文明方面的进步"(2:312);"火器的发明,这个乍看之下如此有害的发明,肯定有利于文明的持久和扩展"(2:313)。我们知道,亚当·斯密在 1765 年底至 1766 年 10 月间,在布克勒克(Buccleuch)公爵的陪同下在巴黎待了将近一年,经常见到重农学派的魁奈(Quesnay)、杜尔哥、内克尔(Necker)等人。也许他在那时就熟悉了"文明"这个词(尽管它还很新),但没有证据可以证实这一点。亚当·斯密于 1776 年在一本书中自由使用了"文明"一词,而这本书需要几年时间才能完成,这无论如何都证明,我们不能把这个词的产生只追溯到1772 年。

实际上,在博斯韦尔提到它之前,其他作家已经采用了它。在这里,《牛津英语词典》的信息是有缺陷的。对我们来说,发现 1772 年之前几年中一些"文明"的例子是比较简单的。

[英语中]这个词首次出现在前一年即 1771 年,是在格拉斯哥大学教授约翰·米勒(John Millar)的著作《对社会等级划分的考察》(*Observations Concerning the Distinction of Ranks in Society*)中,该书第二版被翻译成法文,标题为《对社会开端的考察》(*Observations sur les commencements de la société*)(阿姆斯特丹,1773)。② 约翰·米勒在序言中声称,他的目的是研究"受文明和正规政府的影响……产生的变化"(第vii 页)。以下是在该作品中收集的例子:"……在文明和高雅(refinement)方面相当先进的国家中"(第 4 页);"社会在文明、富足和高雅方面的逐渐进步"(第 37 页);"既不熟悉艺术和文明,也没有受到任何正规政府的约束"(第 50 页);"一个民族在文明方面的进步"(第 63 页);"文明产生的相同影响最终开始显现"(第 76 页);"一个民族在文明和高

---

① R. Price, *Observations on the Nature of Civil Liberty*, *the Principles of Government and the Justice and Policy of the War with America* Dublin, 1776, p. 100.

② 这一翻译只有费弗尔提到过(*op. cit.*, p. 9,22)。法译本中总是用"文明"来翻译近似的英文单词,有时甚至在英文文本是"refinement"的地方也采用了"文明"这个词(p. 154)。

雅方面的进步"(第 101 页);"一个民族在文明和高雅方面的提升"(第
153 页,在第四章的标题);"一个民族在文明和生活艺术方面的前进"(第
178 页);"文明的进步"(第 190 页);"文明对人民的脾气和性情的影响"
(第 203 页)。

但是,即使在 1771 年,米勒似乎能够如此自由地对待"文明",以至于
人们不敢确定他就是第一个使用"文明"的人。事实上,我们已经找到了
一个先驱者,他在 4 年前就使用了这个词并讨论了这个概念。这是另一
个苏格兰人、爱丁堡大学道德哲学教授亚当·弗格森(Adam Ferguson),
他在题为《公民社会史论》(爱丁堡,1767)的著作中,[1]在第 2 页,他确立
了支配人类社会进化的原则:"不仅个人从婴儿发展到成年,而且物种本
身也从粗野前进到文明"。在接下来的论述中,这个词被多次提及。"我
们自己就是优雅和文明的所谓标准"(第 114 页);"它没有被文明的最高
尺度所消除"(第 137 页);"我们衡量优雅和文明程度的尺度"(第 311
页);"在文明的进步中"(第 373 页);"文明所需的奢侈"(第 375 页);"在
文明和粗野两个极端之间"(第 382 页)。

在此,我们必须再次问道,亚当·弗格森是否也是从别人那里接受了
这个词。但我们的阅读未能引导我们追溯更远。在弗格森可能追随的哲
学家中,包括哈奇生(Hutcheson)、休谟(Hume)和洛克(Locke),似乎都
没有使用过"文明"这个词。要想确定哪怕是否定的证实,也必须详尽地
阅读许多作者的作品,并仔细研究 1750 年至 1761 年左右苏格兰和英国
的历史和哲学出版物。[2] 到目前为止,也就是到我们所能探究的这一刻,
最早发表的关于"文明"的提法是在 1767 年,也就是米拉波这第一个"文
明"例子的 10 年之后。根据这些日期,我们肯定要把历史的先例给予法
国作家。还有待研究的是,这种日期上的差异是否必然意味着这一英语
单词译借自法语,以及谁是这种转移的中介。现在看来,弗格森不可能从

---

① 伯杰尔(Bergier)翻译的法文译本《公民社会史论》(*Histoire de la société civile*)于 1783 年出
版(出版商的说明中说该书几乎是在该日期之前五年印刷的)。译者到处使用"文明"。在列
举例子方面,它甚至不如米勒的法文版作品有用。
② 无论如何,现在很清楚的是,博斯韦尔作为一个苏格兰人和一个在爱丁堡学习过的人,完全有
理由在 1772 年熟悉这个术语,弗格森的课程肯定会让他知道这个术语。

米拉波那里得到灵感,甚至没有证据表明他读过米拉波的著作。另一方面,我们有理由相信,"文明"一词可能在1767年之前就出现在弗格森的著作或教学中。

我们在大卫·休谟于1759年4月12日写给亚当·斯密的信中找到了这方面的迹象,在信中,休谟把"我们的朋友弗格森"推荐给斯密以寻求在格拉斯哥大学的一个职位。休谟为他的朋友写道:"弗格森对他的《论高雅》(On Refinement)一书进行了很好的打磨和改进,经过一些修正,它将成为一本令人钦佩的书,并由此发现了一个优雅而奇异的天才。"①现在,杜加尔德-斯图尔特(Dugald-Stewart)的一篇文章告诉我们,这本《论高雅》在1767年以《公民社会史论》为名出版。因此,1759年的书稿就是上面提到那本书的第一个版本。如果这第一部作品的手稿被保存下来,那么去验证弗格森是否已经在其中使用了"文明"这个词,是有价值的。如果是的话,那么它至少有可能是弗格森自己发明的(如果他没有在以前的作者那里发现这个词的话),而且无论如何,英语中"文明"的历史就至少从1759年开始,并不取决于法国的影响。这需要进一步研究。

沿着这些思路的另一点信息,可以从弗格森本人的一份更晚的出版物中推断出来。1792年,他在退休后的闲暇时间里,出版了他在爱丁堡大学就道德和政治思想的原则所做讲座的概要《道德和政治科学的原则》(爱丁堡,1792)。他曾多次在其中使用"文明"(1:207,241,304;2:313),但在今天,这个词已经没有任何不寻常之处。然而,其中一个例子一定会引起我们的注意:"商业艺术的成功,分为几个部分,要求从事这些活动的人保持一定的秩序,并意味着人身和财产的某种安全,我们将其命名为'文明',无论在事物的性质上还是在这个词的起源上,即使具有这种特性,但都属于法律和政治机构对社会形式的影响,而不仅仅是任何有利可图的占有或财富的状态。"(1:241)"……我们将其命名为'文明'"的表述是模棱两可的,这里的"我们"是一般用法,还是一个创造了新词汇的作者的表述? 如果弗格森的手稿还在的话,有必要设法确定这篇文章第一个

---

① 信件引自杜加尔德-斯图尔特关于亚当·斯密的传记,发表在其遗著《哲学主题论文集》的开头(Essays on Philosophical Subjects,1795,p. xlvi)。

版本的日期,以判断他是否指的是他自己发明的一个词。

我们将以提出在英国进行新的有关研究的建议作为结束,只有这样才能澄清我们现在悬而未决的问题:"文明"是在法国和英国分别独立但大致同时地出现的两次发明,还是仅只由法国人将它引入现代欧洲词汇中的?

布鲁斯·马兹利什（Bruce Mazlish，1923—2016）是美国著名历史学家，曾长期任教于麻省理工学院。他从事史学研究长达半个多世纪，研究方向也发生了几次转向，从早期的西方思想文化史，到心理史学和知识社会学，20 世纪 90 年代初，转向日益兴起的全球史，倡导"新全球史"的研究路径，成为全球史研究的一位先驱。马兹利什著作等身，在他不断变换的研究领域都有影响较大的代表作问世，比如《探寻尼克松：一项心理史学研究》（1972）、《詹姆斯和约翰·密尔：19 世纪的一对父子》（1975）、《一门新科学：联系的断裂和社会学的诞生》（1989）、《第四次断裂：人类与机器同步进化》（1995）以及《新全球史》（2006）等，并主编和合编若干种论文集。

《历史和全球视野下的"文明"》一文是马兹利什为参加时任伊朗总统赛义德·穆罕默德·哈塔米（Seyyed Mohammad Khatami）在德黑兰举办的会议而准备的参会论文，会议主题是"文明对话"。2001 年 9 月，该文与其他几位美国学者的参会论文共同发表在《国际社会学》第 16 卷第 3 期。本文的标题《历史和全球视野下的"文明"》也可以看出作者叙述"文明"概念演变的两种视角，一是简要梳理启蒙运动以来"文明"概念在西方社会内部发生的语义演变；二是采用全球视角探讨非西方社会在启蒙运动之前已经出现的"文明"的同义词，以及"文明"在非西方社会被接受的条件、本土化过程和后果。马兹利什更关注"文明"概念在全球的传播与演变，他最后希望能引起一场学术对话，深入探讨"文明""文化"等重要概念在非西方和西方的适用性问题，以及这些概念在全球化时代如何发挥积极的作用。3 年以后，马兹利什将本文的观点扩展成一本著作，即《文明及其内涵》（2004），产生了广泛的影响。

（魏孝稷编写）

历史和全球视野下的"文明"

布鲁斯·马兹利什

（汪辉译　张国琨校）

　　18世纪下半叶，"文明"这一术语才在法国创造出来并概念化。老米拉波（Mirabeau the elder，法国大革命中著名的演说家之父）在其《人类之友，或人口论》（1756年）中使用现代术语"文明"，用来指一个以民法取代军法的社会；换言之，"文明"指的是一种司法观念，它早已存在于上一世纪。他还用该词来形容这样一群人，他们举止优雅、富有教养、行为得体，并且在社会中品德高尚。

　　请允许我将其最初的特点简单罗列出来；其实，我们只有从历史发展的角度，才能够掌握文明的概念并进而对其代表的挑战进行研究。教养（Police）便是其一。它是文明观念中必不可少的因素，就像米拉波所强调的民法一样。它意味着控制武力和暴力，使其从属于公共法制。教养的发展是贸易和商业得以发展壮大的前提条件，后者的发展需要一个稳定的政权以及对财产所有权的保护。城市同样是商业持续发展中不可或缺的因素。在这些城市中，得体的行为举止即礼貌（civility）的培养受到鼓励和推动。诺贝特·埃利亚斯（Norbert Elias, 1978）向我们展示了这样一个案例，即在近代早期，欧洲的文明进程是怎样从宫廷向城市、从贵族向中产阶级扩散流动的。在文明的进程中，妇女扮演了日益重要的角色，一些思想家如詹姆斯·穆勒（James Mill）认为衡量文明的一个标准是社会中妇女的地位和对待妇女的态度。最后，在米拉波起初的构想中，他主张宗教是文明的"主要源泉"，因为宗教能够教化人们的行为（Starobinski, 1993:3）。

显然还有许多东西被遗漏在外。事实上，文明是一种行为、一个运动、一个过程。它必定总是在变化的（有时是倒退）。正如我一直以来所主张的，到18世纪，人类意识才从这个角度完全认知了自己的过去，该现象主要出现在西欧，特别是法国；因此才第一次形成了文明的概念。1756年"文明"一词产生后，很快对它的使用就扩散开来，不过并不均衡。相应的问题也很快出现了，文明被视为世俗完美（secular perfectibility）的一种普遍的、本质的表现形式，而世俗完美是建立在日益增长的理性基础之上（因而也是建立在欧洲模式的基础之上，故而其中显然包含了一种标准的判断）；文明也被视为所有社会的目标，或被视为多个文明（civilisations），即不同社会以不同方式达到的一种状态。

大约在"文明"一词出现的同一时期，其他大多数社会科学术语也涌现出来（实际上，"社会科学"一词自身也是于1789年前后首次被提出来的）。该观念兴起时，现代西方对那些联接或分离各民族的东西的深入思考正值巅峰。由于变革的步伐加快，就在法国大革命和工业革命之前，伴随着一种日益增强的意识，人们开始不断深入思考将人类联系在一起或引起冲突乃至彼此决裂的"纽带"，以及这些"纽带"有哪些不同形式和不同阶段，这样的思考让人着迷（Mazlish，1989）。

简而言之，"文明"概念的出现是由多种因素决定的。例如，"社会"概念出现于17世纪末，早于文明。那时，西方人意识到自己所处的社会并不是独一无二的，而只是众多社会中的一个，并且它自身也会随着时间改变形态（到19世纪，卡莱尔[Carlyle]创造出"工业社会"一词，代指"封建社会"的后继者）。另外，这种新意识中还夹杂着这样的认识，即社会是由人类而不是神创造的，并且人类理性能够有意识地改造社会（尽管在外人看来社会的变化是由无意识的、自然演进的力量决定的）。到18世纪，公民社会、公共领域以及公众舆论等观念与社会的观念结合在一起，成为人们关注的焦点。早期的文雅（civility）观念融入社会观念中，并与民主观念相联系。布丰（Buffon）和拉马克（Lamarck）等人的生物学著作为世俗完美这一观念提供了一种"进化论"的话语背景（不过是在达尔文学说之前），在拉马克那里更是达到了顶峰。进步，无论其动力是改良还是革命，都是这一时期的主题词。最后，我认为应该将文明的概念视为古今之争的一部分,在这场争论中甚至希腊人如今都被看作"野蛮",因为他们在"文明"的物质方面和精神方面都甚缺乏。

现在,我们必须注意到在此之后不久,现代意义上的"文化"概念在对"文明"的回应中产生了。特别是对于许多人来说,文明只是启蒙运动和法国大革命中表现出来的一种冰冷、精明、机械、普遍的思考方式。而另一方面,正如德国哲学家赫尔德(Herder)所阐述的,文化在18世纪80年代被视为根植于某一特定人群的血液、土地和独特历史之中,即"民族"(Volk)之中。"民族"与人类之间的鸿沟产生了,并随着法国革命军队入侵德国而变得具体了。根据这一阐释,文明仅仅是物质的,而文化却是精神和道德方面的,文化对于个人的发展以及社会发展同样至关重要。虽然实际使用时,二者常被当成一对同义词,但是这两个概念始终承载着不同的含义。

"文明"一词产生后,何时以及何种条件下该词为其他非西方社会所采纳? 或是被西方的其他地区所采纳? 西方文明通过发掘其他文明,将它们视为自己早期文明的对应者(不过一般视其次于西方文明)来界定自身,此举无疑推进了"文明"被采纳的进程。因此,在埃及的考古挖掘以及18世纪90年代罗塞达石碑的发现和破译揭开了一个辉煌的先驱文明的面纱,这里的废墟告诫着欧洲人,权力和礼仪的本质只也不过是过眼云烟。这里发现了一个完整的文明,它用独特的艺术、宗教、权力结构和社会制度诉说着自己。这里还发现了今天我们所公认最早的字母文字,其时间可追溯到公元前1900—前1800年之间,它也是文明自身的柱石之一。

其他的古代文明(这里文明一词用作复数形式)与埃及文明并肩而立。人类走入文明,在这个故事情节中美索不达米亚、巴比伦、亚述以及中国和印度,还有玛雅和阿兹特克等文明以自己独特的形态在其中占有一席之地。虽然在1856年之前"考古"一词还未出现,但考古实践早已十分广泛;它体现了欧洲人作为帝国主义者在努力探索和发掘"他者",以理解欧洲自我形象。

欧洲人是怎样将"文明"一词运用到西方和非西方的早期历史之中的呢? 例如,吉本(Gibbon)写的是"罗马帝国的衰亡",而不是"罗马文明";

后来,"罗马文明"这一术语在相关课程中被奉为神圣,它是从什么时候开始兴起并广泛传播呢?显然到 19 世纪早期和中期,西方人已普遍使用该术语。功利主义哲学家和政治家詹姆斯·密尔早在 1809 年就写过中国人的一个"特别的文明阶段",并在其著作《英属印度史》(Mill,1806—1816)中提到过"文明史中印度人的真实景况"。其子约翰·斯图尔特·密尔(John Stuart Mill)在 19 世纪 30 年代就文明这一主题发表过评论。法国人基佐(Guizot)讲授过、并于 1828 年出版了《欧洲文明史》。其他类似的例子不胜枚举。所有他们想要表达的是在"先进的"西方范例的天平上衡量其他文明(并找出它们的不足之处),并认为"文明"常常与被视为劣等的"文化"并存。

这些"劣等"社会的情况如何?在西方之外,希望实现"现代化"的国家迅速采纳了"文明"一词。因而,在佩里的船舰打开日本大门、带来西方的商业和观念之后不久,就出现了 bunmei(文明)一词。该词以 hikaku bunmeiron(文明比较理论)的形式保留下来,并一直占据着日本学者的视线,直到今天。因此,在 1991 年日本社会经济史协会召开的会议上,一个重要的专家团倾其全力试图将日本界定为一个文明。我们被告知,会议的研讨一直是在"努力试图摆脱自 18 世纪以来一直主导历史研究的欧洲中心世界观"。这种努力之所以如此重要,就像一位人种学家告诉我们的,是因为"西方人通过种族中心主义形象看待自己与他者的关系,如果说在这些形象中存在一个拥有特权地位的概念,那么它就是文明概念"(Morris-Suzuki,1993:527 - 528,531)。简而言之,文明不是一个中性词汇,而是承载着一些价值含义。

它同样也面临着挑战。其他自诩已经"文明化"的文化和社会如何回应它?这些文化和社会将以什么方式来适应、接受或拒绝文明?日本的例子再次给我们特别的启发。当然日本社会不同阶层对 1853 年佩里的船舰的反应是不一样的。一些人希望紧闭国门,无论是物质上的,还是精神上的。其他一些人则意识到,如果日本想要作为一个独立国家生存下来,是不可能在物质上抵制西方的。结果出现了"东方道德与西方技术"并存的局面,正如一位保守派人士所说的:虽然声称西方的科学和技术更胜一筹,但是东方的伦理道德教导要优于西方(Takeo,1983:134)。还有一些人看到了精神上或是文化上的革命与科学革命同样必不可少。因此,明治时期日本政府的一些关键人物前往欧洲学习,他们回国时已接受了这样一种理念,即日本若要维持国家独立,并且承担起自己应担的历史使命,唯一出路就是全面接受西方文明。他们经历的是一次逆向"传教"征程。

他们打着启蒙(keimo)的旗号执行着自己的任务。我认为他们是试图用自己的话语重述欧洲现代性的早期经验,即为了抵制传统中合法的权威而发起一场相同的战争,并将康德的批判理念作为他们文明的定义;如日本学者福泽谕吉(Fukuzawa Yukichi)所说:"怀疑产生于自身内部"。用更为积极的话来说,就是他们相信通过理性,他们可以改变社会结构本身(Daikichi,1985:59,61;see also Blacker,1964)。他们认为自己的过去是"野蛮的",从而加以否定,并力图在一个更大的历史模式下,即文明史中,为自己找到一个立足之地。这种情况下,他们重视教育改革,废除封建社会及其等级制,强调全社会各阶层一同进入"文明"的必要性。在很大程度上,他们种种努力的结果是将一个人口有限、国土狭小的岛国带上了一条新路,在这条新路上走到20世纪时,日本已成为世界上实力排在第二或第三的强国,当然这指的是经济方面。

有一点值得注意,一位当代的日本学者评论基佐时说:"他所说的'世界'文明的'自然的'含义根本不是'自然的',而是建构出来的,是在他将亚洲从文明范畴中除名的无稽之谈中建构出来的。"最后,日本得其所得的特别方式,我乐于称之为"趋向文明化"(ascivilisation),其方式似乎是独特的,不过它也具备一些普遍的特征。(另外,前缀as与拉丁文中的ac和ad有关,表示"朝向"或"行为中隐含的目的"的意思。)只有在"文明比较理论"的基础上,使用当代另一位日本学者的话语,我们才能确切地说明这一过程具有怎样的独特性。

同时,如果我们回过头去看西方人对该词的使用,我们应该注意到随着19世纪渐渐远去,文明的概念呈现出一些特别的特征,开始夸大当下存在的一些因素。迈克·亚达斯(Michael Adas)的理论认为,一方面西方人继续使用该词强调西方在精神或宗教方面的优势,另一方面却逐渐转向强调西方在科学和技术方面的优势。他著作的命名反映了该趋势:

《作为人类衡量标准的机器》(1989 年)。现在衡量一个文明不再仅仅从老米拉波最初的定义出发了,还要根据其物质水平和技术—经济实力。随着西方帝国主义势力触及全球各个角落,西方在这方面的优势地位也是有目共睹的。

尤为有趣的是,一方面在其外部,西方文明所向披靡,另一方面在其内部,它自身却正在经历着一场怀疑的危机。自 18 世纪文明概念诞生之初起,这样的怀疑就已显明。那时,卢梭(蒙田对他已有预见)从内部抨击该观念的道德基础,将自己所见斥之为所谓文明法国社会的矫揉造作和腐化堕落。他如此做时打着另一种道德的旗号,赞扬原始朴素的道德。他颠覆了西方价值观,指责米拉波所吹嘘的文明其实是一种新形式的野蛮。大约十年之后,查尔斯·傅立叶(Charles Fourier)也提出了类似的批评。

然而,在之后的半个世纪以及更久的时间里,文明的支持者们将这种观念排挤到了边缘。不过,这种观念依然存在,19 世纪末又以新的面貌兴起了。19 世纪末,西格蒙德·弗洛伊德(Sigmund Freud)进入人意识的深处,揭示了人类自吹自擂的理性所披戴的文明外衣是怎样的虚伪薄弱。

同样是在 19 世纪末,文明的孪生术语"文化"呈现出新的生机。它向两个方向发展。一个方向是走向"高等文化",即马修·阿诺德(Matthew Arnold)倡导的精神上的高尚生活。另一个方向是趋向人类学家的概念:1871 年爱德华·B. 泰勒(Edward B. Tylor)的《原始文化》出版。后者(虽然泰勒将文化和文明当作同义词使用)倾向于整体全面地看待事物,按照此观点,"简单"社会的整体是围绕共同价值观念和礼节仪式这样的核心而联合起来的,这与现代社会的复杂繁琐形成鲜明对比,现代社会是割裂、迷茫和疏离的。为了理解后者,社会学家的理论派上了用场,例如最早的有像滕尼斯(Tonnies)的《共同体与社会》(1887 年)这样的著作,在该书中他认为有机与机械、传统与现代是截然分离的。

除了前文中简单地叙述了文明概念的发展状况,在此我并未多做评论。很多学者为它们耗费了大量的精力;但是对我们来说,我们仅仅需要了解这些发展状况的存在,以作为我们继续探索、重新思考文明研究的必要背景知识。人们能够轻易看到后一主题,即文明研究,它自身就极为庞杂,它能够、也必须落实到许多领域中。文明是个容量极大的术语,它涵盖了许多社会属性,同时也指涉着一种复杂的社会联系形式。因此,此刻我们应为之努力的仅仅是勾勒出一幅地图,上面只是展示一些线索能够引领我们进行更深入的研究和分析。

最后,我们需要清楚知道,文明只是众多表示人类寻求社会联系的概念中的一个。例如与文明不相上下的"民族国家"一词,不像后者,在国际机构中,文明无法被代表,比如它并不能发射火箭,无法用世界体系的话语理解(即便我们观念中的文明是多元的,这种情况也是事实)。在联合国中有投票权、与其他国家相互往来、组织军队、维系文化交流的都是国家,而非文明。

这绝非在削弱文明作为一个概念的极端重要性。正如我所努力说明的,它具有一个普遍的维度,就此意义而言,几乎所有民族多少都自认为比城墙之外的"野蛮人"要"文明"得多。人类意识不得不花费许多个世纪,才得以觉醒来自我界定,几百年来,各地各方的人们自我反思,这一巨大的努力在近百年中才显出成效。那时,人类意识宣称有一种不同形式的普遍性,这种普遍性是历史发展的最近阶段,而历史发展只是狭隘地等同于欧洲的历史,但是它马上受到一种相对主义的挑战,这种相对主义正是产生于其自身文明内部。一旦有适当的条件,文明这个概念就可以不合时宜地得到扩散,犹如时光倒流,并传播到其他地方,这就留给我们这样一个研究课题:这究竟是怎样发生的?文明概念扩散时还会将我所说的"趋向文明化"这个任务带给所有民族,包括西方人。

我清楚地知道上文所提的一切观点都有待商榷。其实我想引起一场对话。探讨这些问题时,我们必须牢记"文明"一词及其现代含义产生于18世纪末,这人尽皆知,当代社会科学中使用的其他大多数术语也随之一同产生。所有这些术语,尤其是"文明"与"文化",需要再次审视,看看它们是否适合地球上的非西方地区(还有西方自身),是否能够在崭新的世界全球化进程中继续发挥作用。

[附注]

关于基佐的引文出自坂本留美(Rumi Sakamoto)(1996:117);第二

处引文出自莫里斯-铃木(Morris-Suzuki)(1993:529)。在创造"趋向文明化"(ascivilisation)这一术语时,我很清楚,尽管它与"同化"(assimilation)相似,但它与"文化适应"(acculturation)不同,因为"acculturation"末尾的"tion"包含过程的意思。然而,"ascivilisation"末尾的"tion"是该词本来就有的,因此该词并不表示过程。

　　帕特里克·曼宁（Patrick Manning，1941—　　）是美国匹兹堡大学世界史安德鲁·W·梅隆（Andrew W. Mellon）讲席教授和荣休教授，当代美国全球史研究代表人物，曾任美国历史学会主席（2016—2017）。他师承美国非洲史和全球史研究杰出学者菲利普·柯丁（Philip Curtin），研究领域也从非洲史、非裔移民史转向全球史。曼宁的学术著作包括《达荷美的奴隶制、殖民主义与经济增长（1640—1960）》（1982）、《非洲流散社群：一部文化史》（2009）、《生命科学的全球转型（1945—1980）》（2018）等，主编有《世界历史学科的全球实践》（2009）、《革命时代全球的知识实践（1750—1850）》（2016）等；部分代表作如《世界史导航：全球视角的构建》《世界历史上的移民》《人类史：人类系统的演化》已经译为中文，《历史上的大数据》的中文版尚待出版，另有多篇学术论文收入《全球史评论》《全球史读本》等国内期刊和图书。

　　《1756年以来的"文明"概念：世界历史框架下的反思》一文首发于《全球史评论》第21辑（2021年第2期）。该文受到马兹利什《文明及其内涵》一书的启发，从科学、意识形态和学校教育三个维度进一步探索了18世纪后期以来现代"文明"的概念在欧洲诞生、演变以及随着西方的扩张向世界传播的过程。文末对西方主导的"文明"概念的不足予以反思，呼吁重建"文明"的概念，继续减少文明话语中"精英主义和西方中心主义因素"，并主张"以平等主义和文化多元主义取代文明等级制度和白人至上主义"。

（魏孝稷编写）

1756年以来的"文明"概念：世界历史框架下的反思

帕特里克·曼宁

（刘文明译）

"文明"概念自1756年在法国出现以来，学者们开展了许多讨论。其中，对全球史有着浓厚兴趣的布鲁斯·马兹利什（Bruce Mazlish）曾在2004年出版了《文明及其内涵》一书①，他在书中巧妙地追踪了世界历史中"文明"概念的变化，主要从"文明"的科学话语和意识形态话语两个方面进行了考察。在本文中，我试图进一步丰富马兹利什分析"文明"概念的世界历史框架，对米拉波之后"文明"观念的变化，以5个历史时期来加以概括和解释。在每个时期，我都从"科学""意识形态"和"学校教育"三条线索来考察"文明"话语，以此从思想观念史的视角对"文明"概念进行反思。

1756年对"文明"的最初阐述

1756年，米拉波侯爵维克多·雷奎蒂（Victor Riqueti, marquis de Mirabeau）在其《人类之友，或人口论》一书中创造了"文明"一词。② 该书后来广为流传，"文明"一词也得到广泛使用。1756年这个出版时间是一个重要年份，因为这一年正值法国开始七年战争，在这场战争中，法国的大量殖民地输给了英国。米拉波在法国创作这本书时，同时与其远方的

---

① 布鲁斯·马兹利什著作《文明及其内涵》（*Civilization and its Contents*）的标题参考了另一本书，即西格蒙德·弗洛伊德（Sigmund Freud）的《文明及其不满》（*Civilization and its Discontents*）（在美国最早的版本是1930年）。

② Mirabeau, *L'Ami des hommes, ou traité de la population*, Avignon, 1756.

兄弟保持着通信,他的兄弟于 1753 年成为瓜德罗普岛(Guadeloupe)的总督。米拉波写下了他对农业和殖民地的兴趣,谈到了"殖民地的艺术"——将殖民当作一种艺术形式。米拉波在他的书中只两次明确提到"文明",但多次间接地提到它。他谈到宗教是文明的源泉,有助于它限制贪婪和商业的负面影响。他还谈到了通过文明和财富的方式从野蛮走向堕落(decadence)的历史发展。① 在其他段落中,米拉波谴责种植园奴隶制,倾向于自由劳动力而不是奴隶劳动,但他又将非洲人认定为"不同的种族"。② 总的来说,他创造了"文明"这个概念来表达了一种秩序井然的制度,鼓励社交和限制贪婪。这个"文明"概念暗示着有望解决当时的问题。此外,米拉波的《人类之友》表明,他创造"文明"这个概念并不仅仅是为了解释法国或欧洲,而是为了从根本上解决殖民相遇(colonial encounter)及其带来的社会秩序和人口改变。③

《人类之友》出版后,米拉波侯爵与经济学家弗朗索瓦·魁奈(François Quesnay)及其他知识分子组成了一个团体,被称为"重农学派",强调农业而不是商业或工业是进步和自由的基础。这个团体的著作流行了 20 年之久。他们为法国本土和殖民地提出了经济和社会政策。④ 他们对奴隶制持批评态度,并希望创造一种局面使殖民在非洲得到有效地扩展。随着其他人加入到对"文明"的新讨论,不同的观点表明"普遍主义和相对主义的各种变体都是可能的"。⑤ "文明"一词最初的应用聚焦于当时的情况——即欧洲和殖民地社会、18 世纪中期的启蒙哲学,并且被当作与世界上许多其他地区进行比较的工具,因为当时欧洲人

---

① Bruce Mazlish, *Civilization and its Contents*, Stanford: Stanford University Press, 2004; Daniel Gordon, "'Civilization' and the Self-Critical Tradition", *Society*, Vol. 54, No. 2, 2017, pp. 106 – 123.

② Pernille Røge, *Economistes and the Reinvention of Empire: France in the Americas and Africa, c. 1750 – 1802*, Cambridge: Cambridge University Press, 2019, p72.

③ Pernille Røge, *Economistes and the Reinvention of Empire: France in the Americas and Africa, c. 1750 – 1802*, pp. 67 – 71.

④ Pernille Røge, *Economistes and the Reinvention of Empire: France in the Americas and Africa, c. 1750 – 1802*, p101.

⑤ Bruce Mazlish, *Civilization and its Contents*, Stanford: Stanford University Press, 2004, p20.

正在与世界其他地区进行稳步的密切接触。也就是说，"文明"概念出现于对当代哲学和思想观念的关注，后来才成为历史解释的工具。[1]

"文明"概念的世界历史框架

马兹利什在《文明及其内涵》中认为，"文明"一词确实是米拉波在1756 年的书中创造出来的，因而他也就重申了其他学者的看法。[2] 他还表示，这个新词有新的含义。两千年前，希腊人以古老词汇"文明的"和"野蛮的"两个形容词来区分冲突中的市民和农民。新术语"文明"是一个名词，更全面地指称一个社会，包括其宗教、文化、政治和社会的结构及内容。马兹利什把"文明"看作一个"具体化"的术语，这意味着该词由一个抽象的、也许是散乱的概念转变成了具体的、清晰的形式。由此，在读者心中，米拉波创造的"文明"就变成了某种真实的东西——也许是一种进程，也许是一种实体。[3] 马兹利什接下来追踪了这个新概念在法国知识分子和英语使用者中的传播。

为什么"文明"概念会在 18 世纪中期出现？马兹利什提出这个问题，并指出了"文明"这一术语在当时为何会出现的几个原因。总的来说，它有助于把社会当成一个整体来讨论。欧洲人在对礼仪和风俗进行了长达几个世纪的讨论后，现在能够在世界各地进行航行并观察世界，同时也感受到了国内人口日益增长的压力。奥斯曼帝国对欧洲造成的压力也使每个竞争者都在研究对方。欧洲哲学开始自我反省和研究自身的活动；而博物学和科学分类的兴起表明，对人类社会也可以进行科学分析。马兹利什强调，一旦这些想法出现，"文明"一词就为讨论它们提供了一种具体

---

[1] 伏尔泰在 1756 年出版的《风俗论》强调了过去有影响力的社会之间的相似之处，但没有强调文明的进步。参见：François-Marie Arouet Voltaire, *Essaie sur les moeurs et coutumes des nations*, Paris, 1756.

[2] 马兹利什主要参考和引用了早先让·斯塔罗宾斯基(Jean Starobinski)的著作。佩妮莱·罗格(Pernille Røge)后来进一步证实，米拉波于 1754 年写给他在瓜德罗普岛当总督的兄弟的信中，使用了具有相同含义的"文明"一词。参见 Bruce Mazlish, *Civilization and its Contents*, p. 5；Pernille Røge, *Economistes and the Reinvention of Empire: France in the Americas and Africa*, *c. 1750 – 1802*, p. 100。

[3] Bruce Mazlish, *Civilization and its Contents*, p. 19.

方式。"文明"作为一个对社会的概念设想(conceptual vision),有望为当时的问题提供解决方案。马兹利什指出,米拉波将文明视为应用于法国旧制度的"一根测量杆"。[1] 随着时间的推移,文明的逻辑也可以适用于地方和全球范围,适用于过去和未来。[2]

"文明"概念一旦流行开来,它就有了自己的生命。马兹利什探讨了文明话语的两条主要轴线:一是"科学话语"(Scientific discourse)(即"社会科学话语"),意味着在知识层面扩大知识的努力;二是"意识形态话语"(ideological discourse),涉及使用"文明"概念来支持一群人选择的社会优先权(social priorities)。

马兹利什首先关注的是作为科学或知识考察的文明。他在提出了用于分析世界历史中"文明"概念的框架之后,接着探讨了米拉波的"文明"概念如何能够应用于收集有关外国的科学知识。马兹利什引用历史学家戈登·伍德(Gordon Wood)的观点,认为18世纪末的思想家们受到了自然科学进步的启发——正如发现引力将物质聚合在一起——也寻求一种社会的类似物,例如"文明",将人类在社会中凝聚在一起。[3] 马兹利什强调了两位英国探险队长官的科学观念。他描述了詹姆斯·库克船长在整个太平洋地区的航行(1768—1779年),库克在收集自然科学数据时也分析了太平洋各民族不同的社会秩序。[4] 同样,马兹利什也试图表明,英国1793年访问中国乾隆皇帝的代表团团长乔治·马戛尔尼勋爵(Lord George Macartney),与皇帝一样对对方的社会进行了仔细研究,因为他们彼此都意识到了对方的相对优势。[5] 相比之下,马兹利什在讨论"文明"的意识形态或政治话语时,则事先给出了一个定义:"……一种殖民意识形态,也就是,用文明概念来证明其优越性和统治其他民族的合法性。"

---

[1] Bruce Mazlish, *Civilization and its Contents*, p. 139.

[2] 斯塔罗宾斯基指出,"这个词首先指的是使个人、国家和全人类'文明化'(civilized)的进程('文明化'是一个先前已存在的术语),然后指的是这个进程的累积结果。"参见:Bruce Mazlish, *Civilization and its Contents*, p. 13。

[3] Bruce Mazlish, *Civilization and its Contents*, p. 12. "社会科学"一词似乎是在1789年法国大革命开始时由西耶斯神父(Abbé Sieyès)首次提出的。

[4] Bruce Mazlish, *Civilization and its Contents*, pp. 33 - 38.

[5] Bruce Mazlish, *Civilization and its Contents*, p. 43.

他接着指出:"这样的霸权令人困惑,它从一开始就带有怀疑甚至常常是负罪感的印记。"①因此,科学话语为研究提出了关于文明的问题,而意识形态话语则提出了关于文明被用作社会优先权的答案。

这些是马兹利什的文明研究框架的基本要素。在本文的后面部分,我试图进一步丰富马兹利什对文明概念进行世界历史分析的框架——在米拉波之后文明观念是如何发展和变化的。我以 5 个历史时期来概括马兹利什的观点和我自己的解释:(1)法国和法兰西帝国,1770—1815 年;(2)1850 年前的英国及其盟国;(3)资本主义世界及其帝国,1850—1950年;(4)非殖民化,1950—2000 年;(5)当今的"文明"概念。在每个时期,我都对关于文明的"科学"话语和"意识形态"话语给予关注。除了马兹利什关于文明话语的两条轴线,我还增加了第三条:"学校教育"的话语,用于 1850 年后学校教育扩大的时代。年轻人的正规学校教育,从小学到大学都利用了现有知识,但也支持了国家或社区的社会计划。因此,学校教育中的"文明"话语是科学和意识形态的结合。

法国:作为科学和意识形态的文明(1770—1815 年)

整个 18 世纪,法国在其专制君主的牢牢控制下仍然富裕和强大,但是,在那些寻求从君主制束缚中解放出来的人中,发生了知识和社会的骚动。米拉波侯爵是法国殖民政策的批评者,他与其他人一起组成了一个经济批评者群体——重农学派。实际上,他们是法国和欧洲的启蒙思想家和改革者中的一个子群体。② 鲁博神父(Abbé Pierre-Joseph-André Roubaud)是重农学派的另一位成员,他于 1770—1775 年出版了多卷本关于亚洲、非洲和美洲的历史,赞同废除奴隶制的观点,认为可以通过殖民将"文明"输出到非洲。③ 鲁博的书刚出版,雷纳尔神父(Abbé Raynal)出

---

① Bruce Mazlish, *Civilization and its Contents*, p. 22.
② 包括苏格兰的启蒙运动。亚当·弗格森在 1767 年关于公民社会的书中采用了"文明"一词,尽管简化了其含义。参见:Adam Ferguson, *An Essay on the History of Civil Society*, ed. Fania Oz-Salzberger, Cambridge: Cambridge University Press, 1995, p. 7.
③ Pernille Røge, *Economistes and the Reinvention of Empire: France in the Americas and Africa, c. 1750 - 1802*, pp. 99 - 100.

版了广为流传的《两个印度的历史》。雷纳尔虽然不属于重农学派这个群体,但他也同样批评了奴隶制和法国的殖民政策。[1] 后来,在重农学派思想的实际应用中,18世纪80年代中期法属塞内加尔的总督舍瓦利耶·德·布夫莱尔(Chevalier de Bouffleurs)在生产和出口农作物方面取得了成功。[2]

从1789年开始,法国革命给君主制带来了挑战,并在4年内推翻了君主制。随着"文明的矢量"(vector of civilisation)指向自由、平等和进步,此时的文明观念在理论上得到了扩展,然后逐渐转向付诸实践。[3] 米拉波侯爵的儿子米拉波伯爵于1790年在巴黎雅各宾俱乐部的一次著名演讲中,对已有巨大影响的支持奴隶制的声音做出了有力回应。他借用重农学派的经济观点,主张立即废除奴隶贸易,逐步解放奴隶。[4] 法国制宪议会在1791年取消了对犹太人的限制,1794年法国又废除了奴隶制(尽管拿破仑在1802年撤销了这项法令)。因此,在1789—1815年的革命和帝国时期,关于"文明"的辩论经历了一种变化。虽然法国大革命初期强调对社会的理性认识和管理,但在18世纪90年代最后几年,特别是从拿破仑1799年夺取政权开始,"文明"概念开始被用于意识形态和专制的术语。同时,在这一复杂时期,法国经历了工业变革和社会动荡,直到1814年后才参与到日益增长的资本主义网络和话语之中。与英国不同的是,法国一直保持着对国家和经济的专制控制。[5]

拿破仑1799年的政变,以执政府取代了督政府,重申了一个干预主

---

① Pernille Røge, *Economistes and the Reinvention of Empire: France in the Americas and Africa*, *c. 1750 - 1802*, p. 102; Daniel Gordon, "'Civilization' and the Self-Critical Tradition", *Society*, Vol. 54, No. 2, 2017, p. 123.

② Pernille Røge, *Economistes and the Reinvention of Empire:France in the Americas and Africa*, *c. 1750 -1802*, pp. 200 - 202.

③ "最重要的是,通过革命的经历,国家作为民族统一和融合的工具,获得了一种主导作用。"参见:Stuart Woolf, "French Civilization and Ethnicity in the Napoleonic Empire," *Past and Present*, No. 124, 1989, p. 107。

④ Pernille Røge, *Economistes and the Reinvention of Empire: France in the Americas and Africa*, *c. 1750 -1802*, pp. 209 - 215.

⑤ Jonathan Scott, *How the Old World Ended: The Anglo-Dutch-American Revolution*, *1500 -1800*. New Haven: Yale University Press, 2019. Pepijn Brandon, *War*, *Capital*, *and the Dutch State* (*1588 -1795*), Leiden: Brill, 2015.

义国家的领导地位。① 然而，科学的和意识形态的"文明"话语重叠在一起得到延续。拿破仑 1798 年对埃及的入侵包括了 150 多名科学人员：一旦征服完成，他们就考查并复制了大量的古埃及遗物。同时，他们还掠夺了许多埃及的文物，包括至今仍矗立在巴黎市中心的方尖碑。事实上，法国人掠夺欧洲艺术品收藏于卢浮宫，给法国带来荣耀，早在 1796 年就开始了。另一方面，在拿破仑统治时代，法兰西帝国扩张的普世主义努力，遇到了将合理性和普遍性强加于不同民族带来的复杂性。当法国将历史上的意大利托斯卡纳地区，以及从克罗地亚到阿尔巴尼亚的土地并入帝国时，决定将它们融入宗主国法国作为部门来管理，而不是作为独特的殖民地。法国官员认为托斯卡纳人是懒惰的，阿尔巴尼亚人是野蛮的，而犹太人的文明程度相对较高，但不愿意放弃他们的民族习俗来参与到普遍性之中。在每一种情况下，国家都对各民族作了具体的限制，以使他们服从。通过这些艰难的经历，法兰西国家领导的建设"文明"的活动，越来越注重民族等级划分的意识形态而不是普遍性。

因此在法国，"文明"话语通过对专制主义、民族性和帝国的挑战而展开：它在科学模式上是自我反省和自我批判的，但在意识形态模式上却不一定。拿破仑政权倒台了，但其机构和人员在法国及其前欧洲帝国仍有影响力。

英国和盟国：1850 年前的资本主义和帝国

在法国及其帝国之外，其他大西洋国家也在发生着巨大的变化，特别是通过资本主义社会经济体系的建立而促成的变化。在荷兰、英国和美国，商人和国家的结合带来了几个层面的创新。资本主义不仅包括"经济"（意味着国内的工业和国外的自由贸易），还包括"政治"（国家和商人在国内的联盟、帝国的海外扩张）和"社会"（意味着

① Stuart Woolf，"French Civilization and Ethnicity in the Napoleonic Empire". *Past and Present*，No. 124，1989，p. 107.

国内外劳动和社会秩序的等级制)。① 即使在资本主义国家之间处于相互竞争和战争的情况下,新的全球体系也需要允许资本主义商业公司之间的合作。它需要将资本主义国家联系起来的法律规范;它需要将法律强加给被纳入日益扩大的网络中的国家和民族。构建全球资本主义体系不仅需要社会经济力量,还需要一种意识形态来强化它:一种关于资本主义和关于文明的理论。由此,"文明"概念解释了资本主义领导者如何需要被视为世界每个地方经济和社会的合法领导人。

在此,我通过美国、英国和荷兰的历史来描述 19 世纪初的这些过程。② 正如这些例子和其他例子所显示的那样,在不断扩张的资本主义体系中,一种意识形态的"文明"概念被热情地采用,在国内和国外按照种族和族裔对各民族划分等级。这样,越来越多的人从意识形态而不是从科学的角度来考虑文明。随着"文明"的意识形态越来越注重种族观念,现实中对种族差异的概括以及由此对文明的概括,简化成了白人至上主义(white supremacy)。

美国在 1783 年独立后,人口、经济和帝国方面都迅速发展。在法国战争期间,美国作为中立国在世界范围内的贸易蓬勃发展,在东北部地区销售由雇佣劳动生产的工业品,在南部地区销售由奴隶劳动生产的烟草和棉花,并向西扩张帝国。③ 从 1784 年起,美国对阿巴拉契亚山脉以西和密西西比河以东的土地提出要求,然后对这些西部土地进行军事征服和占领。1814 年之前,这些征服战争都由威廉·亨利·哈里森(William Henry Harrison)和安德鲁·杰克逊(Andrew Jackson)将军领导,他们两

---

① 对荷兰、英国和美国中这种联系的重要和开创性的解释,参见 Jonathan Scott, *How the Old World Ended: The Anglo-Dutch-American Revolution*, *1500 - 1800*;一种与斯科特基本一致的对资本主义兴起的解释,参见 Patrick Manning, *A History of Humanity: The Evolution of the Human System*. Cambridge: Cambridge University Press, 2020, pp. 177 - 191。

② 从 1830 年起,法国和比利时也加入了遵循资本主义政策的行列。整个欧洲都在争论以资本主义国家取代专制主义政府的问题,但只有在 1850 年之后,才有更多的国家采取资本主义政策。

③ Douglass C. North, *Growth and Welfare in the American Past: A New Economic History*, 2nd ed. Englewood Cliffs, NJ: Prentice-Hall, 1974.

人后来都成为了美国总统。① 接着，在一次对"文明"的明确的政治应用中，美国国会于 1819 年通过了"文明基金法"（Civilization Fund Act）。根据这项法律建立了学校，美国原住民儿童（从他们的家庭带走）被送去学习英语、农耕以及美国白人的服饰和文化。因此，"文明"与种族等级制度及歧视明确地联系在一起。②

在欧洲移民的推动下，白人移居者在向美国东部移民时，也迁移到世界许多地方。对北美洲和大洋洲的占领，涉及战争和白人移居者对塔斯马尼亚、澳大利亚、新西兰许多民族的屠杀，以及对加利福尼亚、俄勒冈、华盛顿和不列颠哥伦比亚省密集的原住民人口中的许多人的屠杀。和以前一样，原住民儿童通常被从其家庭隔离出来安置在学校中，目的是"教化"（civilize）他们。这是一种白人至上的做法③，其他的做法也在发展。

荷兰人早先展示了全球经济和国家间合作的道路。在 1790 年之前的数年里，他们试图与英国和美国结盟。荷兰人在法国拿破仑战争中受到打击，但后来又恢复了其作为主要资本主义国家的地位。随着法国在 1795 年征服荷兰，英国和荷兰的联盟也就失效了。荷兰革命者成立了巴达维亚共和国（Batavian Republic），它从 1795 年到 1806 年经历了各种变化，当时法国政府控制了荷兰和爪哇，直到 1811 年英国夺取了荷兰大部分殖民地。然而，在 1815 年之后，荷兰（现在是一个君主立宪制国家）重新与英国结盟，扩大其东印度群岛帝国，并积极参与全球贸易和金融。

英国在工业、贸易和帝国方面引领其盟友荷兰和美国。随着拿破仑

---

① 其他扩张步骤是，美国在与拿破仑的交易中购买了路易斯安那（1803 年），从西班牙购买了佛罗里达（1819 年），吞并了德克萨斯（1845 年）和俄勒冈（1846 年），并通过与墨西哥的战争（1848 年）吞并了墨西哥西北部，然后征服了所有这些领土并移民定居。关于美国开始作为一个帝国的近期历史，参见：Daniel Immerwahr, *How to Hide an Empire: A History of the Greater United States*, New York：Picador, 2019。

② "五个文明部落"一词在 19 世纪中期开始使用，指的是切诺基（Cherokee）、乔克托（Choctaw）、奇卡索（Chickasaw）、克里克（Creek）和塞米诺尔（Seminole）五个民族。尽管这些印第安部落在 19 世纪 20 年代和 30 年代被迁移之前有各种不同的文化、政治和经济联系，但这个词广泛地应用于印第安人保留区和俄克拉何马州（Andrew K. Frank，"Five Civilized Tribes"，*The Encyclopedia of Oklahoma History and Culture*, https://www.okhistory.org/publications/enc.php? entry=FI011.）。

③ 在阿尔及利亚、突尼斯、摩洛哥和南非的白人殖民地也有类似情况。

战争的继续,英国从法国、西班牙和荷兰手中夺取了许多殖民地。英国东印度公司试图在 1803 年从马拉塔(Maratha)王国手中夺取印度北部,但没有成功。与此同时,英国驻奥斯曼帝国宫廷的大使埃尔金勋爵(Lord Elgin)从 1802 年开始,从雅典卫城挑选并移走许多大理石雕塑,并将它们运回英国。这些"埃尔金大理石雕"后来被卖给了大英博物馆,至今仍在那里。这一结果是英国作为现代全球霸主的一种意识形态宣示:英国占有古希腊的过去。

拿破仑在欧洲战败后,英国东印度公司于 1818 年征服了马拉塔人,并在 1820 年之前占领了印度的大部分地区。英国于 1819 年开始在新加坡修建一个重要港口。1824 年,英国和荷兰签署了一项条约,同意将马来亚(Malaya)让给英国,这使得荷兰能够重新征服爪哇并将其帝国扩展到印度尼西亚其他岛屿。与此同时,英国扩大了其在澳大利亚始建于 1788 年的监狱殖民地。

随着第一次鸦片战争的爆发,英国将文明等级划分推向了一个高峰。这场战争是英国和中国在广州及其附近的华南地区进行的,中国遭受严重失败。英国人在正式立场上拒绝服从清朝的鸦片进口禁令。[1] 战争结束时,中国将香港岛割让给英国,并承认英国在其他五个"通商口岸"的特权。英国继续向中国输出鸦片以换取白银和茶叶。同时,文明意识形态将中国降至更低的文明层级——这是第二种白人至上主义。鸦片战争后,清朝提高税收以偿还战时债务,这激起了反清的太平天国运动的兴起,他们夺取了古都南京,并在 1851 至 1864 年与清政府军作战过程中付出了数百万人生命的代价。这是战争、反叛和饥荒造成的若干次天灾人祸(尤其是在 19 世纪晚期的南亚和东亚)中的一次——实际上,这是第三种类型的白人至上主义。[2]

资本主义在贸易和帝国方面的成功引起了来自世界各地区的回应。

---

① Frederic E. Wakeman, *Strangers at the Gate: Social Disorder in Southern China*, *1839 - 1861*. Berkeley: University of California Press, 1966; Peter C. Perdue, "The First Opium War: The Anglo-Chinese War of 1839 - 1842", 2011. https://visualizingcultures. mit. edu/opium_wars_01/index. html.

② Mike Davis, *Late Victorian Holocausts: El Niño Famines and the Making of the Third World*. London: Verso, 2002.

"文明"一词的运用，目的是在一个全球互动快速扩展的时代对当时的社会秩序进行全球性比较，欧洲强国试图将自己重新定义为建立起文明的国家，拉丁美洲新独立的国家也是如此。① 所有欧洲语言中的"文明"一词，包括俄语，都直接借用自法语。在亚洲和非洲，统治者需要对外来的帝国权力扩张和文明观念作出回应，因此"文明"一词也在他们的书面语言中发展起来，包括中文"文明"（wénmíng），印地语"सभ्यता"（sabhyata），日语"文明"（Bunmei），印度尼西亚语"peradaban"，阿拉伯语"الحضارة"（alhadara）。"文明"话语成为了世界性话语，当然也有地方性差异。

帝国的繁荣和萧条（1850—1950 年）

从 1850 年开始，资本主义国家的帝国化快速发展。法国在经历 1848 年革命后，于 1852 年成为一个资本主义帝国。丹麦和普鲁士在 1850 年形成了资本主义的君主立宪制，意大利从 1860 年开始，日本从 1868 年开始也建立了资本主义君主立宪制。俄国在整个 19 世纪里扩大了它的征服范围，德国从 19 世纪 80 年代开始建立了一个海外帝国。在所有这些领土上，文明等级制度和白人至上主义成为规则。② 因此，随着帝国扩张、资本主义经济转型和欧洲文明的胜利，种族成为文明等级划分的主要标准，直到第一次世界大战爆发。

马兹利什在其著作中把关于这一时期的一章称为"作为欧洲意识形态的文明"。他展示了这个时代科学思维和意识形态思维的紧密联系，强调了法国学者兼外交家弗朗索瓦·基佐（François Guizot）1828 年广为流传的著作《欧洲文明史》。基佐在该书中正式将文明的逻辑从民族国家扩展到整个欧洲（尽管他认为法国是欧洲的领导者）。在他看来，罗马、基督教和封建主义的传统不断积累，使得欧洲达到了很高的成就（这种成就可以通过代议制政府来推进）。其他学者对文明的分析则影响较小。在英

---

① Jeremy Adelman, *Sovereignty and Revolution in the Iberian Atlantic*, Princeton: Princeton University Press, 2006.

② 日本和清朝面临复杂的选择。一方面，他们反对种族的等级分类；另一方面，他们试图在种族和文明的等级制度中尽可能划分在高等级。

国,约翰·斯图亚特·密尔(John Stuart Mill)1836 年关于文明的文章,指出了文明的两个主要方面——人类总体上的改善、文明人与"蒙昧人和野蛮人"之间的具体区别。这篇文章为他后来关于自由和代议制政府的文章奠定了基础。[①] 马兹利什还注意到,查尔斯·达尔文在 1859 年取得的伟大科学进步,确定自然选择是生物进化的基本过程之后,在 1871 年《人类的由来》中表达了某些种族主义情绪。马兹利什的结论是,达尔文把他的自然选择概念放在首位,但他也采用了一些对人类的当代种族分类方法。

科学维度的"文明"概念在时间和空间上都得到了传播。希腊罗马古典世界处于埃及和美索不达米亚古代社会之后,现在已被纳入"文明"的叙述之中,这得益于海因里希·施里曼(Heinrich Schliemann)在 19 世纪 70 年代对特洛伊古战场的考古工作。尽管如此,欧洲的古典学领域,记录和比较古代社会似乎并不普遍依赖"文明"这个词汇,而是依赖更具体的专业化术语(institutional terminology)。因此,"文明"一词用于讨论古代社会,主要应用于那些为满足普通读者兴趣而撰写的概览性著作。

对"文明"更为充分的意识形态阐述,是法国作家兼外交官亚瑟·德·戈比诺(Arthur de Gobineau)于 1855 年出版的著作《论人类种族的不平等》。该书涉及的时间和空间范围很广,但为当时的帝国扩张提供了合理性。可能在当时许多欧洲人看来,戈比诺的逻辑被第二次鸦片战争(1856—1860)这一事件所证实。在这场战争中,英国和法国对中国进行了为期四年的战争,战争的起因是英国反对中国逮捕停靠在广州的英国"亚罗号"船上的中国人。胜利者获得了中国同意通商口岸对多达 20 个国家开放。这么多外国势力对中国的合作经济剥削(collaborative economic exploitation)显示了资本主义体系的扩展运行。[②]

"文明"作为意识形态在日本也得到了体现。日本是一个没有欧洲传统的国家,但在国际秩序中获得了强国地位,这始于来自美国的刺激。1848 年征服了加利福尼亚的美国,在 1853 年派出一支舰队到日本,要求

---

① Bruce Mazlish, *Civilization and its Contents*, pp. 74 - 77.

② Robert Nield, *China's Foreign Places：The Foreign Presence in China in the Treaty Port Era*, 1840 - 1943. Hong Kong：Hong Kong University Press, 2015.

以中国通商口岸的模式开放贸易。日本政府在经过深入辩论后同意了。马兹利什强调,此时出现了一个表示"文明"的日语单词"Bunmei"。日本人"认为自己的过去是'野蛮的',从而加以否定,他们想在一个宏观的历史模式——文明史中,找到自己的立足之地。付诸行动时,他们重视教育改革,废除封建制度和形形色色的等级制,主张社会各阶层必须一同进入'文明'"。[①] 马兹利什在讨论日本和文明问题的结尾处,强调文明概念与现代性概念的紧密联系。日本学者兼翻译家福泽谕吉(Fukuzaki Yukichi)竭力主张,日本可以在科学、社会服务和战争方面通过学习西方的制度来促进文明,从而保持日本的独立。[②]

这一时期,"文明"概念继续强调自由和进步:例如,它被援引用来支持 19 世纪黑人奴隶、犹太人和东欧农奴的解放。然而,解放的后果带来了意识形态和法律的约束:隔离、等级制度、土地剥夺和反犹太主义,以此限制他们的人口,也制约他们取得文明的进步。当澳大利亚在 1901 年获得承认成为一个自治领时,新政府正式确定了"白澳"政策以限制移民,特别是来自亚洲的移民。1850 年后,中国人移民到美洲时,通常会遇到闹事、驱逐甚至杀害。在美国,到 19 世纪 90 年代已建立起一个新的移民制度,用精心设计的调查问卷取代了暴力驱逐,目的是只选择最"文明"的移民入境——实际上,这是第四种类型的白人至上主义。[③]

1850 年后,世界主要国家的学校教育在各个层面都迅速发展。成立于 1810 年的柏林大学,到 1850 年已经成为欧洲领先的研究机构。例如,1877 年成立的东京大学就广泛地模仿了柏林大学。[④] 在同一时代,小学在世界各地建立起来,例如在日本和埃及,它们为普通民众提供识字和文明的思想观念。[⑤]

---

① Bruce Mazlish, *Civilization and its Contents*, p. 102.

② Bruce Mazlish, *Civilization and its Contents*, pp. 103 – 105.

③ Adam McKeown, *Melancholy Order: Asian Migration and the Globalization of Borders*. New York: Columbia University Press, 2008.

④ Patrick Manning, *A History of Humanity: The Evolution of the Human System*, pp. 87 – 89.

⑤ Raja Adal, *Beauty in the Age of Empire: Japan, Egypt and the Global History of Aesthetic Education*. New York: Columbia University Press, 2019.

20世纪初,尽管资本主义大国在剥削世界的过程中曾希望相互协调,但合作破裂了,战争在1914年爆发。这是因为资本主义的政治经济结构吗?是因为处于基础的"文明"概念的缺陷吗?第一次世界大战之后,在社会科学层面上出现了对文明的批判性反思。

然而,在第一次世界大战后的学校教育中,文明意识形态得到继续,并在某些情况下还扩大了。在欧洲国家及其殖民地,历史被当作一个国家及其帝国的过去来讲授。在美国,学校提出了一个跨欧洲(trans-European)的文明版本,最初关注政治史,后来关注思想史。从1919年起,哥伦比亚大学要求学生学习一门经修订过的"当代文明"课程,这门课程成为其他学校的模板。该课程包括古代、中世纪和现代史的阅读材料,重点是思想史和政治哲学,也少量涉及社会和经济变迁——这一课程将美国历史与欧洲历史连接了起来。[1] 有关帝国和文明的课程在两次世界大战之间引入中学层面,并在第二次世界大战后的几年里出了简化版。

以奥斯瓦尔德·斯宾格勒、H. G. 威尔斯和阿诺德·J. 汤因比为首的欧洲大众历史作家,在第一次世界大战后详细回顾了世界历史:他们思考了帝国和文明观念中的缺点及优点。马兹利什对精神病学家西格蒙德·弗洛伊德的通俗著作《文明及其不满》提出了批评:马兹利什认为其主要优点是让读者意识到了文明的阴暗面,其缺点是将文明当作"一个抽象的、无时间性的(timeless)概念",而不是当作"一种进程,不断地起作用"。德国社会学家诺伯特·埃利亚斯的著作《文明的进程》给马兹利什留下了更深刻的印象,埃利亚斯在该书中的分析关注个人和群体礼仪层面的文明,而不是帝国统治,强调文明的进步。[2] 对于欧洲的埃利亚斯来说,就像中国的世界历史学家雷海宗一样,世界大战的危机和生存斗争使他们的解释被搁置一边,只是在战争结束后他们的观点才再次被探讨。[3]

到20世纪30年代,资本主义大国再次发现它们自己无法合作——

[1] Gilbert Allardyce, "The Rise and Fall of the Western Civilization Course", *American Historical Review* 87, 1982, pp. 695-725.
[2] Bruce Mazlish, *Civilization and its Contents*, pp. 83-88.
[3] Xin Fan, *World History and National Identity in China: The Twentieth Century*. New York: Cambridge University Press, 2021, p. 110.

苏联的崛起及其社会主义挑战使这种情况变得更加复杂。结果是发生一场比第一次世界大战更具破坏性的战争。第二次世界大战既屠杀了士兵，也屠杀了平民，并且在战争中不断地关注种族和文明问题，导致在欧洲屠杀犹太人，在太平洋和中国战场上种族对立。德意志和日本帝国在1945 年崩溃，然后其他帝国也在广岛和长崎被轰炸后的 30 年里相继崩溃。[①]

非殖民化：对"文明"的批评（1950—2000 年）

一些亚洲国家在二战结束后的五年内获得了独立，包括印度、巴基斯坦、锡兰、印度尼西亚、菲律宾、缅甸和三个阿拉伯国家，还有中华人民共和国的成立。这一变化虽然意义重大，但最初并没有明确显示出，几乎所有的殖民地都会很快成为独立国家，而帝国将直接消失，至少是以其旧有的形式消失。此时，世界秩序发生了巨大的变化，但是，科学维度的"文明"却没有什么变化。戈登·蔡尔德(V. Gordon Childe)的《历史上发生了什么》(1950 年)向普通读者传递了"农业革命"（尤其是在 10000 年前的"新月沃地"）和"城市革命"（在大约 5000 年前的美索不达米亚）的概念。虽然蔡尔德的考古分析是复杂而微妙的，但他的解释被广泛认为是基佐观点的适度延伸，认为文明是从几个适当的(well-chosen)中心传播开来的。对于稍晚的一个时期，卡尔·雅斯贝斯(Karl Jaspers)将轴心时代确定为从公元前 8 世纪到公元前 3 世纪的一个时期，当时出现了伟大的宗教及道德领袖，呼吁人们更加关注自由和道德。[②]"轴心时代"理论为基佐对宗教的强调增加了细节。在这一点上，新的著述带来的不是新观念，而是重申了旧观念。

战后时代出现了科学创新和科学发展的延续性。一个重要的学术创

---

① 我对帝国持批评和基本否定的看法，克里尚·库马尔则不同，他在最近的概述中赞同帝国的优势、连续性和好处，并认为帝国将在未来发挥作用。参见：Krishnan Kumar, *Empires: A Historical and Political Sociology*, Cambridge: Polity Press, 2021。

② Karl Jaspers, *The Origin and Goal of History*, New Haven and London: Yale University Press, 1953.

新是区域研究(Area-Studies)的兴起,欧洲和北美的大学成立了跨学科中心来研究亚洲、非洲、拉丁美洲、中东和斯拉夫的社会。从某种意义上说,这些研究将西方的"文明"概念更详细地扩展运用于这些地区,而这些地区以前在欧洲人的研究中被忽视了。同时,区域研究对这些地区的殖民统治和帝国视角给予了极大关注。此外,区域研究项目还关注新近形成的独立国家和新的国族性(nationhood)问题。

战后时代从欧美大学体系之外出现了关于"文明"的多种声音。例如范鑫对来自中国的声音做了出色的研究,他考察了中国的世界历史研究,追溯了四代人的热烈讨论。范鑫从清朝士绅周维翰在 19 世纪 80 年代撰写的多卷本《西史纲目》开始,然后转向来自中国新兴大学的专业世界史学家,他们在全球分析中表达了对欧洲中心主义的各种批评。对于中华人民共和国时代的世界史,范鑫评述了马克思主义的历史解释,追溯了那些支持新政权但又保持专业学者自主性的学者的职业生涯。范鑫特别关注世界古代史,这是世界史中经常被忽视的一个子领域,其重要性在于它提出了这样一个问题:占统治地位的世界历史叙事是否接受 1500 年之前全球互动的可能性,也就是说,在世界古代史中,早期中国历史是否可以被视为与世界历史相关。当这些学者作为世界历史学家与狭隘的民族主义进行斗争时,他们依靠对文明和生产方式的分析以及对欧洲中心主义的批评,以此来挑战僵化的民族主义思维。[1] 范鑫的研究只是传达了一个对文明进行历史反思的例子,这些反思同时是基于独立思考和对欧洲中心主义观念的质疑。同样地,对于非洲、亚洲其他地区和美洲,我们可以了解到其他地区对历史变迁的解释,这些解释也是对有关文明论题的回应。[2] 这些传统,当它们结合在一起,就可以为一种关于文明的丰富的科学对话提供一个基础。

20 世纪末的生物学发现也同样颠覆了人们对文明的固有看法。最

---

① Xin Fan, *World History and National Identity in China: The Twentieth Century*, pp. 314 - 337.

② Patrick Mannin and Jamie Miller, "Historical Writing in Postcolonial Africa: The Institutional Context". *International Journal of African Historical Studies*, Vol. 52, No. 2 (2019), pp. 191 - 216.

突出的是 1987 年基于线粒体 DNA 的研究，显示所有人类都有大约 20—30 万年前来自非洲的祖先。随后对人类基因组的研究追溯到大约 7 万年前人类从非洲东北部向外迁移。这些知识共同证实了所有人类个体的共性和平等性，从而放弃了种族差异，认为差异只不过是表面现象。①

1950 年后，文明的意识形态在许多方面遇到了挑战，尽管西方至上主义的信徒们继续坚持他们的观点。非殖民化意味着在许多新兴国家中有色人种起来取得领导地位，这是对白人至上主义提出的挑战，就像反对种族歧视的社会运动那样。在联合国大会上，1964 年成立的 77 国集团，为其国家争取更大的影响力和社会福利而进行游说。新兴国家的文化认可度提高了，但其经济地位仍然相对较低。在冷战中，随着支持社会主义的政府在 1980 年数量上升，以美国为首的资本主义集团强调一种文明的防御以维护其优势，这种做法促成了 1991 年苏联的解体。

之后，随着《文明的冲突与世界秩序的重建》在 1996 年出版——它是当时对苏联解体后的世界局势的解释，文明成为短时间内全球辩论的话题。作者塞缪尔·亨廷顿的结论是，世界可以根据宗教和种族划分为九个文明，这些文明将为争夺全球主导权而展开斗争。② 作为对这一著作的批评性回应，在伊朗总统穆罕默德·哈塔米（Muhammad Khatami，1997—2005 年）的倡议下，2001 年设为"联合国不同文明对话年"。布鲁斯·马兹利什是参与其中讨论的六位美国学者之一——他的参与促使他撰写了《文明及其内涵》一书。③ 这是战后关于文明的意识形态辩论中，发生的众多插曲之一。

在学校教育和对早期文明思想的系统反思中，威廉·H. 麦克尼尔出版了《西方的兴起：人类共同体史》（1963 年）。该书是世界历史的学术性学科中一部重要的著作，不仅叙述了各个文明的历史，而且追踪了它们之间的互动，以及欧美主导下一个世界性人类社会的最终形成。这本著作扩展了世界史的范围和方法，但仍然接近于继承的（inherited）文明解释。在这个意义上，这本著作所起的科学作用，与一个多世纪前基佐的《欧洲

---

① 后来又发现了更复杂情况：智人与尼安德特人及丹尼索瓦人的生物混合体。

② 亨廷顿的框架与多年前戈比诺的框架在表达简单化的偏见方面表现出明显的相似性。

③ Bruce Mazlish, *Civilization and its Contents*, pp. ix - x, pp. 120 - 125.

文明史》相类似。

从现在的角度来看,在帝国瓦解后的半个世纪里,关于文明的教学几乎没有什么显著变化。在对八个亚洲国家及其中学课程的研究中,我们发现几乎所有这些国家都在二战后不久开设了世界历史课程,但这些课程在很大程度上以欧洲为中心,侧重于欧洲历史和欧洲帝国,对民族国家或地区的历史关注不多。在对课程体系的定期修订中,虽然越来越关注民族国家史,但也只是渐渐地注意到了全球视角。[①] 在美国,世界历史的教学已经变得极为突出,但其解释同样没有赶上全球秩序的变化。“文明”概念是世界历史概览课程的基础,但“文明”几乎全部指欧亚大陆的古代社会,并且集中于他们的技术和物质文化,而不是更广泛的社会问题。[②] 从 1500 年开始,对世界的解释主要是通过考察大国及其帝国,或者全球文明中的大陆变化。对于 1950 年以来的时期,这些研究描述了非殖民化,但关注点集中于大国和冷战冲突,很少关注前殖民地国家间关系、联合国、国际组织或跨国公司。

余论:当今的“文明”概念

布鲁斯·马兹利什在其著作的结论章中问道:“‘文明’这个概念是否已经过时而失效了? 在努力理解人类及其沧桑变迁的过程中,它是否弊大于利?……我的意思是,这个概念本身应该被视为处于危机之中,现在需要被检验。”[③]他主张在社会科学中对“文明”概念进行新的分析,声称这个概念正显示出与世界历史揭示的内容严重不一致。这个巨大变化似乎对所有三个层面——科学的、意识形态的和学校教育的文明话语,都产生了影响。[④]

在科学方面,马兹利什建议取代“文明”概念,但并没有具体指出一个

---

① Shingo Minamizuka, ed., *World History Teaching in Asia: A Comparative Survey*, Great Barrington, MA: Berkshire, 2019.

② Cynthia Stokes Brown, "What is a Civilization, Anyway?" *World History Connected*, Volume 6, Number 3, October 2009.

③ Bruce Mazlish, *Civilization and its Contents*, p. 138.

④ 马兹利什提供了他对作为这种研究框架的“新全球研究”学科的理解。

新概念。如前所述，尽管世界秩序发生了巨大变化，但"文明"分析仍然没有什么变化（尽管有一些创新）。在一个平等主义的时代，"文明"提供的却是精英主义的理论。它关注的是权力中心，忽略了许多个体和小规模的社会，而它们每一个都有自身的价值。它把注意力集中在等级制度的领导者和大规模的分析上——当然，总体分析是重要的，但不能排除社会中局部范围的动力（local-scale dynamics）。它悄然接受了人类在生物学上平等的新知识，但却没有提出许多关于人类社会平等的问题。全球抗击新冠疫情的经历也提供了许多有启发性的例子，说明熟练的个人在拯救生命时局部工作的重要性，与医院或疗养院的高层管理人员不经意的决定形成对比。①

关于意识形态维度的"文明"，马兹利什认为，"文明"概念已经在公众意识中扎根太深，很难被取代。但是，旧帝国内部的批评之声，特别是世界范围内的批评，已经能够用一种赞同社会平等的意识形态来挑战文明的等级观——在种族、国族（nationality）和经济上的不平等。文明观念中另一个被忽视的因素是全球经济及政治力量平衡的变化。美国在世界总产值中的比例于 1960 年曾高达 40%，但现在已经下降到刚刚超过 20%。美国虽仍然是一个大国，但现在必须准备成为一个前霸主，并考虑如何在全球国际社会中扮演好一个突出但不占支配地位成员的角色。这种情况，英国、法国、荷兰曾在早先碰到过，中国及其他大国在历史上也曾面临过。相比之下，中国由于最近经济的快速增长，现在已经在许多经济部门成为最强大的国家。十年内，中国必将成为世界上最大的经济体。当然，对中国来说，增长也可能会受到国内资源以及全球环境的制约。今日的中国文明借鉴了以往综合的因素。例如，中国人可以回想起早期中原王朝的强大，或者是不平等条约的民族屈辱，或者是反华的种族主义歧视。

---

① 我的《人类史》（*A History of Humanity: The Evolution of the Human System*）提出了文明研究的另一种选择。我没有简单地关注最大的社会政治单位及其领导人，而是试图研究人类互动的整个系统，其中包括平民而不仅仅是文明领导人的诸多不同范围的人类活动：我关注个体和协作群体的能动性，他们的社群和机构建设，以及他们对诸如种族、性别和不平等这种社会优先权的讨论。我关注精英和大众层面的语言、文化、移民、经济和知识。这种方法虽然复杂，但能够发现整体变迁中最重要的因素和互动。它有助于将文明概念置于帝国、国家和社群的情境中。

但是,中国也要防止出现种族主义和民族主义情绪。[①]

在学校教育方面,战后随着教育机构前所未有的扩大,教育规模(即使不是质量)发生了变化。不过,虽然欧洲和北美以外地区的学校教育覆盖面扩大了,但在很大程度上仍然保持了早期的文明等级观。是否可以利用米拉波早期的概念对"文明"进行重新概念化?这将使人们重新关注社会的文化和经济方面,关注个人的自由,也为重新理解全人类的道德和社会平等留下了空间。这种方法将减少对建立霸权的国家和机构的关注,而更多地关注建立在地方和区域群体当中的互动网络,因为这些群体正在努力完成许多任务,以保护人类免受最终的社会不平等和生态破坏。学校教育要为各地(包括小学及其以上水平)的学生提供信息并发展他们的主动性和能动性。

综上所述,近年来世界史的研究表明,世界上所有的民族和社群都参与了世界历史的进程。"文明"概念并不那么简单。它于 18 世纪 50 年代被创造出来,是对科学的一大贡献,因为它在较大规模上——在国家甚至超越国家的层面上把社会概念化了。但这个规模还不够大,因为世界历史和全球视角还没有纳入"文明"概念之中。帝国的建设者们被一种只属于他们自己的文明理念所吸引。他们创造了一种意识形态,认为欧洲人必须统治世界并征服广大地区。他们的学校随着资本主义和帝国的发展而扩大——他们把帝国和白人至上主义当作科学来讲授。然而,在两次世界大战之后,帝国崩溃了,只剩下了(民族)国家。今天,"文明"概念也应该与世界史研究所揭示的内容保持一致,在科学的、意识形态的和学校教育的"文明"话语中,应该进一步减少精英主义和西方中心主义因素,以平等主义和文化多元主义取代文明等级制度和白人至上主义。

---

① Yinghong Cheng, *Discourses of Race and Rising China*. Switzerland: Palgrave Macmillan, 2019.

约翰·古斯德布罗姆（Johan Goudsblom，1932—2020）是荷兰当代著名社会学家,生态史研究"荷兰学派"的代表人物。1960 年,古斯德布罗姆在阿姆斯特丹大学获哲学博士学位后留校任教,直到1997 年退休。古斯德布罗姆善于用英文发表著作,在欧美社会影响很大,出版有《荷兰社会》(1967)、《平衡的社会学》(1977)、《虚无主义与文化》(1980)、《人类历史与社会进程》(1989,与他人合著)、《火与文明》(1992,有中译本)等著作。另外,古斯德布罗姆还重新发现了德国社会学家诺贝特·埃利亚斯《文明的进程》一书的价值。1939 年,《文明的进程》在德国出版,但并没有被重视,得益于古斯德布罗姆的研究和宣传,《文明的进程》成为一部经典名著。

《文明:一个有争议概念的演变历程》一文是古斯德布罗姆对马兹利什《文明及其内涵》一书的长篇评论。在书中,马兹利什认为,"文明"的概念被西方社会赋予过多的价值色彩,往往沦为一种优越论和扩张主义话语,因此,主张把文明的内涵限定在埃利亚斯所说的"文明化过程"上,甚至弃用"文明"的范畴。古斯德布罗姆一方面支持马兹利什的观点,认为文明指的是一种过程,而非一种"终结状态";同时,反对马兹利什弃用"文明"的主张。他指出,"当下需要的并非词汇的改变,而是观念的转变,范式的转变"。他认为,文明一词本身包含了"文明化进程"的含义,而"文化"的概念已经失去了代表"过程"的含义。而且,在表述个体成长过程、社会演变过程以及人类发展进程时具有很大的优势,它有助于理解人类社会分化与整合的主导趋势,所以,没有任何一个词比"文明"更容易发挥这一概念的功能。

（魏孝稷编写）

文明：一个有争议概念的演变历程

约翰·古德斯布洛姆

（段旭颖译　张国琨校）

一

"文明是一个很有趣的话题。"布鲁斯·马兹利什在其《文明及其内涵》的序言开头写下这句话，全书用七章内容呈现了这句话叙述的有效性。通过一些文章，马兹利什带领他的读者踏上了求知的旅程。在这些文章中，文明的概念都起到了重要的作用。他评论的一些文章是在这类文献中常见的，其他文章则出乎读者意料之外。有时候，选择个体作者不像将这些作者结合起来那样新颖、有趣；因此，尽管马兹利什并不是第一位将诺贝特·埃利亚斯（Norbert Elias）和西格蒙德·弗洛伊德（Sigmund Freud）联系起来的人，但是将这两位连同约翰·斯图亚特·密尔（John Stuart Mill）在同一章中叙述还是一个很新颖的想法。

当认真读完马兹利什对文明主题的几种方法的研究，看到结尾关于文明的概念实际已经无用的结论时，读者们可能会有些困惑：

> 文明是一个耸立在我们精神领域里的巨石阵。就像与它具有相似特征的"文化"一样，文明是18世纪创造和建构的重要概念之一，随后在社会科学的发展过程中得到详细阐述。在新千年，文明已被奉若神明。如今我们已迈入新的时空，文明不但应当被"解构"，还应当被拆除。（160-161）

这是否意味着我们要将社会科学中的"文明"看成一个过时的概念，就像化学中的"燃素"、医学中的"瘴气"那样？我对此持质疑态度，而且我要说明为什么我认为这比马兹利什的"巨石阵"所说明的问题更具有效性。"文明"这个术语的发展历程甚至可以当成一个测试案例，看看社会科学是否可能从意识形态的束缚中解放出来。

毫无疑问，在其最初的社会背景中，"文明"这一术语充满了强烈的意识形态色彩。它作为一个糅合经验主义与辩论性意义的词语，出现于18世纪法国知识界。对于任何知情人士而言，它指的是一件显而易见的事物，亦即这一事实：像他们自己这样的法国知识精英，其举止和生活的标准不同于此前的军事贵族和同时期的工匠或农民。这些标准包括言谈、评价以及一般行为举止的方式，代表了一种独特的生活方式——在今天被称作"lifestyle"——这样的生活方式就是"文明化"，它显示了"文明"。

除了明确无误的经验主义内涵，"文明"还具有清晰的规范性与辩论性的色彩。对于使用这个术语的人来说，"文明"代表了一种有价值的事物，一种成就，也是一个优越性的标志。通过其典型的反例——"蒙昧"和"野蛮"，这个术语的评价意义得到了最直白的强调。

"文明"这一术语的社会历程的发端在很多方面与德语中的"文化"这一术语颇为相似。"文化"这个术语所指的也是一套行为、思想与情感的新特征，这些特征由知识精英展示出来，他们也以这些特征为荣。然而，两国知识精英所生活的社会背景相去甚远，这赋予法国的"文明"（civilisation）和德国的"文化"（Kultur）不同的特点。正如埃利亚斯所指出的，卓越的法国知识分子与身居统治地位的政治精英关系密切，他们带着一定程度的现实主义，希望自己能够影响政府，从而影响整个社会，使其变得更加"文明化"。德国的知识分子则被严格排除在政治影响之外，因此他们往往将"文化"作为一种个人素质，尤其是以古典主义学问与绝对道德标准为标志。[1]

所以，尽管这两个术语含义的侧重点不同，但是"文明"和"文化"最初

---

① Norbert Elias，*The Civilizing Process: Sociogenetic and Psychogenetic Investigations*，transl. Edmund Jephcott，revised ed. (Oxford：Blackwell，2000)，pp. 9 - 43.

发挥的作用非常相似。用埃利亚斯的话说,它们都用来描述一种特定的行为举止,通过这种行为举止,欧洲中上阶级中的重要阶层自我感觉不同于他们眼中那些简单、粗俗的人,并更加优越。[①] 这两个术语表述的自身形象都是基于社会差异。随着时间的推移,这些社会差异获得了民族主义的含义,这种含义在 19 世纪末表达得极其响亮,并于第一次世界大战时在激烈的意识形态斗争中达到高潮。当时,"文化"是德国人的战斗口号,而协约国一方的宣传者则宣称他们为"文明"而战。当托马斯·曼恩(Thomas Mann)公开指责他的兄弟海因里希(Heinrich)时,词语斗争作为一出家庭戏剧在重演。海因里希不愿成为一个德国爱国主义者,被指责是一个"文明文人"(Zivilisationsliterat),投身于世界主义、民主和文明这些非德国的理想。过了不到一代人的时间,纳粹诗人汉斯·约斯特(Hans Johst)以臭名昭著的"一听到文化这个词,我就抽出我的勃朗宁"表达了对德国保守的文化理想的蔑视。

只有两个时期,意识形态优势盛行于"文明"和"文化"的使用之中。就像"文化"一样,"文明"这个词也能够激起强烈的情感,这些情感附属于社会团结与优越感,以及由此而不可避免带来的愤恨与敌意。它发端于"我们的概念"(we-concept),通过这一概念,法国和其他西欧国家的一些知识精英将自己与其他群体区分开来。起初,其他群体主要指本民族社会的其他阶层,不仅包括小资产阶级和农民等"下层人士",也包括那些没有按照知识精英的精致与博学标准来生活的贵族,以及那些过分专注于宫廷礼节的贵族,他们被看作"半开化"的人,至多也就是"过度文明"的人。

在西欧和美国,改革家们组织运动来教育和提升"下层人士"。义务教育与国家征兵;工业生产及其对工作时间和消费习惯的影响;配备自来水、下水道、燃气和电力的房屋;有轨公共交通设施;混凝土路——所有这些以及许多其他因素一起促成了一个影响深远的生活条件改革。这一进

[①] Norbert Elias, *The Civilizing Process: Sociogenetic and Psychogenetic Investigations*, transl. Edmund Jephcott, revised ed. (Oxford: Blackwell, 2000), p. 34.

程使"农民"变成了"法国人",①它也发生于西欧和美国,展示了不同的国家面貌,并导致了双重的结果:国家之间生活方式的差异越来越不显著,各国内部社会阶层之间的最大的差异也减弱了。工人阶级采用中产阶级行为标准的过程有两个方面:部分是对改革家带来的"上层"诱惑的回应,部分是自然地渴望一种物质上更舒适、社会上更受尊重的生活的结果。我们可以用 20 世纪中叶人类学和社会学的惯用语言来说,在所有这些国家的社会中,"工业人"的"基本人格"盛行起来。在这个过程中,"文明"一词时常被唤起。

"文明"在欧洲海外政治与经济扩张中也占据了重要位置,它作为一个通用标签来描绘和羞辱殖民地居民,大部分殖民地居民被看成是需要"文明"的人。早期一个以文明的名义进行殖民征服的著名例子,就是拿破仑入侵埃及,官方宣称这是一个文明化使命——就像之前欧洲殖民者在拉丁美洲的无畏行为,以及之后大量征服亚洲、非洲和大洋洲的例子。在"文明"传播过程中,皈依基督教,不论是罗马天主教还是新教某一教派,常常被赋予优先权。这带来的影响就是对于很多人来说,"文明"就意味着殖民主义和帝国主义,这种联系促使马克·吐温(Mark Twain)创造了"梅毒传染"(syphilization)一词。

二

在 19 和 20 世纪,"文明"和"文化"这两个词作为意识形态口号进入了政治话语,不过"文化"的使用要少一些;这两个词也为连续几代作者所使用,他们极力以更超然和学术的方式对待这两个词,作为"中立"或"客观"的术语,可以用来确切阐述关于人类行为与人类社会、基于科学实证证据的一般性理论总结。

总之,科学实证证据与行为举止的多样性有关——这种多样性可以在当代世界同一社会内部和不同社会之间观察到,也可以在保留有早期

---

① Eugen Weber, *Peasants into Frenchmen: The Modernization of Rural France 1870 - 1914* (Stanford, CA: Stanford University Press, 1976).

记录的所有社会的历史当中观察到。关于行为举止多样性的不同信息资源的结合,产生了如今我们很多人所谓的"文化演进"(cultural evolution)观念,这远在"文化"和"演进"这两个词得到普遍使用之前。正如马文·哈里斯(Marvin Harris)在《人类学理论的兴起》中所展示的,18世纪伟大的思想家如杜尔哥(Turgot)、孟德斯鸠(Montesquieu)、亚当·弗格森(Adam Ferguson)以及亚当·斯密(Adam Smith)在没有提及"演进"和"文化"这两个术语的情况下,对文化演进理论的兴起做出了贡献。①

从这些作家和许多其他作家的著作中产生了一种意识,是关于学习研究人类社会的学生们的共同任务:理解和解释在世界不同地方、不同群体、不同时代的不同生活方式。这不仅仅是一个收集和描述细节的问题,问题的关键是这些细节如何连接成为一个普遍的模式。显然,这个模式必须具有历史性。人们不再满足于柏拉图在《理想国》中对人类多样性所做的那种解释:人们生(也意味着,被创造)而不同,命中注定要在不同的社会阶层生活。这种学说在三个神圣等级方面的基督教变体也不能令人满意:它被看作对现有社会秩序的意识形态辩护,并不是一个基于确凿证据与合理逻辑的现实主义解释。缺失的那部分就是历史,更确切地说就是发展。社会秩序曾经看似永恒不变,但实际上显然并非如此。

这些作者的实证概括全部指向一个同样的方向:人类正在经历一个社会演进(杜尔哥)和社会分化(斯密)的进程。"社会演进"和"分化"的概念还没有使用,但是这两个术语所指的思想却正在由法国、英国及德国的研究同样问题的知识分子创造出来。一旦他们能够使用"文化"和"文明",他们就迫不及待地将这两个术语纳入他们的学术词汇,果断地将其用作实证和理论研究的工具。

因此"文明"和"文化"在历史学术研究中,甚至在民族学和人类学中,都获得了技术术语的地位。这两个术语使用的技术意义似乎去除了它们评价性和争议性的内涵,而且去除了法语 civilisation 和德语 Kultur 评价

---

① Marvin Harris, *The Rise of Anthropological Theory: A History of Theories of Culture* (New York: Harper & Row, 1968), pp. 8 – 52.

性的细微差别。一个典型的例子是，19 世纪人类学经典著作之一——爱德华·伯内特·泰勒爵士（Sir Edward Burnett Tylor）的《原始文化》（*Primitive Culture*）开卷第一句话就把"文化"和"文明"当成同义词："考虑到其人种志的广泛意义，文化或文明是一个综合整体，它包含了人类作为社会成员所获得的知识、信仰、艺术、道德、法律、风俗以及所有其他能力和习惯。"①在该书两卷的索引中，"文明"这一条目简单地写道："见文化。"

许多 20 世纪的人类学家也同样表现出对"文化"和"文明"微妙差异的漠视，他们只是把这两个词语当成他们职业的标准化工具而已。露丝·本尼迪克特（Ruth Benedict）在她广为流传的著作《文化模式》（*Patterns of Culture*）中将这两个词语随意互换使用，有时在同一个段落中她都会交替使用这两个词。另一个显著的例子是西格蒙德·弗洛伊德（Sigmund Freud）著名的著作，其标题在马兹利什的《文明及其内涵》标题中被间接提到。作为一个奥地利人，弗洛伊德或许对德国人对"文化"一词的敏感性并没有多少耐心。他将自己的著作命名为《文化中的不安》（*Das Unbehangen in der Kultur*），但是当他的英文译者选择将其译为《文明及其不满》（*Civilization and Its Discontents*）时，他并未反对。

然而"文明"和"文化"的差异依旧存在，即使在人类学家和其他社会科学家的专业写作中也是如此。对德国学者来说，"文化"一词依旧是首选；在 20 世纪初期，人类学家普遍赞同"原始人"（Naturvolker）与"文化人"（Kulturvolker）之间的大致差别，前者在英语中被称为"原始的"（primitive），后者则被看成是经过文明化了的（civilized）。在社会学家中间有一种倾向，即"文明"一词"仅仅"用于社会中的物质和技术层面，而"文化"一词用于宗教、道德、艺术这样更深层次的领域——这个倾向有时也会吸引一些美国社会学家。②尽管这一差别在科学上显得是中立的，然而那些清楚区分这一差别的人更看重"文化"而非"文明"。虽然这种特

---

① Edward Burnett Tylor, *The Origins of Culture* [volume 1 of *Primitive Culture*, 1871] (New York: Harper & Brothers, 1958), p. 1.

② 例如，见 R. M. MacIver and Charles H. Page, *Society: An Introductory Analysis* (New York: Macmillan & Co., 1952)。

别的用法可能依然残存于文献之中,但它已经不再流行了。

然而,另外一个倾向的开端在泰勒的著作中有多处体现,这个倾向在考古学和古代史方面影响格外深远。目前这些领域习惯于在泰勒所指的广义上继续使用"文化"一词,它包括人类作为社会成员所习得的任何事物,但"文明"一词只限于指拥有城市、国家、书写系统的社会的文化。这样"文明"作为一个专门术语就成了"文化"的子范畴。

虽然听上去似乎无可挑剔,但这样又引发了一些问题,其中一大问题就是实际上又回归到"文明"这一术语的"我们的概念",也回归到了社会排斥的手段。不论是作为作者还是读者,我们采取这种使用方式,都暗暗地将所有目前或曾经生活在没有城市、国家、书写的社会里的人认定为"不文明的"(uncivilized)。如此一来,这个专门术语区别的意想不到却又合乎逻辑的必然结果就是,我们会把这个标签贴到这个世界上存在过的大部分人身上,而5000多年前所有的人则无一例外都是"不文明的"。

泰勒似乎对"文明"那模棱两可的含义引发的矛盾不是很在意。尽管他从来不说人们能离开文化而生存,但他偶尔谈及"不文明的种族"。在一个关于进步与退化或者恶化的有趣讨论中,他比较了两种人,一种是他认为代表文明较低阶段的人,另一种是完全缺乏文明的人。前者指的是霍屯督人(Hottentots)或新喀里多尼亚(New Caledonia)的巴布亚人(Papuans),后者指的是当代城市中"陷入可怕的痛苦和堕落"的所谓"危险阶层"。泰勒指出,虽然他们同样"缺乏更高层次文化的知识和道德",但"他们与文明生活的关系——一为独立、一为依赖——是完全相反的"。①

时至今日,泰勒的话的主旨依然非常中肯。然而这些话从两个方面明确地揭露了由"文明"一词的使用而引发的矛盾:指所有人类群体和社会的普遍特征,与此同时又指只属于某些群体和社会的个别特征。同样的矛盾也存在于"文化"一词在社会科学的使用中,不过远没有那么严重:没有人会说任何社会"没有文化"。作为一个具有普遍意义的专门概念,"文化"受到的意识形态的污染比"文明"要少,按理我们或许因此只能在

---

① Tylor, *The Origins of Culture*, p. 43.

这个非常广泛的意义上使用"文化"一词，解决我们反对将很多人称为"不文明"这一问题，并接受将文明定义为拥有城市的社会的文化。

然而，还有一个原因使我们不能把"文明"仅仅看作是"文化"的更高级形式的子范畴，那就是"文明"一词与"文化"不同的语言形态（linguistic form）使其与"过程"（*processes*）的观念更加匹配。这两个术语在语源上都来自于动词，因此都暗指活动（activities）；但在欧洲和美国的当代语言中，"文化"已成为一个独立的名词，而其拉丁语动词的词源已经看不出来了。这依旧十分符合泰勒的综合定义：文化指的是人们作为社会成员所习得的每件事物。但这没有明确指出学习过程本身——在独立个体的层面和社会或普遍人类的层面上都没有指出来。

三

"文明"和"文化"的经验性和争辩性（或者是规范的，或是评价的，或是贬损的）含义的融合长期伴随这两个术语的发展，并带来了很多困惑。马兹利什相当绝望地将其称为一团乱麻，并建议彻底抛弃"文明"这个术语。我们是否真的要对这团乱麻置之不理，并抛弃这个令人困惑的术语，重起炉灶？我们需要的是否就是一个语义上的规定，以逃离这般困惑？

我意识到这个问题提得很重要。当然，马兹利什是正确的：我们不应该把"文明"一词当作不惜一切代价去保护的偶像。然而，一个词语的内涵是什么？一束玫瑰不论叫什么名字都依然馨香。但是，即使我们决定从今以后不再将玫瑰称为玫瑰，我们依然会立即需要另一个词语来称呼这种花卉。词语的形态和发音大体上是比较随意且可以互换的；但概念的含义却不是这样。如果我们将文明的概念从我们的词汇中摒除，我们很快就会面临一个我们的符号体系的空白，于是就会发现我们自己不得不使用替代品将其填补。

不管我们从哪里开始，始于心理学或社会学，经济学或政治科学，我们都无法避免同样一个事实：这些不同的人文科学以及人类学的分支所研究的事实是相互联系的。当我们寻求从历史角度研究时，这些联系就更加显著——在不同学科的发展过程中，以及这些学科所关注的人类生活不同方面的发展过程中,都是如此。此时,我们不得不承认在人类历史的长河中发生了某件事,这件事十分重要,如果我们没有文明这个概念,或者是一个相似的概念,这件事就依然未能命名。

可能我们脑海中的这件事过于庞大,以至于难以用一个单一的概念描述。我对此表示质疑。天文学家和物理学家谈及膨胀的宇宙,指出一个远比人类历史更加庞大的过程。我们能够以一种相似的方式谈及膨胀的人类圈(anthroposphere),即人类对地球生物圈(biospher)持续产生的日益扩大的影响。这个膨胀过程影响了人类群体与其生存环境之间的关系、人类群体之间及其内部的关系、人类个体成长和生活的方式。"文明化进程"的概念可以帮助我们认识到这三个方面是紧密相关的,或许还能帮助我们更精确、系统地发现它们是如何相关的。

在最后一章总结中,马兹利什提议放弃使用"文明"一词,不过他认为我们可以用"文明化进程"来代替"文明",同时他重新提及他对诺贝特·埃利亚斯赞成的评价。然而,值得一提的是,"文明化进程"一词是由埃利亚斯的英文出版商布莱克威尔(Blackwell)创造出来的。埃利亚斯的著作原名为 *Uber den Prozess der Zivilisation*,即《论文明的进程》(*On the Process of Civilization*)。这个书名所承载的信息就是:最好将"文明"设想为一个过程,而不是一个"本来就存在"的事物,更不是一个"终结的状态";文明"一直"处在一个持续传播和转变的过程中,并将继续转变。[①]

文明是一个过程——这是埃利亚斯通过他的书名想要表达的。原书名由他的译者埃德蒙·杰夫科特(Edmund Jephcott)忠实地译成了英文,但是出版商发现这两个词语组合在一起对读者太陌生了,于是把它改成了《文明化进程》(*The Civilizing Process*)。这个决定似乎有利于提高这本书在英语世界的接受度。但是另一方面,它与伟大的人类学畅销书《文化模式》书名本来具有强烈的对比,改过之后这种对比就变得不明显了。在《文化模式》中,露丝·本尼迪克特向读者呈现的几种文化都是静态的,而且是有意为之的"非历史的"(unhistorical)(弗朗茨·博厄斯[Franz

---

① 在都柏林大学学院出版社即将出版的《诺贝特·埃利亚斯文集》(*The Collected Works of Norbert Elias*)系列书籍中,该书的英文新版将命名为《论文明的进程》(*On the Process of Civilization*)。

Boas]在介绍中赞许地使用了这个术语)。[1] 相反的是，对埃利亚斯来说，文明是一个动态的、历时的(diachronic)过程。

本尼迪克特将"文化"一词当作一个"客位"术语用于那些自己从未使用过该术语的人，就像莫里哀(Moliere)剧中的儒尔丹先生(Monsieur Jourdain)在没有意识到的情况下提到散文一样，霍皮人(Hopi)和夸扣特尔印第安人(Kwakiutl Indians)的生活都是按照他们的文化模式——或者文明模式(有时本尼迪克特也用文明一词)。本尼迪克特对"模式"一词的选取显示出她对静态的、共时的(synchronic)描写的偏好，并且可能因此而遭到一些批评；但是"模式"一词的复数形式用得恰到好处，或许也可以用于探讨文明的进程。

当然，我们可以继续探讨包含整个人类历史的某个文明化过程，但这整个过程是由许多普遍性层次较低的过程构成的，因此，所有人类个体从出生开始就从属于一个文明化的过程。举两个简单但有说服力的例子：在每个社会中，儿童都要学习吃饭和争斗的技能与时机。起初，每个孩子只需要学习用嘴获取食物；之后，他们学习如何动手吃饭，并以一种符合社会规范的方式来完成，在许多当代社会中这意味着使用像筷子、刀子、汤匙、叉子这样的餐具。同样，每个孩子学习控制自己争斗的冲动以符合某种标准，比如：禁止用嘴咬人，要求或推荐各种使用手、脚、体重的方式；在大多社会里，男孩和女孩、成人和儿童的标准是不一样的，如果有不同社会阶层，这些阶层成员的标准也不一样。在任何一种情况下学习按照这些不同标准来规范行为，就是个体层面的文明化过程。(在现代工业社会，大多数儿童从小被教育如何只用嘴争斗——目的是避免身体暴力，使彼此的争斗只限于放声争吵，最好是采取谈话和辩论的方式。)

通常成年人对上述标准的体验是，它们是不容置疑且不会改变的；他们也是这样向孩子提出这些标准。然而事实上，这些标准仅仅是一些发展过程在当下的结果——这些过程在世界上任何地方都不太可能达到终结的状态。这些过程代表另外一种普遍性层次的文明进程：社会的层次，

---

[1] Ruth Benedict, *Patterns of Culture*, [1934], 2d ed. (New York: Mentor Books, 1946), xv.

或者社会阶层的层次。早在 18 世纪晚期就已产生一种习惯,在"一种文化"或者"一种文明"的意义上使用文化和文明的概念。[①] 按照文明进程的一般模式,这些表达指的是一个特定的形式,即文明的总体过程发生于一个特定的社会(或不同社会的集合,就像"阿拉伯文明"),通常以民族国家的边界来划分。[②]

当然,已知的社会中没有一个是从文明进程的最初一直发展其自身轨道到现在的。所有社会的文明进程都是一个普遍主导过程的分支,这个过程包括所有人类,并且这个过程比智人(Homo sapiens)本身还要古老。智人出现之前,人类经学习而获得的一种能力就是对火的控制。通过社会学习获得这种能力在过去和现在都是一个文明的进程,它已持续千百代人,并已扩展到所有已知的人类社会。[③]

这里简要概述的不同层次的连锁文明进程模式,可能有助于分析很多难题。文明的概念很微妙:它有很多不幸的政治联系。但是尽管如此,抛弃这个概念还是为时尚早。在它引发的道德和认识论难题上退缩似乎不太可取;这些难题都是真实的,我们不得不去面对。

当下需要的并非词汇的改变,而是观念的转变,范式的转变。在该书结尾部分,马兹利什似乎提出了一个相似的观点,但尚未得到充分发展。他警告要当心文明概念中固有的危险,并建议我们只使用"文明化进程"这一术语,这就需要一种全球视野。我完全同意对全球视野的需要,但是我想再加上一点:这样一种视野要求我们不仅要理解当前的趋势,也要理解整个人类历史的进程。所有能够单独识别的"文明"都源于产生分化的过程。这种产生分化的过程的动力在不同社会可能有高度的相似性。与他们的意识形态导致我们所期待的截然不同,独特的民族(或宗教)标志和自我中心的民族(或宗教)情感可能是世界各地高度相似的社会力量的

---

① Johan Goudsblom, *Nihilism and Culture* (Oxford: Blackwell, 1980), pp. 56 - 63.

② 这是当前一些概念如"文明的冲突"(the clash of civilisations)和"文明的战争"(civilisational warfare)的背景。"文明的冲突"由伯纳德·刘易斯首创于《穆斯林愤怒的根源》("The Roots of Muslim Rage"《大西洋月刊》,1990 年 9 月,第 47 页),"文明的战争"出自道格拉斯·利特尔的《美国的东方主义:1945 年以来的美国和中东》(北卡罗来纳教堂山:北卡罗来纳大学出版社,2003 年,第 315 页)。

③ Johan Goudsblom, *Fire and Civilization* (London: Penguin, 1992).

产物。

这些是简单的、能够通过实证研究佐证的社会科学观念。引导这种研究的模式的有效性并不依赖词汇的选择，而是依赖概念的选择。个体、社会、人类这三个相关层次的文明进程的构想，可以帮助我们认识到人类社会融合与分化的主导趋势，并看到这些趋势是如何相互加强和抵消的。在 20 世纪和 21 世纪，全人类都参与到共同的文明进程中，这比过去任何时候都清晰得多。如今这是一个明显的全球进程，它在某些方面进展顺利，例如时间计量的全球化，而在其他方面则引发了令人不快的摩擦和紧张，例如暴力手段的全球化。

对于弗洛伊德来说，正如对于泰勒和本尼迪克特一样，这个理论视角比处理文化或文明问题的术语更重要。这样一种态度鼓励我们不要过分执着于"文明"这个词语的诸多缺陷。它的缺陷很明显：它与西方殖民主义和优越感幻想有着太长久的联系。但是德国人种学中曾经流行的"文化人"与"原始人"的对比提醒我们，这同样适用于"文化"一词。"文明"一词有很大优势，它作为一个过程术语在个体、社会和全人类三个层次是很方便适用的。我想不出任何其他术语可以轻易发挥那样的概念性功能。

什么是『文明』

　　弗朗索瓦·基佐（François Pierre Guillaume Guizot，1787—1874）是法国近代史上著名政治家和历史学家。作为政治家，他主张君主立宪，在七月王朝时期的法国政坛上颇有影响。他于1830年至1848年间一直担任卡尔瓦多斯（Calvados）地方众议院议员，1830年8月至1830年11月任法国内政部长，1832年至1837年担任法国教育部长，1840年曾短暂担任法国驻英国大使，1840年至1848年任法国外交部长，1847年9月至1848年2月任法国总理，在1848年革命中结束政治生涯。作为历史学家，他于1812年成为巴黎（索邦）大学现代史教授，学术生涯主要集中在1820至1830年间和1848年之后，主要历史著作有《欧洲代议制起源史》(1822)、《5至10世纪法国史》(1823)、《查理一世至查理二世时期的英国革命史》(1826—1827)、《欧洲文明史》(1828)、《法国文明史》(1829—1832)、《克伦威尔的护国政府和斯图亚特王朝复辟史》(1856)、《法国议会史》(1863)、《为当代史提供的回忆录》(1868—1868)、《从最初至1789年的法国史》(1872—1876)等。

　　基佐生活在法国及欧洲社会发生巨大变化的时期，认为欧洲是世界上发展最快的地区，于是他以"文明"为主题把欧洲作为一个整体来讲述，《欧洲文明史》就是阐述欧洲文明的进步和发展。那么，"文明"是什么？他在《欧洲文明史》第一讲"文明概说"（Civilization in General）中回答了这个问题。下文译自1896年乔治·威尔斯·奈特（George Wells Knight）的英译本。

（刘文明编写）

"文明"概说

弗朗索瓦·基佐

（刘文明译）

我应邀来讲授一门课程，一直在考虑什么主题最适合用来填充我们从现在到年底这段时间。我觉得，对现代欧洲历史特别是关于文明的进步进行概述——也就是对欧洲文明的历史，包括它的起源、进展、结局和特点进行总体考察，可能会是吸引你们注意力的最有益的主题。

我之所以称欧洲文明，是因为在欧洲不同国家的文明中显然存在着惊人的统一性，以至于完全值得这样称呼。尽管时间、地点和环境有很大的差异，但文明的源头是如此的相似——它们由相同的原则联系在一起，而且它们都倾向于产生相似的结果，因此没有人会怀疑存在着一种本质上属于欧洲的文明这个事实。

同时必须注意的是，这种文明无法从欧洲任何一个单一国家的历史中发现——它的历史无法收集。无论它在整体上的一般外貌是多么相似，它的多样性同样引人注目，它也从未在任何特定的国家完全发展起来。它的特点分布广泛，我们将不得不根据需要在英国、法国、德国、西班牙寻找其历史要素。

作为法国人，我们所处的位置为我们研究欧洲文明提供了巨大优势。因为，我无意奉承这个与我联系如此密切的国家，但我无法不把法国视为欧洲文明的中心和焦点。当然，如果说她在任何情况下都一直领先于其他国家，那就言过其实了。意大利在各个不同时期的艺术都超过了她，英国在政治体制方面远远领先于她。也许，在某些时候，我们可能会发现欧洲其他国家在不同方面优于她。但仍然必须承认，每当法国在文明的事业中前进时,她都会以新的活力蓬勃发展,并很快赶上或超过她所有的对手。

不仅如此,那些促进文明的思想,那些在其他国家诞生的制度,在它们变得普遍或者催生成果之前——在它们能够被移植到其他国家或者促成共同的欧洲文明之前,都不得不在法国经历一种新的准备:它们正是从法国——就像从第二个更丰富和更多产的国家开始去征服欧洲。任何一种伟大的思想和伟大的文明原则,要想得到普遍传播,都首先要经过法国。

的确,在法国人的天赋中,有一种社交性和同情心——这与其他民族的天赋相比,在传播自身方面使其更为容易和更有活力。这可能是在语言中,或者是在法兰西民族的特殊性情倾向中;也许是在他们的行为举止中,或者他们的思想更受欢迎,更清楚地展示给大众,更容易渗透到他们中间。但是,总而言之,清晰、善于交际、富有同情心是法国及其文明的特点,这些品质使它完全有资格走在欧洲文明的前列。

因此,在研究这一伟大事实的历史时,我们将法国作为研究的中心点,这既不是任意的选择,也不是惯例;而是因为我们觉得,这样做,我们便以某种方式将自己置于文明本身的中心——置于我们希望研究的事实的中心。

我说的事实,而且是在我深思熟虑后说的:文明和其他任何事实一样,是一个事实——它和其他任何事实一样,其历史可以被研究、描述和叙述。

在过去一段时间里,人们习惯于谈论将历史局限于事实的必要性,这是非常合理的;但如果认为除了物质的和可见的事实之外没有其他事实,那就几乎是荒谬的:还有道德的、隐藏的事实,其真实性不亚于战斗、战争和政府的公共行为。除了这些每一个都有其适当名称的个别事实,还有一些没有名称的一般性事实,不可能说它们发生在某年某月某日,也不可能限定在任何精确的范围内,但它们和我们所说的战斗和公共行为一样,都是事实。

实际上,我们通常听到的被称为历史哲学的那一部分——包括事件之间的相互关系、连接它们的链条、事件的原因和影响——这和战斗的描述及其他外部事件一样,都是历史。这类事实无疑更难阐明,历史学家更容易在这方面犯错,把它们明确地阐明给读者需要更多的技巧。但是,这种困难并没有改变它们的性质,它们仍然是历史的重要组成部分。

文明只是这类事实中的一种;它的本性是如此普遍,以至于几乎难以把握;它是如此复杂,以至于几乎无法阐明;它是如此隐藏,以至于几乎无法辨识。显而易见并公认的是,很难描述它和叙述它的历史;但是,它的存在以及它值得被描述和叙述,也同样是确定的和明显的。那么,关于文明,还有多少问题需要解决呢?人们可能会问,甚至现在对此都有争议,文明是一种善还是一种恶?一方认为它充满了对人类的危害,而另一方则称赞它是人类获得最高尊严和卓越的手段。① 同样,有人问,这一事实

---

① 这场争论的焦点在于赋予这个词的外延是小还是大。文明可以被认为仅仅意味着人为需求及其手段的增加,以及身体享受的改进。它也可以被认为意味着身体健康状态和智力及道德文化的优越状态。只有在前一种意义上,才可以说文明是一种罪恶。

文明是一个相对的术语。它指的是人类的某种状态,以区别于野蛮。

人具有社会性。孤立和独处将使人的理性停留在未开发状态。上帝为了防止其理性发展目标完全失败,给人类提供了家庭关系。然而,如果没有社会关系的进一步扩展,人仍将停留在相对粗鲁和没有教养的状态——永远不会脱离野蛮。随着社会关系的扩展、规范和完善,人变得温和、状态改善和有教养。各种社会条件结合在一起共同起到了这种改善的作用,但社会中的政治组织——国家——是首先给所有其他组织带来安全和持久性的组织,它占有最重要的地位。

因此,文明这个词就是从社会的政治组织、从国家(拉丁语为 civitas)的建立而来的。因此,就其最一般的概念而言,文明是一种改进的人类状况,它来自于社会秩序的建立,以取代蒙昧或野蛮的生活中个体的独立和无法律约束状态。它可以在不同程度上存在,它有可能不断进步:因此,文明史是人类通过社会关系的扩展和完善而实现人性理念的进步史,并且受到业已存在的各种政治和民事制度的或推进或阻碍的影响。

"文明"一词有两种不同的含义,要么是指对人类和在人类当中发挥作用的一种力量,要么是指人类社会的一种特定条件或状态。在前一种意义上,它指的是一种力量,通过这种力量和过程,人类作为一个整体或其某些分支,在其内部精神和外部关系中都得到提升和发展。它概括了所有提升人类并使其思想、行为和愿望上迈向更高的人性化力量。在另一意义上,这个词被用来表示人类或人类社会的先进状况,其特点是政治、社会和工业的秩序和组织,以及较高程度的知识和文化。在这个意义上,我们可以适当地比较和对比不同的文明,看到人类社会不同的状况或类型。

当作者谈到"文明的进步"时,他是把文明作为一种力量或一组力量来考虑的。当他研究罗马帝国衰落时的文明时,把它看作是欧洲社会在那个时代所处的一种特殊状况或状态,看作是以前运行的力量的产物。当我们谈到今天的文明时,我们可以指(1)今天人类和社会的实际状态,作为过去趋势的产物,或(2)今天正在运行的力量和趋势本身,它将在未来产生一种不同的和更先进的人类社会状况。只有牢记这两种观点,学生才能充分领会作者的讲课内容。文明史显然是一部关于各种原因和力量——智力、道德、政治、社会、工业——的历史,这些原因和力量在过去发挥作用,使人类和社会成为今天的样子;它不仅仅是对过去几代人所处的持续的条件或状态的描述。——英译者注。

是否普遍的——是否存在一种整个人类的普遍文明——是否人类要经历的一个过程——是否人类要去完成的一种宿命？各国是否从一个时代到另一个时代向他们的继承人传递了一些东西，而这些东西从未丢失，而是作为一种共同资源不断增长和延续，并将延续到一切事物的结束？就我而言，我确信人类天性有这样的宿命，一种普遍的文明弥漫于人类，它在每一个时代都在增加；因此，一部普遍的文明史有待书写。我也毫不犹豫地断言，这种历史是最崇高、最有趣的历史，而且它包含了所有其他的历史。

文明是一个伟大的事实，所有其他的事实都融合在其中——它们都在其中结束、在其中浓缩、在其中发现它们的重要性，这难道不是很清楚吗？例如，构成一个国家历史的所有事实——我们习惯于认为是其存在要素的所有事实——它的制度、商业、工业、战争、政府的各种细节，如果你想把它们作为一个整体形成某种概念，如果你想看到它们之间的各种关系，如果你想欣赏它们的价值，如果你想对它们作出判断，你往往会问，他们为推动文明的进步做了什么——他们在这场伟大的戏剧中扮演了什么角色——他们在帮助文明进步中发挥了什么影响。我们不仅由此来形成对这些事实的总体看法，而且通过这个标准来检验它们并估计它们的真正价值。它们犹如江河，我们要问它们向海洋输送了多少水。文明好像一个民族的大商场，它的所有财富——其生命的所有要素——它的所有生存能力都储存于其中。情况确实如此，我们对微小事实的判断主要根据它们对这个大事实的影响，因此即使是一些天然地被厌恶和憎恨的事物，证明对它们所处的国家是一场严重的灾难——例如专制主义、无政府主义等等，如果它们在相当大的程度上促进了文明的发展，它们的邪恶性质也会被部分地原谅和被部分地忽略。每当无论在何处看到这一原则的进展，以及促使它向前发展的事实，我们就会忘记它所付出的代价。

再者，有些事实，准确地说不能被称为社会—个人事实（social-individual facts），它们更多的是涉及人类的智力而不是公共生活，如宗教教义、哲学观点、文学、科学和艺术。所有这些似乎都为个人提供了改进、教导或娱乐的机会；而且与其说是针对他的社会状况，不如说是针对他的智力改善和愉快。然而，这些事实还是经常出现在我们面前——我们经常被迫考虑它们对文明的影响！在一切时代和所有的国家，宗教一直在吹嘘，它已经使生活在其中的人们变得文明。文学、艺术和科学都要求分享这种荣耀。人类只要认为这种赞美是他们应得的，他们就会为其准备好赞美和荣誉。同样，最重要的事实本身，以及独立于其外部后果的、性质最崇高的事实，由于其与文明的联系而变得更加重要，达到更崇高的程度。这就是这个伟大原则的价值，它赋予它所接触的一切事物以价值。不仅如此，甚至在某些情况下，我们所谈到的事实，即哲学、文学、科学和艺术，也根据它们对文明的影响而受到特别的评判、谴责或赞扬。

然而，在我们着手研究这一事实的历史之前，它是如此重要，如此广泛，如此珍贵，而且似乎体现了国家的全部生活，让我们先考虑一下它本身，并努力发现它的真正含义。

在此，我将小心翼翼地避免陷入纯粹的哲学，我不会提出某个合理的原则，然后通过推理来说明文明的性质作为结果，采用这种方法有可能会出现错误。而且，不这样做，我们也能够找到一个可以确立和描述的事实。

在过去很长一段时间里，在许多国家，文明这个词一直在使用；或多或少的概念，以及或宽或窄的含义，都被附加到它身上；但它仍然被不断地使用，并被普遍理解。现在，我们必须研究的是这个词通俗的和普通的含义。在通常被普遍接受的术语中，几乎总比科学中看似精确和严格的定义更正确。正是常识赋予了词语通俗的含义，而常识是人类的天赋。一个词的通俗含义是在它所代表的事实本身存在的情况下逐步形成的。只要有一个事实出现在我们面前，似乎符合一个已知术语的含义，这个术语就会自然而然地应用于它，它的含义就会逐渐延伸和扩大，以至于最后，从事物的本质来看，应该汇集和体现在这个术语中的各种事实和想法，就会被发现收集和体现在它里面。相反，当一个词的含义由科学决定时，通常由一个或几个人完成，这些人当时受到了一些特殊事实的影响，而这些事实已经占据了他们的想象力。因此，一般来说，科学的定义要比通俗的词义狭窄得多，也正因为如此，正确性要差得多。因此，在研究文明这个词作为一个事实的意义时，根据人类的常识，通过寻找它所包含的所有观念，我们将比试图给它下一个自己的科学定义更接近于对事实本身的了解,尽管科学定义可能乍看起来更清晰和更精确。

我将通过在你们面前提出一系列的假设来开始这项研究。我将描述各种条件下的社会,然后看看我这样描述的社会状态,按照人类的一般看法,它是否处于一个在文明中进步的民族的状态——它是否符合人类普遍赋予这个词的含义。

首先,假如一个民族的外在环境是宽松舒适的,税收少、不辛苦、管理公正,总之,物质生活的管理是令人满意和愉快的。但是,尽管如此,这个民族的道德和智力能量却被刻意地维持在一种麻木和惰性的状态。这种状态很难被称为压迫,因为它的趋势不具有这种特性,而是一种压抑。我们并不是没有这种社会状态的例子。曾经有许多小规模的贵族共和国,在这些国家里,人民受到的对待,就像羊群一样被精心照料,身体上很快乐,但没有丝毫的智力和道德活动。这是文明吗?我们在此看到的是一个处于道德和社会进步状态的民族吗?

另一个假设是:设想一个民族,其外在环境不那么有利和不那么令人满意,但是仍然可维持温饱。作为一种弥补,其智力和道德的追求在这里并没有被完全忽视,而是允许有一定的范围——一些纯洁和高尚的情感在这里得到了传播,宗教和道德观念达到了一定程度的改善,但是极其谨慎地扼杀了每一个自由的原则。这个民族的道德和智力需求得到了满足,就像在一些民族中的物质需求得到了满足一样;每个人都分到了一定的真理,但不允许任何人自己去寻找真理。静止不动是其道德生活的特点,亚洲的大多数人口都处于这种状况。神权政府限制了人类的进步,例如印度人的状况就是如此。我再次提出同以前一样的问题:这是一个文明正在其中发展的民族吗?

我要完全改变假设的性质:假设一个民族拥有很大范围的个人自由,但在他们中间几乎到处都充斥着混乱和不平等。弱者被压迫、折磨和毁灭,暴力是社会状况的主要特征。每个人都知道,欧洲曾经处于这种状况。这是一个文明的国家吗?毫无疑问,它可能包含着文明的萌芽,可能会逐渐发展起来;但我们可以确信,这个社会中普遍存在的实际状况并不是人类常识中所说的文明。

我接着说第四个也是最后一个假设。在这里,每个人都享有最广泛的自由,不平等现象很少,或者说至少非常轻微。每个人都随心所欲,与他的邻居在权力上几乎没有什么不同。但在这里,几乎没有所谓的普遍利益,几乎不存在公共思想,几乎没有任何公共情感,几乎没有社会交往:简而言之,个人的生命和能力在一种孤立状态下自生自灭,几乎与社会无关,也几乎没有受社会影响的情感。在这里,人与人之间互不影响,也没有留下任何生存的痕迹。一代又一代的人逝去,留下的是他们出生时看到的社会。这就是各种蒙昧部落的状况,他们当中有自由和平等,但绝对没有文明。

我可以很容易地举出更多这样的假设,但我想,我说这些已经足以表明"文明"这个词的通俗和自然含义是什么。

很明显,我刚才描述的这些状态没有一个符合人类关于这个词的一般概念。在我看来,文明这个词所包含的第一个意思(这可以从我摆在你们面前的各种例子中得出)是进步的观念和发展的观念。它在我们心中唤起了一个民族在前进的观念,一个民族处于改进和改善过程中的观念。

那么,这种进步是什么?这种发展是什么?最大的困难就在这里。这个词的词源似乎很明显——它一下子就指向了公民生活的改善。说出"文明"这个词时,我们首先想到的是社会的进步,社会状态的改善,人与人之间的关系达到更完美的程度。它也立即在我们内心唤起了这样的观念:国家日益繁荣,社会关系中更多的活动和更好的组织。一方面,整个社会的权力和福祉明显增加;另一方面,这种权力和福祉在构成社会的个人之间有了更公平的分配。

但是,文明这个词有比这更广泛的含义,因为这似乎只限于社会外在的、物质的组织。如果这就是全部,那么人类比蚁丘或蜂巢中的居住物好不了多少,因为在这个社会中,除了秩序和福祉之外,没有任何追求,最高的、唯一的目标是生活资料并对其进行公平分配。

这个定义太狭隘,我们会本能地立刻拒绝它。我们知道,人类的形成有着比这更高的目标。这个定义没有反映人的性格的全面发展——文明包含了更广泛、更复杂的东西和比社会关系、社会权力和福祉的完美更高级的东西。

对此,我们不仅有来自人类本性的证据,也从人类的常识赋予这个词的含义中获得了证据,而且我们还有事实的证据。

例如,没有人会否认,在一些社群中人们的社会状态会更好——比其他社群生活资料的供应更好、生产更迅速、分配更合理,这种社群被人们一致认为在文明方面更为出色。

以罗马为例,在共和国的辉煌时期,在第二次布匿战争结束时,这是她最辉煌的时刻,她正迅速向世界帝国迈进——当时她的社会状况明显改善。再以奥古斯都时期的罗马为例,此时罗马开始衰落,至少可以说,社会的进步运动停止了,坏的信念似乎准备占上风,但是没有人不说,奥古斯都时期的罗马比法布里奇乌斯(Fabricius)或辛辛那图斯(Cincinnatus)时代的罗马更文明。

让我们进一步看看 17 和 18 世纪的法国。仅仅从社会角度来看,就福利的总量及其在个人之间的分配而言,法国在 17 和 18 世纪明显不如欧洲其他几个国家,特别是荷兰和英国。在这些国家,社会活动更多,增长更快,并且在个人之间更公平地分配其成果。然而,人们普遍认为,法国在 17 和 18 世纪是欧洲最文明的国家。欧洲毫不犹豫地承认了这一事实,在欧洲文学的所有伟大作品中都可以找到这一事实的证据。

那么,很明显,我们对这个词的全部理解,并不包括在社会福利和幸福的简单概念中。而且,如果我们看得更深一点,我们会发现,除了社会生活的进步和改善,另一种发展也包含在我们的文明概念中:即个人生活的发展,人类思想及其能力的发展——人本身的发展。

正是这种发展,使那一时代的法国和罗马如此引人注目地表现出来;正是这种人类智慧的扩展,使它们在文明方面具有如此大的优越性。在这些国家中,把人类从残暴中区别开来的神性原则,以其特有的宏伟和力量展现出来,并在世人眼中弥补了其社会制度的缺陷。这些社群还有许多社会征服(social conquests)要去做,但他们已经通过其所取得的智力和道德上的胜利,使他们获得了荣耀。虽然这里仍缺乏许多生活上的便利,社群中相当一部分人的自然权利和政治特权仍受到抑制,但请看看那些活着并赢得了同胞们掌声和认可的杰出人物的数量吧。在这里,文学、科学和艺术大放异彩,并比以往任何时候都更辉煌闪耀。现在,无论在哪里发生这种情况,无论人们在哪里看到他所崇拜的这些光荣偶像展现出他们的全部光泽——无论他在哪里看到了反映人的本性中神圣部分的理性和高雅享受,他就会在那里认识到并崇拜"文明"。①

那么,在我们称之为"文明"的伟大事实中,似乎包含着两个要素——它的存在必须依赖两种境况——它依靠两个条件而生存——它通过两个征兆表现出来:社会的进步,个人的进步;社会制度的改善,人类智力和能力的扩展。无论什么地方,人们的外部条件得到扩展、变化加快和改善了;无论什么地方,人们的心智本性明显表现出充满活力、才智出色和庄严伟大;无论什么地方出现了这两种征兆且经常如此,那么,尽管社会制度还很不完善,人们也会在那里宣告和称赞"文明"。

如果我没有弄错的话,这就是对文明一词含义进行简单而理性的探究后,人类普遍会对文明形成的观念。这一观点得到了历史的证实。如果我们查询历史,每一次有利于文明的伟大危机的特点是什么,如果我们研究那些大家都承认推动了文明的伟大事件,我们总会发现我刚才描述的两个要素中的一个或另一个。它们都是个人或社会改进的新纪元,这些事件要么在观点、行为举止方面改变了个人,要么改变了他的外部条件以及他与同胞关系中的处境。例如基督教,我指的不仅仅是它出现的最初时刻,而是它存在的最初几个世纪——基督教绝不是迎合人类社会状况的,它曾明确地拒绝对社会状况进行任何干涉。它命令奴隶服从他的主人,对破坏当时社会制度的任何重大罪恶和任何粗暴的不公正行为,没有进行抨击,②但谁不承认基督教是文明的最大推动者之一呢?原因何在?因为它改变了人的内心状况,改变了他的观点和情感,因为它使他的

---

① 在这段话中,作者似乎(至少在目前)倾向于使"文明"一词几乎成为"智力发展"的同义词。单纯的智力发展,特别是当它只存在于有限的群体或特定受惠的阶级中、其效果和影响并没有向下扩展到大众时,并不一定表明是最高类型的文明。正如作者在其他段落中所赞赏的那样,文明的进步不仅必须以个人的智力和道德进步为标志,还必须以其所处环境和社会、政治、工业的条件及潜能的改善为标志。

　　今天,对文明的评判不仅必须根据它的最佳特性和产物,而且还要根据它的不良特性和后果。自这些演讲稿撰写以来的半个世纪里,人们比以往任何时候都更清楚地认识到,只有当社会——基佐先生所说的社会状态——在进步时,人类的进步才会持续,而社会条件只有通过个人的进步才能得到永久性的改善。——英译者注。

② 诚然,基督教针对的主要不是人的社会状况,不是社会阶级关系,而是"人的内心状况";但它从一开始就通过它所依据的基本原则——爱的法则,要求阶级和个人之间的公正。它一直坚持富人对穷人、强者对弱者的公正和慈善。——英译者注。

道德和智力得到了重生。①

我们已经看到了一个性质相反的转折点，它影响的不是人的智力，而是人的外在状况，它改变了社会并使之获得重生。这无疑也是文明的一个决定性转折点。如果我们翻阅历史，就会发现到处都是同样的结果，我们将会看到，任何对文明进步有直接影响的重要事件，都会以我刚才提到的两种方式之一发挥作用。

因此，正如我希望的那样，在对文明所包含的两个要素有了清晰的了解之后，我们现在来看看，仅仅其中一个要素是否足以构成文明：把社会条件的发展和个人的发展分开来看，是否其中之一就可被视为文明？或者，如果不是同时产生，迟早其中一个一律会产生另一个？

在我看来，我们可以通过三种方式来决定这个问题。第一：我们可以考察文明的两个要素的性质本身，看看它们是否确实必然地紧密联系在一起。第二：我们可以从历史上考察一下，事实上它们是否分别表现出来，或者是否总是由一个导致另一个。第三：我们可以参考常识，也就是人类的普遍意见。让我们先来看看人类的普遍意见——常识。

当一个国家的状况发生重大变化时——当其内部的社会繁荣获得重大发展时——对于社会权力和特权的任何革命或改革，这种新事物自然有其反对者。它必然会受到质疑和反对。那么，这种革命的反对者提出的反对意见是什么呢？

他们断言，社会状况所取得的这种进步没有任何好处，它没有在相应程度上改善人的道德状况和智力，是一种虚假的、欺骗性的进步，被证明不利于人的道德品质和良好本性。另一方面，这种攻击被革命运动的支持者有力地击退了。他们认为，社会的进步必然导致智力和道德的进步，社会生活会得到更好的管理，个人的生活也会变得更加有教养和有道德。这样，这个问题就在变革的反对者和拥护者之间争论不休。

但是，把这个假设倒过来，假设道德发展取得了进步。那些为之努力

---

① "关于基督教对文明的影响的任何陈述，都不可能不感到它的不完整性。可以提及一些比较明显和显而易见的结果，但它的全部工作无法追溯。……它通过无声的领域和不被察觉到的力量起作用，这些力量作用于个人的性格和行动的源泉，但就其性质而言，它们不能为后来留下任何记录。"——Adams, *Civilization during the Middle Ages*, p. 64. ——英译者注。

的人一般会有什么期望？——在社会形成之初,宗教创始人、圣人、诗人和哲学家努力规范和完善人类的行为,他们自己承诺了什么？除了改善社会状况、更公平地分配生活福利,还有什么？现在,让我问一下,从这种争论以及这些希望和承诺中,应该推断出什么？我认为,很大程度上可以推断出:文明的两个要素——社会和道德发展——密切相关,这是人类自发的、直觉的信念,当人们接近其中一个要素时,就会寻求另一个。当我们支持或反对这两个要素中的任何一个时,当我们证实或否认其中一个与另一个的结合时,我们正是出于这种天生的信念。我们知道,如果人们相信社会条件的改善会对智力的扩展产生不利影响,他们几乎会抵制并大声疾呼反对社会进步。另一方面,当我们对人们说,通过改善个人成员来改善社会时,我们发现他们愿意相信我们,并采用这一原则。因此,我们可以肯定,人类直觉的信念认为,文明的两个要素是密切相关的,而且它们是相互产生的。

如果我们现在研究一下世界历史,我们会得到同样的结果。我们会发现,人类智力的每一次扩展都被证明对社会有利,而社会状况的所有重大进步都有益于人性(humanity)。在这些事实中,其中一个可能会占主导地位,可能会在一个时期内更为光辉闪耀,并在运动中留下其独有特性的印记。有时,直到经过漫长的间隔,经过千百次的转变和千百次的阻碍,第二个要素才会显现出来,并完成第一个要素所开始的文明。但是,当我们仔细观察时,我们很容易认识到它们之间的联系。天意(Providence)的进程并不局限于狭窄的范围:它并不急于在今天推断出它昨天所提出假设的结果。它可以把这个问题推迟很久,直到有足够的时间来回答。它的逻辑不会因为推理的缓慢而变得不那么确凿。天意穿越时间,就像荷马笔下的诸神穿越空间一样——它迈出一步,岁月(ages)就流逝了！在人的道德力量得到重生之前,基督教对人的社会状况施加巨大而合法的影响,经历了多长时间和多少社会境况？然而,谁会怀疑或误解它的力量呢？

如果我们从历史转到构成文明的两个事实的性质本身,我们必然会得出同样的结果。我们都有这样的经历。如果一个人取得了精神上的进步,一些精神上的发现,如果他获得了一些新的想法,或者一些新的能力,那么在他取得进步的那一刻,他大脑中的欲望是什么? 欲望就是将其情感告知外部世界——公布和实现他的思想。当一个人获得了一个新的真理——当他自认为取得了进步,获得了一种新的天赋,马上就会有一种与这个获得联系在一起的使命感。他在一种隐秘的兴趣的驱使下,感到有责任去扩展、实现他内心中完成的变化和改进。除了这一点,我们还能感谢伟大的改革者所做的什么呢? 那些改变了世界面貌的人类大恩人,在他们首先改变自己之后,他们促进和支配其努力的推动力莫过于此。

对发生在人的智力上的变化就讲这么多。现在我们来考虑社会状况中的人。社会状况发生了一场革命。权利和财产在个人之间的分配更加公平,这就好比说,世界的面貌更加纯洁、更加美丽。无论是就政府而言,还是就人与人之间的关系而言,事物的状况都得到了改善。还有一个问题是,看到这种美好的景象,人的这种外部条件的改善,能否对他的道德和个人性格——对人性产生相一致的影响? 这种疑问与所有关于榜样权威和习俗力量的说法不相符,而这些说法都是建立在这样的信念之上的:如果外部的事实和环境是好的、合理的、规范的,那么迟早会有同样性质的、同样美丽的智力成果出现;一个管理和规范良好的世界,一个正义盛行的世界,会使人自身更公正。这样,人的智力通过社会的优越条件得到教导和提高,而人的社会条件和外部福利,通过个人智力的提高而得到改善,文明的两个要素是完全相连的。也许,时间和各种障碍会在它们之间居中妨碍——它们有可能在相遇之前经历无数次的转变,但这种结合肯定迟早会发生;因为它们应该这样做,这是它们本性的一种法则——伟大的历史事实证明,情况确实如此——人类本能的信念宣告了同样的真理。

因此,尽管我没有进一步阐述关于这个主题的所有内容,但我相信,在前面的粗略叙述中,我已经给出了一个相当正确和充分的概念,即什么是文明,它有什么作用,以及它的重要性。我本来可以对这个话题就此打住了,但我不得不在你们面前提出另一个问题,这个问题在此是自然地显现出来的——它不是一个纯粹的历史问题,而是一个(我不说是假设的)猜想的问题。这个问题,我们在这里只能看到一部分,但是它并不是不真实的,而是在我们的每一次思考中都会注意到它。

在我们刚才谈到的、共同构成文明的两种发展中,即社会的发展和人类智力的扩展,哪一种是目的,哪一种是手段? 正是为了改善社会状况和人在地球上的生存,人类才充分发展自身——他的头脑、能力、情感、思想以及他的整个存在? 或者说,社会条件的改善和社会的进步,社会本身是否只是个人发展的舞台、场合和动力? 一句话,是社会为个人而形成,还是个人为社会而生存? 对这个问题的回答,取决于我们如何回答下述问题:人的命运是否纯粹是社会性的? 社会是否耗尽并吸收了整个的人? 或者是否在人的内心具有某种外来的东西——某种比他在这个世界上的存在更为优越的东西?

鲁瓦耶·科拉尔(Royer Collard)是当今时代最伟大的哲学家和最杰出的人之一,他的话无论在什么地方都会留下不可磨灭的印记,他已经解决了上面这个问题,至少是他根据自己的信念解决了这个问题。以下是他的话:"人类社会在地球上诞生、生活和死亡,它们的命运在那里完成。但是它们并不能包含整个人。在他许诺给(engagement)社会之后,他仍然保留了其天性中更高尚的部分——那些高超的能力,通过这些能力将自己提升到上帝那里,提升到未来的生活,提升到一个看不见的世界里未知的祝福中。我们个人,每个人都是一个独立个别的存在,但又是具有同一性的人,我们真正被赋予了不朽的生命,我们有一个比国家更高的宿命。"①

关于这个主题,我不再做任何补充,处理这个主题不是我的职责,我向你们提出它来就够了。在文明史的结尾,这个主题再次萦绕在我们心头——在文明史结束之处,当对现在的生活再也没有什么可说的时候,人们会固执地问,是否一切都结束了——是否这就是一切事物的终结? 那么,这就是文明史能够引导我们的最后一个问题,也是最重大的问题。我已经指出了它的位置及其崇高的特性,这就足够了。②

———————————

① Opinion de Royer Collard, sur le Projet de Loi rélatif au Sacrilége, pp. 7 et 17. ——英译者注。

② 人只有作为一个自由的道德存在,也就是作为一个理性的存在才能被理解;但作为一个理性的存在,如果只限于现世,就不可能理解他的存在。在人类理性的本质以及人类与理性的关系中,存在着人类追求超世俗和永恒领域的终点的观念。理性是一种发展的胚芽,而这种发展不可能在尘世间达到。怀疑它注定要发展和怀疑有一个相应的领域,是自相矛盾的,这就等于怀疑从花朵中展开的果实是否因其构造而注定要成熟。

在这里,虽然某些关于人类可完美性(Human Perfectibility)的哲学理论的错觉(转下页)

从上述评论中可以看出，文明史可以从两个不同的角度来考虑——可以有两个不同的来源。历史学家可以置身于某一设定的时间，比如说几个世纪，深入人类的心灵或者某些特定的民族中。他可以研究、描述、叙述发生于智识者（intellectual man）心中所有的情形、所有的转变和所有的革命。在他做完这些之后，他就有一部关于该民族或者他所选择时期的文明史了。他也可以采取不同的方式：不是进入人的内心，而是站在外部世界。他可以站在生活的大舞台上，不描述思想的变化和个人的情感，而是描述他的外部环境、事件和他所处社会状态的革命。这两部分，这两种文明史，彼此之间联系紧密；它们是彼此的对应物，是彼此的映像。然而，它们可以被分开。①这也许是必要的，至少在开始的时候，为了详细和清晰地揭示它们，应该将其分开。就我而言，目前我不打算探究人类思想的文明史，我将提请你们注意的是可见的和社会世界外在事件的历史。我很高兴能够在你们面前展示我所理解的文明现象，展示它的所有方面，展示它最广泛的范围，把它所引起的所有重大问题置于你们面前。

（接上页）显而易见，但也可以看到关于人类尘世生活的正确观念。它是一种持续的进步，是对完美的追求，其概念和愿望存在于人类理性的本质之中。

　　人类在其所有的社会努力中，总是被一种从未达到的完美的理念所支配。从某种意义上说，所有的人类历史都可以被看作是为实现这一理念而进行的一系列尝试。

　　正如个人只有作为一个理性的存在，通过他的所有力量与其理性的和谐，才能达到其本性的理想的完美；同样清楚的是，人类只有作为一个理性的社会，通过人类家庭的联合和兄弟情谊，以及所有个人与神圣理性的和谐，才能实现社会完美的理念。人类在多大程度上能实现这种完美的神圣天意，可能无法确定。可以肯定的是，它不可能通过任何单纯的政治机构，通过利益的制约和反制约，通过任何国际力量的平衡来实现。只有基督教能够实现这种普遍的国家间兄弟关系，并将人类大家庭结合在一个理性的亦即自由的道德社会中。

　　过去的半个世纪充满了与此相关的暗示性事实和趋势。如果一个人仅仅考察外部条件和现象，他可能会认为，在这段时间里，阶级变得更加分明，阶级和国家之间的所谓利益冲突变得更加激烈。然而，我们很容易注意到，对"人类共同利益"的深切关注前所未有地盛行起来。慈善精神，越来越多地努力结束冲突，在解决国际争端中以理智取代武力，使社会和工业的各阶级和解而不是对立——所有这些都证明了这样一种意识，即个人的真正文明只有在社会这个人类大家庭的进步和改善中才能达到。人类的团结在今天得到了公认。人类兄弟关系的普遍性越来越被认为是文明的唯一基础，而文明是个人和社会的最终目标。——英译者注。

① 要把文明史的这两部分完全分开是不可能的。政治体制与社会事实及社会力量部分地总是智力状况的产物，而一个民族的智力发展，由此也是个人的智力发展，总是依赖于政治和社会（有时甚至是工业）的环境。制度和思想是不能完全分开的。后面的讲座就是这方面的确凿证据。——英译者注。

但是,就目前而言,我必须克制自己的愿望,我必须把自己限制在一个较窄的领域内:我试图叙述的只是社会状况的历史。

我的第一个目标是寻找欧洲文明诞生时,即罗马帝国灭亡时的元素,仔细研究这些著名的废墟中的社会。我将努力挑选出这些元素,并将其陈列出来。我将努力使它们处于移动之中,在其自那个时代以来 15 个世纪的进步中追踪它们。

我认为,如果我们不相信文明仍处于初级阶段,就不会深入推进这项研究。人类的思想离它可能达到的完美——离它被创造出来的完美——是多么遥远啊!我们把握人类未来的整个命运是多么无力啊!让任何一个人沉浸在自己的思想中——让他在那里描绘人类和社会可能达到的、他所能想象和希望的完美的最高点,然后让他把这幅画与世界的现状进行对比,他就会感到社会和文明仍然处于童年时期:无论它们已经前进了多远,它们面前还有更远甚至无穷的路要走。然而,这不应该减少我们思考我们目前状况的乐趣。当你和我一起回顾了过去 15 个世纪中伟大的文明时代,你就会看到,直到我们这个时代,人类的状况是多么痛苦,经历了多少风暴;人类命运的艰辛不仅在外部社会方面,而且在内心、在智力方面。15 个世纪以来,人类的心灵和人类一样遭受着痛苦。你会发现,直到最近,人类的思想也许是第一次达到了一种状态,虽然它的状况仍然不完美,但达到了体现出一些和平、和谐、自由的状态。社会也是如此,其巨大的进步显而易见,与过去相比,人类的状态是轻松和公正的。在想到我们的祖先时,我们几乎可以把卢克莱修(Lucretius)的诗句运用到我们自己身上:"Suave, mari magno turbantibus æquora ventis, E terra magnum alterius spectare laborem."①

我们可以像《荷马史诗》中斯泰纳鲁斯(Sthenelus)那样不带任何骄傲地说:"Ἡμεῖς τοι πατέρων μεγ' ἀμείνονες εὐχόμεθ' εἶναι","感谢神,与我们父辈相比,我们的生活无限美好。"

然而,我们必须注意,不要完全陶醉于我们的幸福和得到改善的条件。这样可能会使我们陷入两种严重的恶果,即骄傲和怠惰。它可能会

---

① 从岸上看另一个人在巨大风浪的大海上的艰难,是一种乐趣。——英译者注。

使我们对人类思想的力量和成功、对目前的成就产生过分自信;同时,使我们因条件的舒适而变得不思进取。我不知道你是否也像我一样对此感到震惊,但根据我的判断,我们一直在没有充分理由的抱怨和太容易满足这两种倾向之间摇摆不定。在我们的思想、欲望和想象力的活动中,有一种极端的敏感性,一种过度的渴望和野心。然而当我们来到实际生活中——当我们遇到困难,当我们需要牺牲,当我们需要努力去达到我们的目的时,我们就会陷入倦息和不作为。我们容易灰心丧气,几乎就像我们曾经容易兴奋一样。然而,让我们不要被这些恶习中的任何一种侵袭。让我们公平地评估我们的能力、知识和力量,以使我们的所作所为合法。让我们在适当尊重我们的社会制度、我们的文明所依据的伟大原则的情况下,合法、公正、谨慎地达到我们的目标。在野蛮时代的欧洲,由于其凶残的力量、暴力、谎言和欺骗,使欧洲在四五个世纪里在这些习惯做法下呻吟,现在这种时代已经永远地过去了,并且已经被一种更好的事务秩序所取代了。我们相信,在理性和真理的作用下,人类的状况将逐步得到改善,本性中残暴的一面将被粉碎,神一样的精神将得到展现,这个时刻现在已经来临。与此同时,让我们谨慎行事,不要让任何模糊的愿望和奢侈的理论(其时机可能尚未到来)使我们超越谨慎的界限,或使我们对我们目前的状况产生不满情绪。我们已经得到了很多,要求于我们的也将有很多。后人会要求对我们的行为——公众的和政府的行为——作出严格的说明,现在一切都可以讨论,都可以检查。因此,让我们坚定地坚持我们的文明原则,坚持正义、法律和自由;并且永远不要忘记,如果我们有权利要求所有的事情都在我们面前公开,由我们来评判,那么我们同样也在世界面前,根据我们的行为而受到审视和评判。

约翰·斯图亚特·密尔（John Stuart Mill，1806—1873）是英国著名哲学家、政治学家和经济学家。也从小受其父功利主义思想家詹姆斯·密尔（James Mill）严格的教育，终成 19 世纪影响力巨大的古典自由主义思想家。1823 年，年仅 17 岁的密尔入职东印度公司伦敦总部，直到 1858 年东印度公司面临失去对印度的行政管辖权，密尔为东印度公司辩护未果而离职。密尔一生留下大量经典作品，涵盖多个学科，包括《逻辑体系》(1843)、《政治经济学原理》(1848)、《论自由》(1859)、《代议制政府》(1861)、《功利主义》(1861)、《女性的屈从地位》(1869)与《论社会主义》(1876)等等。

《论文明》一文最初发表于 1836 年的《伦敦与威斯敏斯特评论》。在文中，密尔首先区分了广义"文明"与狭义"文明"，认为广义的"文明"指人类普遍的整体的进步，狭义的"文明"是指某种特殊的进步。后者与"野蛮"相对立，主要指财富的增加、智力和合作能力的提升，而且，后者可能妨害前者的进步。他在文中论述的是狭义的"文明"。密尔在此定义的基础上强调，尽管英国已经处在文明等级的最高端，成为最富强最"文明"的国家，但是，这种"文明"成就也带来一系列消极后果，特别是道德水平下降，人格变得衰弱，比如，中产阶级规模扩大，但是他们的活力仅限于赚钱，而上层阶级几乎丧失了所有活力。为了解决英国的"文明"问题，密尔提倡加强人民进一步的联合，同时"建立起旨在激发个性的国家教育机制和政体形式"。

（魏孝稷编写）

论文明

约翰·斯图亚特·密尔

（翟书宁译　刘文明校）

　　"文明"（Civilization）这个词与人性哲学中的许多其他术语一样具有双重含义。它有时代表作为整体的人类进步，有时则指特定的某种进步。

　　如果我们认为一个国家更加进步，在"人"（Man）和"社会"（Society）的最佳特性方面更加突出，在通向完善之路上走更得远、更幸福、更高尚、更明智，我们就会习惯性地称这个国家是更文明的。这是"文明"这个词的一种意义。但在另一种意义上，文明仅仅代表将富裕、强大的国家与蒙昧人（savages）或野蛮人（barbarians）区分开来的那种进步。正是在这种意义上，我们得以谈论文明的缺点或灾难，并且严肃地提出如下问题：总体而言，文明究竟是善还是恶？当然，这一点毋庸置疑，我们认为文明是一种善，它是许多善的原因，与任何善都不冲突；但我们同样认为，还存在其他的善，乃至于存在至善，在这个意义上文明并没有提供这种善，甚至还有阻碍它的倾向（尽管这种倾向可能会被抵消）。

　　这些思考所带来的探究，目的在于揭示我们这个时代的许多典型特征。无论是考虑到目前已经取得的成就，或是向着更大成就迅速前进，在狭义上，当下的时代就是典型的文明时代。但从许多其他类型的进步来看，我们并不认为这个时代是同样前进或是同样进步的。在我们看来，有些方面是静止的，有些方面甚至是在倒退。除此之外，文明前进状态带来的不可抗拒的后果，使人类处于新的位置，而且每天都在使人类处于新位置，旧的规则完全不适用于这种新位置，如果我们想要实现新状态下的利益，或是维护旧有的利益，我们就必须采取许多新规则和新的行动方针。

这些问题似乎需要得到比以往更全面的研究。

在目前的情况下,我们应当只在有限的意义上使用"文明"这个词:在这种意义上,文明不是改善的同义词,而是与粗鲁或野蛮截然相反或对立。无论我们称之为蒙昧生活的特点是什么,与之相反的,或是社会在摆脱了这些特点之后所具有的品质就构成了文明。因此,蒙昧人的部落是由一小撮人组成,他们游荡或是稀疏地分布于广阔的土地上;那么,人口稠密,生活在固定的聚居点,大部分集中在城镇和乡村,我们就称其为文明的。蒙昧生活中没有商业、没有制造业、没有农业,或者几乎什么也没有;那么一个有着繁荣的农业、商业和制造业的国家就称作是文明的。在蒙昧人的社群中,每个人除了作战时(甚至战时也不完全是为大家)都是在为自己做事,我们很少看到许多人联合起来共同行动;一般来说,蒙昧人也不会从彼此交往中发现多少乐趣。因此,只要我们发现人类为了共同的目的而在大团体中共同行动,并享受社会交往的乐趣,我们就称他们是文明的。蒙昧生活中极少或是根本没有法律、没有司法、没有系统地利用社会的集体力量来保护个人免受彼此的伤害;每个人都相信自己的力量或诡计,而一旦这种力量或诡计失效,他往往也没有别的办法。因此,如果一个民族为保护其成员的人身和财产而进行足够完善的社会安排,足以维护成员之间的和平,也就是说,引导社群中的大部分人,主要依靠社会安排来保障自己的安全,并在一般情况下,尽可能放弃使用个人力量或勇气来维护他们的利益(无论是以侵略还是防御的方式),那么我们就称这个民族是文明的。

文明的这些组成因素是多种多样的,但一经思考我们就会满意地发现,把它们归为一类并无不妥。历史和它们本身的性质都表明,它们一起开始,总是共存,并在它们的成长中相互伴随。无论什么地方,只要那里出现了足够的生活艺术的知识,有足够的财产和人身保障,使财富和人口的增长才有可能,社群就会在我们刚才列举的所有因素上开始并且持续进步。这些因素就存在于现代欧洲,特别是在大不列颠,并且比起其他任何地区、任何时候,其程度都更加显著,发展速度都更加迅速。我们准备对这种文明高度进步状态所已经产生的一些后果,以及它正在加速产生的更多后果进行仔细思考。

文明前进所带来的诸多后果中最显著的,也是当下的世界状态正引起思想家们注意的问题是,权力愈发从个人、从少数人转移到民众手中:民众的重要性不断增长,而个人的重要性则持续降低。

人类事务的这一规律的原因、证据及结果,都非常值得关注。

在人类中有两个具有重要性和影响力的因素:其一是财产,其二是智力的力量和成就。在文明的早期阶段,只有少数人才拥有二者。在社会形成之初,并不存在民众的力量,因为除了社群中的极少数人之外,其他人都不具有财产和才智;即便他们拥有小份额的财产和才智,也因为他们缺乏合作能力,而无法与那些占据更大份额的人相抗衡。

在当今那些比较落后的国家,以及在不久前的全欧洲,我们看到财产完全集中在少数人手中。除了少数例外,剩下的人要么是财产拥有者的军队仆从和依附者,要么是农奴,被一个主人随意地剥夺和折磨,受许多人的掠夺。在任何时期,都不能说完全不存在中间阶级,但这个阶级无论是数量还是力量都非常弱小。而劳动人民则只顾埋头苦干,即便殚精竭虑也难以换得勉强果腹且不稳定的生活。这种社会状态的特点是,大众极度贫穷和无能,少数人拥有极其重要的、不受控制的权力,他们在各自的范围内无法无天。

我们必须诉诸历史,使之呈现出贸易和制造业阶级的逐步兴起,农业阶级的逐步解放,伴随着这些变化而来的动荡和**骚乱**,以及随之带来的制度、观念、习惯和整个社会生活的非凡变化。我们只需要让读者对"中产阶级的成长"这句话中暗含的一切形成一个概念,然后再想想这种新奇的现象:在大不列颠、法国、德国和其他国家,中产阶级每一代人的数量和财富都迅速增长,而一个劳动阶级领取的工资几乎是整个制造业(也就是这个国家中人数最多的一部分劳动阶级)现在普遍挣得的工资。然后再问问自己,从那些闻所未闻的原因中,是否能产生闻所未闻的、出人意料的结果。有一点至少是显而易见的,那就是,如果随着文明的前进,财产和才智广泛地分布于众人之间;那么同样受到文明的影响,个人占有的那份财产和才智的必然趋势是其影响力越来越小,而只要民众联合的力量与其资源的增长能保持同步,那么民众的行动将越来越具有决定性意义。毋庸置疑,事实也的确如此。再也没有比合作力量的进步更能准确地检验文明的进步了。

想想蒙昧人,他身强力壮,有勇气和进取心,也并非缺乏才智,是什么让所有的蒙昧人群体既贫穷又衰弱呢?这个原因正是在很久以前狮子和老虎没能灭绝人类的原因——缺乏合作能力。只有文明的生物才能够联合起来。一切联合都是一种妥协:必须为了一个共同的目标,牺牲掉一部分人的个人意愿。无论是为了何种目标,蒙昧人都无法忍受牺牲掉自己个人意志的满足。他的社会性甚至无法片刻地战胜他的自私情感,他的冲动也无法片刻屈从于自己的算计。再看看奴隶,他的确习惯于牺牲自己的意志,但却是屈从于主人的命令,而不是他个人的崇高目标。他缺乏制定这样一个目标的智慧,更重要的是,他无法为自己构想一个具有固定规则的概念:即便他能,他也没有能力去遵守它。他习惯于被控制,但却不是自我控制,当没有一个手持鞭子的驱使者站在他面前时,他就会比蒙昧人更加无法抵制诱惑,或抑制任何欲望。

我们刚刚举的都是极端的例子,以便我们所要说明的事实能够更加突出地表现出来。但这句话本身具有普适性。任何接近蒙昧人或奴隶状态的人,他们都无法采取一致行动。想想看,即便是战争——这件野蛮民族最严肃的事务,自马拉松战役以来,典型的未开化民族(nations),或是半开化的民族、受奴役的民族,它们是如何与文明国家战斗的。为什么呢?因为纪律比数量更强有力,纪律,也就是完美的合作,是文明的一种属性。再看看我们这个时代,半岛战争(the Peninsular War)的整个历史证明,一个不完全文明的民族(an imperfectly civilized people)没有能力进行合作。在西班牙民族反抗拿破仑的热忱中,没有任何一位军事或政治领导人能够与其他人行动一致;没有人为了共同事业的强烈要求而牺牲自己的一丁点重要性、权威或是意见;无论是将军或是士兵,都无法遵守最简单的军事规则。如果存在这样一种利益,它能对甚至包括蒙昧人在内的所有人的思想产生强烈影响,那就一定是一举摧毁一个强大邻国的渴望。这个邻国是如此强大,以至于没有人能够单枪匹马地抵抗,而唯有文明国家才有能力建立联盟。印度土邦曾一个接一个地被英国征服;就在法国入侵的那一刻,土耳其与俄国缔和;世界上的民族从未建立联盟来抵抗罗马,而是接连遭到吞并,其中一些民族还时刻准备去帮助罗马征服其他国家。所有需要许多互不依赖的人自愿合作的事业，除了由高度文明的国家掌握的，常常都失败了。

不难看出，为什么缺乏有组织的联合能力是蒙昧人的特点，并且这一特点随着文明的进展而消失。与其他的难题一样，合作只能通过实践习得：要想在大事面前保持合作，人们就必须在小事中逐步练习合作。现在，文明前进的整个过程就是一系列这样的练习。在粗野的社会状态下，劳工们都是单独工作，或者即便有些人遵照主人的意志一起工作，他们也仅是并肩工作，而没有协同工作；一个人挖掘一块土地，另一个人在他身边一块类似的土地上做着同样的工作。一个无知的劳动者，甚至用自己的双手耕种自己的土地，除了自己的妻儿外也不跟其他人交往，在这种情况下，他怎么可能学会合作呢？由许多劳工合作完成单凭个人无法独立完成的任务，这种工作分工就是对合作的绝佳培养。例如，航海就是很好的一课。在最初的简单阶段过去后，所有人的安全都取决于每个人的表现，他必须在从共同任务中分配给他的那部分工作中表现机警。具有一定纪律性的军事行动，也是对合作技能的培养；所有的商业和制造业的运作也是如此，它们都需要许多人在同一时间从事同一件事。借助这些活动，人们认识到联合的价值，他们看到，通过联合可以轻而易举地完成数量庞大的工作，倘若没有联合，这根本就无法实现；他们在实践中学会了服从指挥，克制自己，使自己作为复杂整体中相互依赖的一部分来行动。于是，通过生活中的种种事务，人们逐渐学会联合，并能够将同样的习惯带到新的事务中去。因为大家普遍认为，学习做任何事情的唯一模式，其实就是在更容易的情况下做同样的事情。一旦养成了遵守纪律的习惯，人类就能够完成其他一切需要纪律才能完成的事情。人们不再拒绝控制，也能够认识到控制的好处；一旦出现任何可以通过合作来实现的目标，人们也认为或者相信这个目标是有益的，他们就已经为实现目标做好了准备。

因此，高度文明状态的特点就是财产和智慧的扩散，以及合作的力量。接下来要观察的是，所有这些因素在最近几年里所呈现出来的无与伦比的发展。

显而易见的是，在欧洲的主要国家，特别是在[英国]这个岛国，财富已经并且继续迅速积累。勤劳阶级（industrious classes）的资金溢出到外国，涌入各种各样狂热的投机活动中。单单是每年从大不列颠输出的资本数量，很可能就超过了古代最繁荣的商业共和国的全部财富。但是，这些资金虽然总量巨大，却主要是由小份额的资金组成的；这些资金全都如此之少，以至于若没有其他的谋生手段，其持有者仅依赖这点资金的利润根本无法维持生活。尽管民众手中掌握的财富已经增加，上层阶级的情况却并没有出现相应的改善。的确，许多巨额财富已经积累起来，但也有许多财富被整个地或是部分地挥霍掉了。因为巨额财富的继承者作为一个阶层，在收入最高时，至少生活在他们的收入之中，而这些收入不可避免的变化总是使他们在债务中越陷越深。正如他们自己时常告诉我们的那样，一大部分英国地主被抵押贷款压得喘不过气来，他们已经不再是自己大部分地产的真正所有者了。在其他国家，大地产也都普遍被分解。在法国，是通过大革命以及革命性的继承法；在普鲁士，是通过政府（形式上是专制政府，但实质上却是民主政府）一系列连续的法令。

在知识和智慧方面，中产阶级甚至工人阶级的大众都在追赶他们的优胜者（superiors），这是这个时代的真理。

现在，倘若我们思索一下，这相同的大众在合作能力与合作习惯方面取得的进步，我们会发现这同样令人惊讶。曾几何时，生产行业的运作是以现在这样的规模进行的？是否也曾像现在这样，在制造业和商业的各个主要部门中，同时雇佣如此多的人手去做同样的工作？现在的商业很大程度上都是由股份公司经营着的，换言之，由许多小资本拼凑而成一个大资本经营着。［英国］这个国家遍地都是社团。有政治社团、宗教社团、慈善社团。但在所有这一切中，最新奇的当属已经在工人阶级中形成的联合精神。当今时代已经见证了互济会（benefit societies）的诞生；现在，与那些更有问题的工会（Trades Unions）一样，互济会也遍布整个国家。报纸这种或许不那么明显，但却比其他事物更加强有力的联合工具，近来也已经被普遍使用。报纸将众人的意见传达给他们之中的每一个人；通过报纸，每个人都认识到其他人正有着与自己同样的感受，并且一旦他做好准备，就会发现其他人也准备好按照自己的感受去行动。报纸是在全国范围内传递信号的电报，也是围绕它团结起来的旗帜。数百份报纸同时用同一种声音说话，交通工具的改进使得通讯变得快捷，这些都使全国联合起来并同时表现出推进改革法案（the Reform Act）的坚定意志。这些条件的增长之迅速是大家有目共睹的，它们使得人们能在所有的重要场合形成集体意志，并将这种集体意志变为不可抗拒的力量。

为了顺应民众物质力量和精神力量的极好发展，是否可以说，在那些享有优越条件的个人或阶级中，也展现出了相应的智力或道德力量呢？我们认为，没有人会赞同这一点。在那些显赫的阶级中，人性有了很大的提高，偏执和上层社会的傲慢自大有所减少。但是，至少可以这样说，他们耀眼的才能并没有增长，而精力和活力却明显衰退。我们这个时代具备各种优势，有为精神培养提供的便利，有为高贵人才提供的激励和奖励，在欧洲的历史上，几乎没有任何一个激动人心的时代能让人在道德上或智力上有如此出色的表现。

这也不过是在没有试图纠正文明趋势的情况下对文明趋势的预期，我们将有机会在此说明。但是，即便文明没有降低贵族的地位，也可以通过抬高普通人以产生同样的效果。当民众变得强大起来时，一个人或是一小群人除非能够影响民众，否则他们无法成就大事业。而影响民众也变得日益困难起来，因为为了吸引公众注意力而相互竞争的人数也不断增加。由此得出我们的观点：随着文明的自然发展，权力从个人转移到民众手中，与民众相比，个人的分量与重要性变得越来越微不足道。

这样一场正在发生的、并在很大程度上已经完成的变革，是有记载以来社会事务中最伟大的变革，也是最彻底的、最富有成效和最不可逆转的。这场革命是如此伟大，它改变了所有现存的政府统治和政策规则，使一切建立在过去经验基础上的惯例与预言统统失效。任何一个经过深思后还看不到这一点的人，都缺乏这个时代政治才能首要的和最基本的原则。

正如托克维尔先生（M. de Tocqueville）所言："一个全新的世界需要一门崭新的政治学。"整个社会面貌完全逆转，所有自然的权力要素都明确地改变了位置，有人在谈论维护古老习俗，以及坚持1688年确立的英国宪法的责任！更加不同寻常的是，有些人指责别人无视各种情况，不加辨别地将他们的抽象理论应用于所有的社会状态。

　　我们要问问那些自称是保守派（Conservatives）的人，当社会的主要力量正在转移到民众手中时，他们是否真的认为有办法阻止民众在政府以及其他领域占据主导地位？民主的胜利，换句话说，代表公众舆论的政府的胜利，并不仰赖于任何个人或是少数人认可其胜利，而是仰赖于财富增长的自然法则、阅读的普及以及促进人们交往的机制增加。如果凯尼恩勋爵（Lord Kenyon）或是纽斯卡尔公爵（Duke of Newcastle）能够阻止这些趋势，或许他们能有所成就。叙利亚（Syria）和廷巴克图（Timbuctoo）并不存在民主盛行的危险。社会上正在不断增长的力量迟早会通过正当或不正当的手段使一个人进入政府，但倘若他不知道这一点，那么他一定是个糟糕的政客。宪法中所规定的权力分配，若是长期与实际的权力分配严重不一致，必定会引发动乱。如果有任何阻碍民主进程的制度可以奇迹般地保留下来，它们也最多只能是让民主进程稍微延缓一点。即便大不列颠的宪法从此保持不变，公众舆论对我们的支配作用也不会减弱，这一趋势将日益变得不可逆转。

　　一个理性的人可能会对民主的推进持两种不同的立场，这取决于他认为民众是否准备好，以一种对现有状况有所改善的方式来行使他们对自己命运的控制。如果他认为民众已经做好准备，他将会推动民主进程；如果他认为即使自己不插手，民主的进展也足够快的话，他无论如何也不会去阻碍其发展。相反，如果他认为民众尚未做好准备去全面接管政府，并同时认识到无论是否准备好，都无法阻止民众接管政府，那么他将会尽自己的全力来帮助他们做准备。一方面，用尽一切方法让民众变得更明智、更优秀；另一方面，用尽一切办法唤醒富裕的、有文化修养的阶层沉睡中的活力，让这些阶层的年轻人储备起最深刻、最有价值的知识，唤起这个国家现存的或可以培养出来的个人的伟大性，创造出一种在一定程度上可以与民众力量相匹敌的力量，并为了他们自身利益而尽可能地给他们带来最有利的影响。当热诚地投入到上述工作中时，人们就可以理解一个理性的人是如何思考的：当下的民主趋势无论如何也不会停止，但如果能被说服在一段时间发展得不要如此迅猛，以便留出更多时间让民众做出成绩，那也是很好的。对于这类保守派，所有具有推动民主发展目标的民主主义者，都可以像与自己绝大部分朋友那样坦率、诚恳、友好地与他们相处；当我们承担起为他们负责的责任时，我们凭借着最明智、最高尚的人的渊博知识说道：他们绝不会以一种精神或暴力来推动自己的政治计划，而这种精神或暴力可能会使任何理性的努力受挫，而这种努力是为了实现他们心中最接近的目标，即对所有阶层的同胞的认识的引导和人格的提升。

但在那些自称为保守派的政党中，有谁声称自己有这样的目标呢？他们或许希望通过抵制民主赢得喘息时间，但他们会利用这个时机帮助人民，在民主到来时得以更明智地行使权力吗？他们难道不会基于知识就是力量、知识的进一步传播将会导致令人畏惧的罪恶的到来这一原则，极力抵制这种努力吗？议会两院中的保守派，难道没有感觉到上层阶级需要改造自己的性格，以使他们能够承受比现在面临的更加艰巨的任务和更激烈的冲突？难道托利党贵族、乡村绅士、英国国教牧师的品质不是令他们完全满意吗？大学的特殊责任是抵消时代环境对削弱个人性格的影响，并不断地向社会输送思想，这些思想不是它们时代的产物，而是能够改善时代、革新时代。这些大学的特殊责任已经被可鄙地忽视了，正如所有被忽视的责任一样，直到其作为一种责任的意识从他们的记忆中消退殆尽。我们说，难道不是这些大学现有的章程和现有的整个体系，下至他们在细微之处的陋习，对持异见者的排挤，让每个托利党人（Tory）尽管他可能不会像他所宣称的那样死在最后的沟渠里，但至少会在最后一个选区投票吗？教会表面上是民族文化的另一伟大工具，长久以来被曲解（我们讨论的是惯例，而非例外）为一种重要的工具，用于阻止所有与盲目服从既定准则和现有权威不一致的文化。除了安抚攻击者，让这个机构表面上看起来不那么恶心，哪个托利党人有改变这个机构的任何计划？哪个政治上的托利党人不是在最后一刻抵制对教会的任何改变？因为这种改变可能会使教会的存在不再是家庭的必需品，教会的尊严不再是政治或私人服务的奖励。至少那些与议会或政府机关有联系的托利党人，并不以建立良好的制度为目标，甚至也不以保留现有的制度为目标：他们的目标是在这些制度存的时候从中获利。

我们毫不犹豫地表达自己的看法，我们相信：对我们的旧制度的原则和所宣称的目标中一切好事物，许多坚决反对这些制度目前状况的人，比大多数自称为保守派的人,有更真实的保护精神。但是,也有许多好心的人,他们总是混淆目标与手段,而这些手段要么已经实现了目标,要么是假装实现了目标。他们还必须知道,那些打着实现自己从未真诚追求的目标的幌子,生活在荣誉和重要地位中的人,是实现这些目标的巨大障碍。任何真正在心中有此认识的人,都必定期许着一场与所有这些联盟之间的毁灭性战争。

以上都是文明的政治影响。到目前为止,对于文明的道德影响我们还只是一带而过,需要进一步阐明。文明的道德影响可以从两个方面来考虑:文明本身对个人品质的直接影响;以及与民众相比,个人变得微不足道而产生的道德影响。

高度文明的状态对个人品质的影响之一,就是个人活力的松懈:或者说,是个人的活力都集中在对金钱的追求这一狭小的领域中。随着文明的前进,每个人都变得具有依赖性,他越来越关心的,不是依靠自己的努力,而是依靠社会的总体安排。在粗野状态下,每个人的个人安全、对其家庭的保护、他的财产和自由本身,很大程度上取决于他的体力和精神活力或心计:在文明状态下,这一切都是由他自身之外的外在原因来保障的。对他而言,举止逐渐变得温和是一种保护,使他避免了之前经受的伤害;在其他方面,他可以依赖于对士兵、警察和法官不断增长的信任,并且(这些手段的效率和纯粹性,通常情况下都落后于文明的一般进程)依赖于公共舆论的进步力量。此外,还有激发性格活力的刺激、对财富和个人发展的渴望、对慈善的热情以及对积极美德的爱。但是,这各种各样的感情所指向的对象只是选择的结果,而不是必然的,这些感情也没有对所有人的精神产生同样的作用。其中唯一可以被认为具有普遍性的,就是对财富的渴望。对大多数人来说,财富是满足他们其他所有欲望的最容易实现的手段,在高度文明的社会中,几乎全部的性格活力都集中在对财富这个目标的追求上。然而,对于那些最具影响力的阶层而言,他们的活力(如果他们有的话)本可以以最大规模和最可观的结果得到实现,但他们对财富的渴望已经得到充分满足,这使得他们不愿意为了进一步增加财富而忍受痛苦或承担许多自愿的劳动。仅仅由于其地位,这个阶层还有很大程度的个人顾虑(personal consideration),除了国家要职,几乎没有其他任何事能够激发他们的抱负。如果一个大贵族能够一开口就轻松得到这些职务,并且拥有这些职务不像管理自己的私人财产那样麻烦,那么,对他们而言,这些职务无疑是足够令人满意的财产。但当它们成为费力、令人苦恼和焦虑的工作岗位时,而且必须事先付出一些辛劳才能得到它们,那么经验表明,对那些不习惯于牺牲自己的享乐和安逸的人们来说,这些要职能够激励行动、唤起性格活力的人数是非常有限的。在高度文明的国家,特别是在我们这里,中产阶级的活力几乎都局限于赚钱,而上层阶级则几乎丧失了活力。

还有另一种情况,从中我们可以找到许多好与坏的品质,用以将我们的文明与早先时代的粗鲁区分开来。文明的影响之一(虽不能说是文明的成分之一)是,那些充分享受文明好处的阶层越来越忽视苦难的场面,甚至苦难这个想法。在早先时代,持续不断的个人冲突是环境使然。无论社会地位如何,任何人都无法避免这种冲突,每个人都必须习惯于残酷、粗鲁、暴力的场面,习惯于不服输的意志与其他意志的斗争,习惯于忍受痛苦和施加痛苦的交替出现。因此,对于这些事情,即使从前最善良、最热心的人,也不像我们现在的人那样反感。我们发现,这些人被记录下来的行为,经常会被我们这个时代的人,普遍视为是非常无情的。然而,他们很少考虑给别人施加痛苦这种事,因为他们几乎完全不会考虑痛苦。当我们读到希腊人和罗马人的行为,或是我们自己祖先的行为,表现得对人类的痛苦麻木不仁时,我们决不能认为,实施这些行为的人就像我们必须在做类似的事情之前变得一样残忍。他们所造成的痛苦,因为觉得它不重要而习惯于自愿承受。在他们看来,这并不像在我们看来的那样是一种邪恶,也没有丝毫贬低他们的思想。相比较而言,在我们这个时代,人与人之间个人冲突几乎已经没有必要了。在社会事务中,必须有人担任施加痛苦的直接代理人和见证者,这一必要事务已经过一致同意而被委托给特殊的、有限的阶层:法官、士兵、外科医生、屠夫和刽子手。对于生活在安逸环境中的大多数人来说,除了由意外或疾病造成的身体上的痛苦,以及由生活中不可避免的悲伤造成的精神上的悲痛之外,痛苦都仅仅是一件只听说过但却未曾实际体验过的事。在高雅的(refined)的阶层中,随着高雅程度的提高,这种情况更加真实:因为高雅的一大组成部分,就是不仅要避免真实的痛苦,还要避免任何讨厌的、不愉快的想法。我们还应指出,这一切只有在高度文明的状态下,通过完善的机械性的安排才能实现。现在,那些没有经历过痛苦和烦恼的人,比有丰富经历的人更难以忍受大多数痛苦和烦恼。其结果是,相比起早先时代,在现代文明社群的富有阶级中,有更多友善、仁慈的人,而英雄却变少了。英雄的本质在于,时刻准备好为一个值得的目标,去践行和忍受令人痛苦和不愉快的事,其中践行尤其重要:谁要没有早早具备这些能力,他就无法成为伟大的人物。在英国高雅的阶层,在整个绅士阶层,一种道德软弱、无法应对各种斗争的状态正悄然出现。他们逃避一切努力,逃避一切麻烦和不愉快的事。的确,使他们变得迟钝和缺乏进取心的这个原因,确实同样使他们在大多数情况下,在不可避免的不幸面前表现出坦然接受(stoical)。但是,英雄主义是一种积极而非消极的品质,而在无需忍受痛苦时主动去追求痛苦这方面,就不能对现代人抱有任何期望了。他们不能经受劳苦,不能忍受冷落,不能勇敢地面对恶言恶语:他们没有勇气对他们习以为常的人说不愉快的话,也没有勇气面对他们周围小圈子的冷漠,即便他们的身后有国家的支持。作为一种普遍特征,这种麻木和怯懦是新出现在这个世界上的:但(受到不同民族的不同性情的修正)它是文明进步的自然结果,并将会继续下去,直到遇到一种适合于对抗它的教化(cultivation)体系。

如果伟大美德的源泉就此枯竭,毫无疑问,巨大的罪恶将会受到极大的限制。公共舆论**体制**(régime)至少会反对不得体的恶习:随着这种限制力量的增强,特定的阶级或个人不再享有实际的豁免权,这种变化将会非常有利于表面上的生活尊严。不可否认的是,即便是与文明相伴随而来的知识传播,也没有丝毫修正(尽管只能是部分修正)公共舆论的标准;也没能摧毁诸多偏见和迷信,这些偏见和迷信让人类因为原本并不可憎的事物而彼此憎恨;也没能使人们对行为倾向采取一种更公正的衡量尺度,或是更加正确地权衡用来谴责或赞扬自己同胞的证据;简言之,使他们的赞许更加正确地指向善的行为,而不赞成恶的行为。如果除了伴随着文明而来的教养外,没有出现其他形式的教养,那我们现在就不必探究,公共舆论自然发展的界限是什么。只要在这些限制内拥有一个广泛的范围就足够了,在这个范围内,民众的普遍理解力尽可能地提高,他们的情感得到软化,伴随着财富增长和阅读普及自然而来的致命性错误得到缓和,那么,只要证据摆在他们面前,公众就足以对个人和行为做出更有识别力和更正确的判断。

但是,在这里出现了文明影响下的另一个衍生物,我们常常惊讶地发现自己竟很少注意到它。个体在人群中变得迷惘,以至于他虽然越来越听信他人的意见,他却越来越不相信那些有充足根据的意见,不相信认识他的人的意见。一种成熟的品质变得更加难以获得,也更容易被舍弃。

在一个大家彼此了解的小型社会中,得到适当引导的社会舆论会产生最有益的影响。以一个小村镇的商人为例:他与自己的每位顾客都相识已久并对他们了如指掌,顾客们对他的看法是在经过多次考验后才形成的;如果他欺骗过顾客们一次,顾客们就不会再度在商品质量上受骗;如果他失去了这些顾客,他再也找不到其他顾客了。相反,如果他的商品真的像他宣称的那样好,那么在为数不多的竞争者中,他就有希望被了解、被认可,他也将获得自己的行为赋予他的个人和专业品格。在大城市拥挤的街道上做买卖的人,情况就大不相同了。如果他单凭自己商品的质量,凭借诚实守信地履行自己的义务,可能他卖了十年也没有一个顾客:就算他是如此的诚实,他也必须在屋顶上大声疾呼,说他的货物是过去、现在和未来最好的货物;因为只要他足够大声地吆喝,就算是假的,也能吸引过路人的好奇心,让他的商品有"一种光鲜、畅销的样子",常人也很难一眼看穿。尽管没有一位客人会再度踏进他的商店,但却不妨碍他的生意蒸蒸日上。近年来,无论是在贸易领域还是知识领域的发展,针对骗子行为和自吹自擂,人们都怨声载道,但似乎没有人注意到,这都是激烈竞争的必然结果;在这种社会状态下,任何不用夸张的调子喊出来的声音,都会湮没在嘈杂声中。在如此拥挤的领域,成功不是取决于一个人是什么样子,而在于他装作是什么样子:仅仅是可销售的品质而不是实际品质成为新的目标,人们在说服别人相信他在做某件事情上花费的劳动和资金,比他实际去做这件事花费得还多。这种罪恶在我们的时代已达到顶点。骗子行为始终存在,但它曾经是对缺乏优秀品质的一种检验,有句谚语说"好酒不怕巷子深"。在我们的时代,诚实的商人逼不得已沦为江湖骗子,还必定会因不诚实者被迫压价销售。有史以来第一次,用来吸引公众注意的技艺成为构成职位要求的必要部分,甚至是应得的部分:这些技巧甚至比其他任何品质都更能确保成功。同样激烈的竞争,使得从事贸易的大众为了成功越来越不择手段,不惜一切代价;这一点,再加上难以在如此广泛的商业领域进行可靠的计算,使得破产不再是可耻的,因为几乎无法假定这是由不诚信还是轻率造就的:唉!现在破产招致的耻辱来自它本身,主要是因为破产象征着贫穷。因此,公共舆论失去了本应具备的另一个简单标准,正是也仅凭这个标准公共舆论得以正确运用;也正是因为同样的原因,使得公共舆论在总体上并非无所不包,个人明晰判断的准确度和力度已经削弱。

个人在民众中逐渐变得无足轻重,这不仅仅会对私人品德产生危害。它还破坏了公众舆论进步的源泉,破坏了公共教学,削弱了更有教养的少数人对多数人的影响力。比起人类其他的创造物,文学更是深受这种常见病的折磨。在书籍很少和很少有人读书的时候(除了习惯于阅读顶尖作家的一部分人),作者在写书时都带有一个有充分依据的期望,希望这本书能被仔细阅读,并且若它值得就会被经常阅读。一旦出版了一本优秀的书,整个阅读阶层就一定会听说,并可能希望去阅读;这本书可能会因其真正优秀而大获成功,尽管不是立刻能取得成功;而就算它再成功,除非有真正的优点去支撑它,否则也会被人遗忘。那时,奖励会给予写得**好**而不是写得**多**的作者,给予勤劳和博学而非粗制滥造的作者。但现在情况反过来了。

"这是一个阅读的时代,而且恰恰因为这是一个阅读的时代,任何一本深思熟虑而写就的书,很可能不会像从前那样被充分、有益地阅读。这个世界读得太多、读得太快,以至于无法好好阅读。在书籍很少的时候,读完一本书是件费时费力的工作:经过思考写出来的东西,人们阅读时也需要思考,并且带着一种尽可能多地从中学到知识的愿望。但当几乎每个会拼写、会写作的人都开始写作时,将会写出什么样的作品呢?除非读遍所有的书,否则很难知道应该读什么;而且现在世界上有那么多业务都是通过报刊杂志来进行的，如果我们想知道正在发生的事，我们就有必要知道报刊杂志上都刊登了什么。舆论在事态的平衡中具有如此巨大的影响力，以致那些本身没有价值的观念之所以重要，仅仅因为它们是观念，而且在任何摆脱混乱的地方都真实地的存在。因此，这个世界的人往嘴里猛塞各种知识养料（intellectual food），又为了塞下更多而将它们囫囵吞下。现在，没有什么东西能够慢慢地阅读，或是两次阅读。书籍的翻阅速度不亚于报刊文章，也几乎不会留下什么更持久的印象。正是因为这样，以及其他原因，导致很少有书籍能产生一丝价值。寓言中的母狮子吹嘘说，虽然自己每胎只生一个，但那是一头狮子。但是，如果每只狮子都只算作一，每只兔子也算作一，那么优势就会完全在兔子这一边。当个体独立存在时力量弱小，那么只有群体才能够有效发声。报纸竟然把一切（信息）都带到他们面前，这有什么好奇怪的呢？一本书所产生的影响不见得会比一篇文章更大，而一年中会有365篇文章。因此，那些应该写书、原本准备写书并以正确的方式写书的人，现在就会将他最初仓促的想法，或是他误以为是想法的东西，匆匆忙忙地写进一本期刊里。公众正处于一种懒人的窘境中，他无法精力充沛地专注于自己的事务，因此，对他产生影响的不是讲话最具智慧的人，而是讲话最频繁的人。"①

因此，我们看到著作变得越来越简短：内容充实的书都几乎消失不见，现在就连评论都被认为不够简单明了；任何严肃的话题都无法吸引注意力，即便是一篇评论文章。对于更有吸引力的文学种类中的小说和杂志，尽管需求大增，但仍是供大于求，即便是小说也很难成为有利可图的投机买卖。只有在这本书极具吸引力的情况下，书商才会为了作者的版权而不惜一切代价。随着成功变得越来越困难，人们为了获得成功越来越多地牺牲掉其他的目的；文学越来越成为当下情绪的纯粹反映，几乎完

---

① 引自密尔的其他论文。

全抛弃了它作为启蒙者和改良者的使命。

我们可以说,现在这个国家只剩下两种方式,有可能会让个人思想普遍对他同胞的思想和命运产生相当的直接影响:成为议会议员,或是成为伦敦报刊的编辑。在这两种情况下,个人仍可以做许多事,因为虽然集体机构的力量非常强大,但能够准许参与到其中的人数却不能增长过快。当报纸印花税(newspaper stamp)被取消后,其中之一的报刊便被打破垄断而开放竞争;如此一来,被认为是公众舆论声音的报纸在整体上的重要性就会增加,而任何帮助形成这种舆论的作家的影响力就必然会减弱。如果我们没有记住这种影响力现在被用于什么目的,或许我们会为此感到后悔;而当报纸成为一种仅仅是为了商业利益而进行的资本投资,我们一定会感到后悔。

难道就没有补救的办法吗?个人活力的衰退、优秀思想对大众影响的削弱、骗子行为的增加、公共舆论作为限制力量的效力降低,难道这就是我们为享受文明的好处而必须付出的代价,难道只有通过抑制知识的传播、挫败合作精神、阻止生活技艺的改善、压制财富和生产的进一步增长才能避免这些代价吗?当然不是。那些文明无法给予的优势(若不纠正其影响甚至会具有毁灭的倾向)能够与文明共存,并且只有当它们与文明结合在一起时,才能结出最美丽的果实。我们可以保住一切即将失去的东西,重新得到一切已经失去的东西,并达到一种前所未有的完美。但我们要做的不是沉睡,不是听之任之,更不是可笑地用自己的力量去反抗不可阻挡的趋势:我们只能建立起可能与那些趋势相结合的相反趋势来改变它们。

[文明的]弊端(evils)在于,个体在人群中迷失自我、变得软弱,个人品质变得松懈和萎靡不振。对于前者,补救方法是实现个体之间更大、更完善的联合;对于后者,补救方法是建立起旨在激发个性的国家教育机制和政体形式。

前一构想的实现,取决于社会习惯本身的变化,只有人们真正感受到其必要性时才能逐步实现。但即便是现在的环境,某种程度上也对它起到了推动作用。特别是在大不列颠(目前为止,这个国家财富积累的程度和速度已经超过了旧世界的其他国家),人口和资金大量增长造成的利润下降，使得那些无法依赖这点利润过活的小商人和小生产者阶层迅速破产，各种生意也就越来越落入大资本家手中——无论他们是富有的个体，还是由许多小资本聚集而成的股份公司。我们并不相信这一过程会完全消除竞争，也不认为国家的全部生产资源会在任何可分配的年代内（如果有的话），由整个社群的一个总协会（a general association）为了其利益来管理。但是我们相信，商业各领域和各行业的竞争对手增多，会使仅凭功绩取得成功变得越来越困难，而巧言令色的虚伪却更容易成功，这会限制合作精神的发展。在每个部门，个体之间都将出现这样一种趋势：要想将他们劳动或是资本联合起来，购买者或是雇主必须在许多小群体中，而不是在数不清的个体之间作选择。竞争会像从前一样激烈，但竞争者的数量将会在可控的范围内。

这样的合作精神是知识阶层和专业人士最希望得到的。由于缺乏合作，人类劳动的数量以及最珍贵的劳动，现在都以最残酷的方式遭到无可估量的浪费。例如，医学界就呈现出这样一幅奇观！一位成功的医生承担着比常人更多的工作，而他匆匆忙忙地从事这些工作，倒不如不管更好；——在附近街区就有二十个不幸福的人，为了能够做与医生同样的工作，他们每个人都接受了辛苦且昂贵的培训，并且可能都是同样的合格，这是对他们能力的一种浪费，还使他们因找不到工作而挨饿。若是安排得当，这二十个人本可以组成一个工作小组，由一位成功的领导者统领。他（假设他是这群人中最有能力的医生，而不仅仅是最成功的冒牌货）把时间浪费在治疗头痛和胃灼热，而他本可以节约人力资源，把工作交给自己的下属，并将自己更成熟的能力、更丰富的经验用于研究和治疗那些更晦涩、更困难的病例，那些科学尚未阐明，而寻常的知识和能力也不足以解决的病例。通过这种方式，每个人都能利用自己的能力，智力最强的人从事最艰难的工作，这将会带来进步，而普通的场合也不会有什么损失。

但在所有领域中，文学领域的这种变革是最紧迫的。在文学领域，个人竞争体制已经充分发挥作用，事情已经无法像现在这样继续下去。在文学领域，展现出人性的首要价值，比其他任何东西都更重要。在文学领域，最高水平、最有价值的作品，是对后代观念的形成和性格的塑造最有贡献的作品，相比其他各种类型的作品，这些作品都更加超出了书籍市场上大多数顾客的欣赏能力。更严重的是,即使是在大众阶层比现在更少、精英阶层比现在更多的时代,大家都普遍接受的观点是:一流作家所看重的唯一成就,就是后人的评判。在那些时代,那些能够担得起后人评判的人,都会满怀信心地期待评判,因为优秀的评判者虽然人数不多,但他们一定会阅读每一本有价值的作品。而且,在那些时代,对于一本书的记忆不会立即被其他许多书所淹没,书中的知识会被人铭记,充满生机,代代相传。但在我们今天,由于作者为数众多(现在的作家数量并不亚于读者数量),再加上这个时代的人们所必须采取的阅读方式,那些在新鲜期没有取得成功的书,很难再取得成功:一本书要么是压根就没有火起来,要么是读后没有留下长久的印象,好书和毫无价值的书同样会在第二天被遗忘。

对此没有任何补救方法,因为除了书商的广告,以及报纸和小期刊上缺乏考虑的草率评论,没有其他任何指导可以帮助公众辨别什么书是值得读的,什么是不值得读的。这个时代的前沿的知识分子,必须及时地有组织地合作共享资源,借此,无论是任何阶层或任何观点倾向的一流作品就能大量涌现,并且从一开始就得到那些名字本身就具有权威性的人的认可。我们必须长期等待这样的联合是有许多原因的,但(在计划和执行方面都有巨大缺陷)有用知识传播协会(the Society for the Diffusion of Useful Knowledge)是走向联合的重要一步,也是在当前人们思想状态下所能期许的第一步尝试。在这个国家,文学已经经历了两个时代,现在必须迎来第三个时代。正如一个世纪前约翰逊(Johnson)所宣称的那样,赞助时代已经一去不复返。卡莱尔先生(Mr. Carlyle)曾称,书商时代也已经近乎消失。在前一时代根本就没有独立和自由的基础,在后一时代也没有本质的独立和自由。但两个时代都曾做出伟大贡献,都曾拥有过鼎盛时期。作家作为一个集体协会,将成为自己的赞助商和书商,这样的时代或许正在到来。

这些事物都需等待时机。但两个伟大构想中的另一个,即通过让我们的体制,尤其是教育体制与这一目的相适应,从而让我们有文化修养的富裕阶层得以重建个性,这一目标更加紧迫,并且如果不是同时缺乏意愿和理解力的话,这一目标的更多工作就可能立即完成。

不幸的是，在传授理性观点这方面，一切工作都尚未完成。因为，我们将要灌输的所有观念，我们认为至关重要的所有事物，我们所设想的下一代和未来所有后代的救赎所依赖的一切，都几乎与我们这个时代最盛行的教条截然相反，也与那些十分珍视从古代流传下来的空壳的人的偏见截然相反。我们与牛津和剑桥的仰慕者、伊顿和威斯敏斯特的仰慕者有着同样的问题，也与大部分自称为改革者的人有着同样的问题。我们怀着彻底的厌恶之情，来看待这些在过去两个世纪中始终处于管理地位的机构体制。但我们也不认为，如果将他们的研究与称为"世界事务"（the business of the world）的时尚更紧密地结合起来，将现在正在教授的逻辑学和古典学代之以现代语言和实验物理的话，就能根除它们的缺点。我们将会比现在更加切实、更加深刻地教授古典学和逻辑学，我们还会在其中引入与现在的"世界事务"相比更特殊、但与每个理性的人的伟大事业更密切相关的其他研究——增强和扩大自己的智力与品质。这个世界所需要的经验知识，也就是赚钱生活的常用手段，我们留给世界自己去提供。我们满足于向我们国家的年轻人灌输一种精神，训练他们养成习惯，以确保他们能够轻松地获取并好好利用这些知识。我们知道，这不是平民百姓的情感，但我们相信，他们是所有党派中最优秀、最明智的人。我们乐于引用一位朋友写给大学的著作来证明我们的观点，这位朋友更倾向于保守党而非自由党；这本书，不仅在形式上，而且实质上是虚构的，但其中包含着许多微妙而精巧的构思，以及许多心理体验的结果，我们不得不说的是，它还包含了许多讽刺画，以及对一些人——与作者的哲学不一致的人——的观点非常挑剔的（尽管我们相信是无意的）歪曲和曲解。

（一位牧师说道）"你们认为，大学就是要让年轻人准备好在社会上建功立业，我却认为大学的唯一目的就是给年轻人带来男子气概，使他们能够抵制社会的影响。我不想证明我是正确的，任何一所没有建立在此基础上的大学，在童年时期就摇摇欲坠，到成年之后就一无是处乃至有害于社会。我只想说，这就是牛津和剑桥创始人的想法。我担心，这两所大学的继任者们正逐渐忽略这一原则，渐渐开始觉得培养聪明的律师和有用的财政职员（Treasury clerks）就是他们的职责所在，乐于见到世人赞美他们为世界提供了好的物品。这粗俗的虚荣心，正将他们所有用于培养伟大的人的意志力和动力消耗殆尽，在这个时代，伟人将会遭到蔑视，但他们将使这个时代免遭未来时代的蔑视。”

自由主义者说：“在一代人里有一两个这样的人，或许是非常有用的，但每年大学都会向我们提供两三千名这样的青年。我想你会乐于见到其中一部分人将从事日常工作。”

牧师说：“我希望我们的民族能比现在更勤奋、更积极，人们能更加不懈地劳动，不要那么急于求成。学校无权去鄙视经验，整个世界也都如此，但所有的经验都与如下观念相抵触：培养一批优秀的普通人的办法，就是不要尝试更高水平的事务。我知道，大学培养出来的90％都是劈柴挑水的人，但如果我训练100％的人去做这些事，那么柴一定会被劈坏，水一定会洒出。以高尚的事业为目标，教育体系就能培养出伟大的人，就连小人物身上也会有意想不到的男子气概。但当一些巧言令色的雄辩家，或是走运的卑鄙小人身居高位时，大学不是否认这个人，不是为自己找借口辩护说，即便是最健康的母亲也可能会因意外流产一个畸形的胎儿，而是大声疾呼，让世界知道自己能做什么伟大的事：‘我们曾教过这个男孩！’世俗的人们总是对宗教抱有敌意，对教我们砥砺前行而非卑躬屈膝的教导也心怀憎恶，而这并没有受到公然反抗，而是以虚伪的言论来表明贸易对他们来说更好。在我们的年轻人中充斥着一种淡淡的乞丐感（a puny beggarly feeling），这是不是非常奇妙？他们蔑视所有崇高的成就，不去采取比世俗舆论更高的行动标准，能够得到的最高奖励就是坐下来欣赏众人的高呼，而这欢呼声又能持续多久呢？”[1]

这里对大学教育应达到目标的描述，没有什么比这更公正或更有力的了：我们唯一与作者意见不一致之处，就在于这些曾经的确实现过或是

---

[1] 出自莫里斯（Mr. Maurice）的小说《尤斯塔斯·康威》（Eustace Conway）。

可能实现过的目标,与作为英国大学立校之基的原则是相一致的;但不幸的是,这一原则却并不局限于这些目标。无论是继续反对改革旧有的学术机制,还是反对建立或许能够为我们培养出伟大人物的新学术机制,困难都在于,为了实现这个目标,必须要从消除观念开始,而几乎大学的所有支持者和所有质疑者都根深蒂固地认同一个观念,认为它不仅是学术教育的目标,也是教育本身的目标。这个观念是什么呢?那就是,教育的目标不是让学生能够判断什么是真的或者什么是正确的,而是要向他们证明,我们认为是真的,他们也应当认定为真;我们认为是正确的,他们也应当认定为正确。教育就意味着灌输我们自己的观点,我们的任务不是培养会思考、会探究的人,而是培养信徒。这是一种根深蒂固的错误、积习已久的偏见,也是英国教育真正的改革者必须去反对的。在一个以认同小人物的观点作为衡量伟大思想标准的国家,没有产生出伟大思想,这难道不令人感到震惊吗?这个国家的所有思想文化机构,包括教堂、大学和几乎每个持反对意见的团体,都如他们宣称的一样是按照如下原则构成的:这个原则的目标,**不是**个人应该毅然前进,能够热烈地、精力充沛地、公正无私地追求真理;**不是**在他出发时为他提供必要的帮助和设施,提供搜寻所必需的材料和工具,然后让他自由地使用;**不是**通过与他之前的伟大人物的思想、行为进行自由地交流,让他立刻得到鼓舞,有勇气去应对真理和良知所需要的一切,在接受与自己相反的观点之前,谦虚地仔细权衡他人想法的依据。**不**,它的目标不是如此,而是这套体系的成功,它的优点,它在上帝眼中所拥有的长处,或者是它能教授给学生的,就是一旦它的观点被接受就终结了。换句话说,它的目标是一套特定的观点的胜利。只要他坚持这些观点,那么无论他是从权威那里,还是通过考察获得这些观点,都无关紧要了。更糟糕的是,无论是通过利益或是虚荣心的诱惑,通过有意或无意地利用自己的才智诡辩,让自己高贵的情感变得愚钝,只要结果达到了,手段也就变得无关紧要。甚至于,无论在他看来这些文字仅仅是文字还是现实的代表,也就是说在何种意义上他接受了这一系列主张,或他是否将这些主张赋予任何意义,这些也都相对无关紧要了。伟大的思想曾是这样形成的吗?从未如此。这个国家所产生的极少数伟大的思想,都是在采取了几乎全部措施扼制其发展的情况下形成的。在英国国教或是其他教会成长起来的所有的思想者们，要远高于一般水平，他们都诞生于自由主义时代，或者说是在使得教会能够存在的思想解放的冲动尚未完全耗尽之时。从熔炉里流出来的燃烧的金属，还没流动几步就已经凝固。

自始至终，英国大学始终坚持着一个原则，那就是人类的知识联盟必须建立在一些条款的基础上，也就是说，建立在对相信某些观点的承诺上。它们所做的一切都是为了说服他们的学生（不管手段是否正当），让学生们接受已经为他们设定好的观念。以"指导"学生为名对人类能力的滥用，受到洛克的猛烈抨击，但却是在宗教、政治、道德和哲学领域采取的唯一的办法——这确实是一种恶习，但这种恶习在它们圈子的内外都同样普遍，而且对它们来说，最不光彩的是，在过去的一个世纪里，精神大师们（superior spirits）已经教授了更好的学说，而在智力方面，它们有责任与这些大师们保持同等水平。但是，一旦已经达到这个目的，他们也不再关心其他任何事情了。如果他们能够培养神职人员，他们就不在乎培养虔诚的信徒；如果他们能够组建托利党，他们就不再关心这是否由爱国人士组成；如果他们能够阻止异端邪说，他们也不在乎付出的代价是否愚蠢——这就构成了这些机构特有的卑劣。看看他们，他们的宗派主义性格，他们排挤所有不愿意放弃自己的思想自由、为了赖以生存的自由而斗争的人，在大学体制中，几乎没有一丝痕迹表明其他事务得到过认真关注。几乎所有的教授职位都退化成为闲职。很少有教授开设一门讲座。康诺普·瑟尔沃尔牧师（Rev. Connop Thirlwall）是一个世纪以来从这两所大学毕业的伟大学者之一（在他去那里之前他就是这样），他向世界宣称，至少在他的大学里，即便是神学，乃至于英国国教的神学都没有课程教授。正是因为他的诚实，他被学校开除教职，这是一个日常证据，表明二十个玩忽职守的人要比一个指责他们疏漏的人更安全。唯一真正受到鼓励的是古典文学和数学研究，二者都不是无用的研究，虽然后者作为培养智力的唯一手段被大大高估了。但休厄尔先生（Mr. Whewell）这位反对自己所在大学的权威人士，曾出版过一本小册子，主要是为了证明那种获得过剑桥大学荣誉的数学成就（擅长应用微积分），并不能培养出具有超常智力的人。① 两所大学教授的全部道德科学或心理科学,一个是三段论逻辑的空壳,另一个是对洛克和佩利(Paley)可怜的一知半解。② 作为教育多数人的一种手段,大学完全是无效的。英格兰的年轻人并没有受到教育。获得剑桥大学所有学位所必须具备的能力要求都是完全可鄙的,而在牛津大学,我们相信近年来这些要求有所提高,但仍旧非常低。的确,只有通过艰苦的努力才能获得荣誉,而倘若就连这些荣誉的候选人都从精神上受益,这个体系就不是毫无价值的。但即便是在数学领域,那些资深的讨论者(senior wranglers)都做过什么呢? 自牛顿以后,剑桥大学是否培养出过一位伟大的数学天才呢? 更不要说像同时期法国培养出的一系列像欧拉(Euler)、拉普拉斯(Laplace)、拉格朗日(Lagrange)这样的天才。自宗教改革以来,这两所大学出版了多少阐述历史、考古、哲学、艺术或是古典文学的书呢? 不要仅仅拿它们和德国比较,还要和意大利、法国比较。当他们宣布某人的学业表现优异时,大学会做什么呢? 他们会给予他收入,但不是为了让他继续学习,而是为了他已经学到的知识;不是为了让他去做什么事,而是为了他已经做过的事,唯一的条件是让他像个修道士般独自生活,并在七年后穿上教会的制服。他们用丰厚的奖励贿赂人们,要他们准备好武器,但却不要求他们去战斗。③

这些大学还是教育的场所,它能培养出能够应对这个时代致人衰弱的影响并保持胜利斗争的头脑,培养出借助更高水平的教化来补强文明脆弱一面的思想吗? 然而,这正是我们对这些机构的要求,或者说它们不这样做,我们就应当对取代这些机构的其他机构提出要求。它们改革的

---

① 《爱丁堡评论》的博学、能干的作家(威廉·汉密尔顿先生)花费了几乎是多余的论据和权威,来反驳休厄尔先生的小册子中偶然持有的立场,认为数学对于锻炼心智具有重大价值,我们认为,他一定注意到了这样一个事实:这本小册子更直接的目的,是部分与它的评论者相一致的。我们并不认为休厄尔先生做好了他承担的事:他含糊不清,总是试图成为超出自己能力范围的、更加深刻的形而上学家;但他的小册子的主要观点是真实的、重要的,他发现了这个重要的真理,并如此强烈地将它表达出来,这一点是值得赞颂的。

② 在牛津,我们不应该将亚里士多德的伦理学、政治学和修辞学排除在外。这是古典教学课程的一部分,也是到目前为止的一个例外,否则这两所大学都会严格遵守这一规则,只教授古典文学当中最没用的那部分。

③ 这里所说的关于大学的许多事情,很大程度上已经不再真实。立法机构最终声称它有权干涉,甚至在此之前,这些机构就已经像英国其他机构一样,步入了决定性的改善过程。但是我将保留这几页不做改动,以作为历史记录和对趋势的说明。(1859年)

第一步应当是完全去教派化（unsectarianize），但不是采取允许持异见者来接受正统的教派意识教育这种没有意义的措施，而是应该彻底终结教派教育。应当彻底根除教条式的宗教原则、教条式的道德原则、教条式的哲学原则，而不是根除这些原则任何特定的表现形式。

旨在培养伟大人物的教育，其基石必定是对如下原则的认同：教育的目标是尽可能地唤起智**力**（intellectual *power*），激发出最强烈的**对真理的热爱**，并且完全不需要考虑运用这种权力可能会导致的结果，即便这可能会使得学生持有与老师截然相反的观点。我们这样说，并不是因为我们认为观点不重要，而是因为我们认为它非常重要。因为我们所成功激发的智力程度和对真理的热爱越高，（无论在任何特定情况下会发生任何事）在各种情况的集合中，最终结果必定是正确的观点。而在推理者表明自己的结论前，就被事先告知他理应能够得出这个结论时，就不会有智力和对真理的热爱了。

我们并不是荒谬地建议说，老师不应该把自己的观点当作真实观点来阐述，也不把尽自己最大的努力来表明其真理性作为最重要的事。放弃这一点将会养成最糟糕的智力习惯，也就是不去发现、不去寻求任何确定性。但老师不应坚持任何信条，问题不在于老师的观点是否正确，而在于他是否从其他人的观点中得到启发，并在陈述自己的观点时，公正地阐明所有相互冲突的观点的争议。在这种意义上，所有优秀的课程都是德国和法国大学的教授们讲授的。一般来说，最优秀的老师是这样被挑选出来的，不论他有什么独特的观点，他是以自由探索的精神，而不是教条化地灌输来教学的。

这就是一切以培养伟大人物为目标的学术教育的原则。细节再多、再全面都不为过。古代文学可以在这样的教学课程中占据很大的位置，因为它为我们带来了许多过去的伟大人物的思想与行动，不同程度上具有伟大性的思想，而这讲述和展现出来的内容，对于激发远大志向来说，其深刻度和匹配度要比现代文学强十倍。虽然当下的古典教学带给人的印象是不完善的，但它带给我们的好处却是无法估量的，这是被现代人称之为教育的这一奴性的、机械的事物当中唯一高贵的部分。在熟悉古代遗迹，特别是希腊遗迹的过程中，不要忘记其中的一个好处：置身于距离我们最遥远的观念、习惯和制度中，我们学会了欣赏内在的伟大性；由此，试着学习一种广博的、天主教的宽容，这种宽容建立在理解而非淡漠的基础上；养成对思维力量和高贵品质具有自由、公开赞同的习惯，无论这种赞同是如何表现出来的。如果古代的语言和文学是这样讲授的：它们的光辉形象可以作为活生生的、发光的现实呈现在学生的眼前——它们不再是躺在他的脑海中的一具尸体，就像一些外来的物质那样无法影响他的思想和感情的基调，而是它们可以在脑海中循环，被吸收，成为他自己的一部分和组成部分！——那么我们就会看到，与我们要做的相比，我们所做的这些研究是多么的微小。

我们认为，历史学理应在教育体系中占据一个重要位置：因为它是对人类所取得的一切伟大成就的记录，也因为，若是从哲学角度对其进行研究，学生们就会得到一系列概念，并熟悉伟大事业的行动。唯有如此，他才能在自己的内心中（无论他对这些抽象命题的证明如何满意）彻底认识到支配着人类进步和社会状态的伟大原则。在其他任何地方，他都无法如此生动地认识到人性无限的多样性，并有效地纠正他自己关于人性的狭隘、片面的标准；在其他任何地方，他都无法看到能够如此强有力地证明我们人性惊人的坚韧性，经由良好的指引，通过诚实的努力，可能会产生巨大影响。在学习历史的同时，我们也应当学习自己国家和其他现代国家的文学，更确切地说是将其作为历史的一部分来学习。

在纯智力领域，逻辑学和心灵哲学占据着最高位置：其中一个是培养所有科学的工具，另一个是一切事物生长的根源。几乎不用说，前者不应该仅仅作为一种技术规则体系来教导，后者也不应该被作为一系列相联结的抽象命题。有一种倾向在任何地方都很强烈，而在这里最为强烈，那就是对脑海中接受的观点在没有任何实质理解的情况下，仅仅是因为它们遵守某些公认的前提而接受，并且让这些观点作为文字形式躺在那里，没有生命也没有意义。必须引导学生，去质问自己的意识，进行自我观察和实验；若是采取任何其他方法，他将不会对心灵形成什么认识。

这些都应该应用到所有的科学中去，科学中任何伟大的、确定的结果都是经由某种长度或精细度的精神活动才能得到：并不是所有人都应该学习所有这些科学，而是有些人应当学习所有科学，有些人则只学习一部分科学。科学可以分为纯推理的科学,如数学;以及部分是推理,部分是更加困难的、全面的观察和分析的科学。就其基本原理而言,这些甚至是可以运用数学推理的科学:这是所有与人性相关的科学。道德、政治、法律、政治经济、诗歌和艺术的哲学,应该形成系统教学的主题,由所能找到的最优秀的教授来指导。这些教授之所以被选中,不是因为他们碰巧持有的特别信条,而是他们最有可能引导那些在性格和成就方面合格的学生去选择自己的信条。为什么不能以同样的方式教授宗教呢?直到那时我们才会向着弥合宗教分歧迈出第一步,直到那时英国的宗教才会从宗派的变成天主教的,从敌视到推动人类思想的自由和进步。

除了教育改革外,我们认为政治形式和社会安排的变化,也是重建上层阶级品质所必需的,即便是概略地表述如上观点也需要长篇大论,但我们不妨简略地陈述一下它们所产生的一般思想。文明给人们带来了一定程度的安全感,并固定地享有一切曾经获得的优势,这使得一个富人有可能过着锡巴里斯人(Sybarite)一样奢侈的生活,他一生都能享有一定程度的权力和报酬,而在以前这只能靠个人活动来获得或保留。我们无法破坏文明所带来的一切,无法再通过财产的不安全、生命或肢体的危险来激发上层阶级的活力。社会力量所能坚持的唯一偶然的动机是声誉和后果,应当尽可能地利用这些来激励他人,而这种激励是非常欠缺的。对于改善上层阶级,社会变化所能做的,也正是民主进程正在不知不觉中逐渐完成的事,就是逐渐终结各种不劳而获的荣誉,让个人素质成为获得荣誉和优势的唯一途径。

D. D. 乔治(D. D. George，1801—1870)，长老会牧师，曾任加拿大女王学院(今女王大学)副校长(1843—1857 年)和代理校长(1854—1857 年)。乔治出生于苏格兰的佩思郡，在圣安德鲁大学和格拉斯哥大学接受教育。1829 年，他移民到纽约州，在纽约传教了几年。1833 年，他作为斯卡伯勒长老会的牧师来到加拿大。1846年，他被任命为女王学院神学教授，1854 年担任代理校长。1857年，因为招生问题辞去代理校长职务，1862 年陷入私生女丑闻，彻底离开女王学院。

《什么是"文明"?》一文的底稿是乔治的一篇演讲辞，并于 1859年应女王学院学生的请求经作者修改出版。本文主要探讨了什么是文明，以及"文明"带来的问题，带有鲜明的基督教保守主义色彩。乔治首先指出了什么是"文明"，他认为，巨大的财富、高雅的艺术和优雅的举止本身并不是文明，文明的根源"在于一个民族的良知(conscience)和智力(intellect)得到彻底的培养"，道德和理性是文明的保障。乔治也承认，国民陷于贫困是不文明的，经济上的富足也是文明的一部分。乔治虽然指出了工业化文明带来的种种问题，但是，解决的办法又回到了基督教，甚至他鼓励向所谓的"野蛮"国家传教，具有明显的局限性。

(魏孝稷编写)

什么是"文明"？

D. D. 乔治

（张炜伦译　刘文明校）

　　什么是文明？在单单一场演讲当中，想要全面地回答这个问题几乎是不可能的。关于文明是什么，文明是怎样产生的，一个文明为何会衰败等等问题，人们都有诸多差异悬殊的观点。在（文明）这个问题上，我们碰到了和其他复杂问题同样的困难，即一个单一的命题无法对问题做出完整的解答。为了表明我们的意思，对同类道理进行解释和说明是必要的。用格言形式给出的简短答案也许很有道理，但如果碰到这种复杂的问题，这样的回答就会存在缺陷。同时，解决这些复杂问题所面临的困难，还因为一些人不假思考地使用一般性术语而大大增加。一个主要术语，确实经常被当作一整套概念的象征，但它不可能适用于所有的确切概念，但是，很多人依然频繁地使用这些主要术语，似乎他们对其包含的每一层意思都有清晰的理解。这种处理语言的方法非常常见，但它实际上是有缺陷的。有多少人在谈论自由，甚至为自由而战，却对什么是真正的自由没有任何明确的看法。文明也是如此，许多人在对它进行谈论和写作时，对它的本质要素、它的真正好处、产生它的方法或它衰败的原因都没有任何的概念。事实上，这些人正是最大声地吹嘘现代文明荣光的人，并且申明，要把我们的世界变成一个天堂，没有什么比现代文明的普遍传播更必要的了。这种不严谨的吹嘘是非常愚蠢可笑的，它源于对真理的混乱观念或片面看法，散布了错误的观点，会导致非常有害的结果。在大多数情况下，所谓的半真半假在整体上就是一个错误，当人们只接受其中的"半真"时，致命的实践性错误就会产生。因此，我认为有必要先阐述我自己的想法,指出在这个问题上所存在的一些狭隘和错误的观点。

第一,许多人认为文明在于一个民族内部财富的巨大积累。

我必须承认,财富与文明之间存在密切关联。但是,如果有人认为以粗浅物质性或精准商业形式为特征的财富本身可以催生或维护文明的话,那就大错特错了。只有疯狂的守财奴才会把财富作为自己的最终目的,对于其他大多数人而言,它仅仅只是达到目标的手段。在对财富之于文明的意义做出评判之前,我们必须先解决两个问题:第一,怎样获得财富? 第二,怎样运用财富? 事实上,如果一个人除了财富以外一无所有,那可能恰恰是一种野蛮的表现。即使在我们中间,也不是每一个富人都是文明人,我们知道,许多人的财富不仅被用来伤害自己,也被用来伤害别人。贫穷或许与野蛮有关,但是,财富本身既不是催生文明的原因,也不是文明的证据。

我认为,所有通过不道德的行为(诸如欺诈、压迫)获得的财富,都会贬低那些因此获得财富的人,也会贬低那些他们所用的获取财富的手段。奴隶贩子、赌徒以及走私者都可以聚敛财富,但不论是从获取财富的方式看,还是从花费财富的方式看,他是一个文明人(civilized man)吗? 或者是其他人的文明开化者(the civilizer of others)吗? 以良知或者我们同胞的福祉为代价获得的财富,会沾染上一种实质性的诅咒,无论是自私的谨慎(selfish prudence)还是政治经济学(political economy)都无法缓解这种诅咒。诚然,伴随不义之财而来的诅咒可能不会立刻在个人或社群中显现;然而,如果从长远来看,这些诅咒终究还是会应验的。这是一个公正的上帝的安排,它可能会被遗忘,但永远不会被搁置。英国的工厂系统已经成为个人和国家获得巨大财富的手段,但现在,我必须毫不保留地指出,只有那些非常无知的人才不知道,这个日益普及的工作系统已让大量工人的身心遭受了巨大的创伤。但是,棉纺厂主正是在通过这一系统聚敛巨大的财富。当一个民族的财富积累集中在少数人手中的时候,这些财富就不一定是文明的象征了,相反,它们可能是真正文明的大敌。通常,我们都会被面前巨大财富的光辉迷了心智,以至于看不到获得这些财富的卑劣手段,也不会意识到以这些手段获得的财富可能会对一个民族产生消极影响。

第二,在某些艺术上的辉煌典雅或伟大卓越也不构成文明。

然而,这对许多人来说是对它[文明]的全部理解。在接下来的叙述中,我将尝试用自己的术语来理解什么是建筑中的宏伟,什么是艺术上的精致,什么是服饰或用具上的丰富与典雅。

当人类的心智发展和完善到某个阶段时,他们会自然而然地寻求将自己内在的精神外化为可见的实体进行展现,具有高超造诣的建筑、绘画、雕塑、华美的服饰以及优雅的设备也因此得以诞生。如今,当我们用正确的品鉴原则进行艺术品的创作时,它们就有可能会体现出非常高尚的思想,同时也会丰富点缀我们的社会生活。然而,这些艺术品依然不是文明。毫无疑问,一个真正意义上的文明会用艺术作品来装点"其自身",因此,人们会去寻求那些美丽、宏伟且有用的东西。然而,我们不能忘记,一些最宏伟、最精美的艺术作品是在大野蛮(great barbarism)时代产生的。如果认为当罗马建立起一些美妙的建筑时,该城的人们在某种意义上是文明的,那就表明了对历史的可悲无知。众所周知,古罗马一些最宏伟的建筑主要是为了角斗表演而建造的,艺术、科学以及劳动让这些角斗场看起来非常的美丽壮观。成千上万的罗马人,不论是男人还是女人,都在这些恢宏的建筑中观摩奴隶或被征服的俘虏不人道地互相残杀。真正的文明者,是不可能如此安逸地观看这些场景的。除此之外,一些教会建筑——如罗马的圣彼得教堂、科隆大教堂和约克大教堂(York Minster),也是在欧洲的野蛮时代建造的;绘画作品同样如此:当米开朗琪罗创作那些使人们钦佩不已的不朽作品时,他的那些同胞们却处在全方位的退化(degraded)状态当中。

然而,人们准备把辉煌的建筑和伟大的绘画看作是高度文明的决定性证据,但我上面的论证显然已经推翻了这个观点。那有人可能就要问了,这些艺术作品既然不能作为文明的证据,那它们究竟可以说明什么呢? 我的回答是:少数人的天赋和自豪,加上巨大的财富和物质力量,一个真正的天才通过这些因素可以设计出自己的作品。有一种情况在很多民族当中都存在——虽然存在可以设计出旷世奇作的天才,但大多数人却完全处在无知且退化的状态当中。事实上,一些最伟大的国家工程(例如俄罗斯的一些工程),如果没有专制君主对一个奴隶制国家行使无限的权力，是永远不可能建立起来的。有人或许会说，这至少证明了专制君主本人和他的主要大臣们是高度文明的。但在任何适当的意义上它都不可能这样。它或许可以简单地证明，就像古代的法老或俄罗斯的某些君主一样，民族自豪感或个人虚荣心是如何利用科学、艺术和财富来实现其设计的；然而，在所有的这些艺术作品中，你可能找不到真正文明的证据，不论是领导者，还是以奴隶身份制作这些艺术品的工作者。相反，这些作品在建造时对人们所造成的压迫，可能还会腐化和贬损数百万人的思想。现如今，我们已无法体会到底比斯的一座宫殿，或者罗马的一座凯旋门，会给人们带来多少痛苦。

如果宫殿、剧院和凯旋门不能为一个民族的文明提供确定的证据，那么华丽的服饰或器具也同样不能。当我们在东方的故事中读到王子们使用的镶有珠宝的衣服、披着金子与闪耀钻石的马和大象时，会很容易联想到一个高度发达的文明。这种联想当然是很普遍的，但正如弥尔顿（Milton）所说的：它"只是一种野蛮的财富和黄金。"许多东方王子的故事已经让我们明确了这样一个事实：一个住在富丽宫殿里、佩戴着最昂贵珠宝的人，可能只是一个彻头彻尾的野蛮人。正如我之前已经默示的，真正的文明会把艺术中美丽的或宏大的东西吸引过来；但是，无论是艺术，还是公共或私人生活中的优雅举止与富丽装饰，本身都不能作为文明的证据。

事实上，想要看清这一点，我们并没有必要去了解那些东方王子的华丽显赫，我们应该告诉这些王子，华丽的外表并不是思想升华与品味高雅的证明。很多人都认为，华丽的外观不仅是文明的最好证明，也是社会地位与社会"声望"（credit）不可或缺的重要组成部分，因此，大多数人都会尽最大努力保持良好的外观，这其实是一种错误的观点。我在这里并没有冒犯大家的意思，我仅仅想说明我们的思想是多么容易接受这样一种观点，即华贵的外表（我想不到更好的术语）是高度文明的证明。其实，不论是野蛮或是优雅的外表，都有可能出现在一个缺乏高尚情感、知识文化和崇高道德价值的地方，一旦缺乏这三点要素，任何人都不可能是真正文明的人。

第三，优雅的行为举止（polished mannerism）本身并不是文明。

"优雅的行为举止",就我个人理解,即我们在日常生活中所称的"良好教养"(refined breeding)。人们日常的社会交往需要意见和情感的轻松交流,也需要生活事务,以及一些常规的言语和行动准则。只要这些规则符合真理、常识和公认的社会惯例,它们就会给我们的社交带来灵活、轻松与便捷。故意无视这些规则的人不仅粗俗,而且傲慢无知,这样的人自然不是文明人。不过,仅凭优雅的举止也无法成为构成文明的精神品质的决定性证据。人为的优雅举止,常常会被那些没有头脑、没有感情、没有良知的人所习得。因此,表面上光鲜亮丽的人不一定是绅士,更不一定是有崇高原则和正义感的人。而且,一个民族认为最好的礼仪,往往被另一个民族嘲笑为幼稚的愚蠢行为。再者,尽管在所有国家的有教养的人中,某些形式的教养有很多共同之处,但在许多细节上有很大的差异。此外,可以肯定的是,虽然理智、温和与相互知晓可以让人们在社交过程中表现得体,但是,即使整个民族都拥有这样的礼仪,他们也可能没有资格成为高级文明。事实上,这种优雅的举止从来都只能为一小部分人所拥有。在这一点上,旅行者很容易受到蒙蔽。当他们在访问的国家中遇到几个有教养的人时,他们便匆匆得出结论,认为整个民族都一样优雅;同样,当他们遇到几个粗鲁的人,他们就认为整个民族也是彻底粗俗的。这样一叶障目的做法当然是不对的。所以我认为,文雅的举止可以给社会带来外在的光鲜,它们具备实用性,也很赏心悦目,但不应被视为文明的证据,这些举止的缺乏也不能视作是野蛮的证明。

第四,某类文学作品本身并不能证明一个民族是真正文明的。

诚然,蒙昧民族无法出产高质量的文学作品,只有勤于思考、感触深刻的民族才能做到这一点。然而,如果认为一个具备天才成长条件的社会就是高度文明的社会,那就错了。事实上,一个具有创造性天赋的诗人会在一个不论是举止、思想还是道德品行上都极端粗鲁的民族中发现一些最佳的素材。这一真理在荷马、莎士比亚以及沃尔特·斯科特(Walter Scott)身上都得到了鲜明的体现。一个伟大的诗人必须具有非凡的观察能力和描述真实所见的能力。不过,如果认为一个国家培养了几位奇才,那么这个国家在总体上就是高度文明的,那也是不对的。毫无疑问,如果社会引导得当,那些有天赋的人也会极大地有助于民众的教化;当然,天才们本身也可以在非常不利的社会条件下生活和工作。另一方面,我们绝不能忘记,如果有天赋的聪明人被引入歧途,那么他们对社会的腐蚀作用将是巨大的。即便是伏尔泰、卢梭和拜伦这样的大家,他们的作品也未必都倾向于推进这个世界的真正文明(the true civilisation of the world)。当恶毒的情感呈现出天才所能赋予的魅力,被披上精致的辞藻,或配以诗歌的韵律而变得优美时,那些使人消沉和野蛮的东西起的作用就更加彻底。但我现在已经完成了对这些半真半假观点的揭露;我认为,如果你思考一下世界是如何被这些文明所强加的,你就不会认为我所说得无关紧要。

许多人认为,社会是可以再生的,而且必将为文明所拯救。因此,所有的战争都将结束,各种形式的奴役和压迫都将被制止;简而言之,所有的贫穷、邪恶和痛苦都将从地球上消失。但是,这只是一种可悲的错觉。如果仅限于推想,它可能没有什么害处,但一旦将这种想法付诸实践(就像我们今天这般),它就成了最高级的恶作剧。文明将是世界的拯救途径。如果是这样的话,在如此重大的问题上,我们当然应该对这些作家所说的这个解决世界弊病的有效疗法有一个准确的概念。然而,在这一点上,我们一般只能得到迂腐的格言,或模糊的泛泛而谈。有人认为,拯救世界的文明就是繁荣的商业。只要我们有赚钱的大量贸易,整个社会就会变得幸福美好。还有人认为,文明存在于教育当中,而他们眼中的教育,意味着教会人们阅读、写作和算账。还有一部分人则提出了更高的层次,他们认为具备品味与天赋的作品,以及自然科学知识的传播是使人类变得文明的某种手段。这三种理论都是非常错误的,这并不是因为它们全无道理,而是因为正如我们已经说过的,它们真假参半,或者只有四分之一的真,更糟糕的是,它们还遗漏了作为整体真理的理论所必需的组成要素。我再强调一次,半真半假往往就是一个完整的错误,而当一些基本原则被遗漏时,它就可能成为最有害的一种错误。财富、品味和良好的教养是文明的一部分,这一点我绝不否认;但我并不认为它们中的任何一个本身就是文明,或者仅仅这三者就可以构成文明。财富、品味与良好的教养在现实生活中固然是好的事物,但它们并不能成为文明得以形成的原因。在这一点上,就像在其他事情上一样,人们会把偶然因素错当成本质要素,把部分误认为整体,或者把结果误认为原因。

[在介绍完这些观点后]我们是时候直接面对"文明"这个问题了。文明,就其根本原因来说,在于一个民族的良知(conscience)和智力(intellect)得到彻底的培养,而智力总是在启发性良知的指导下行事。良知是一切真正文明的基础——或者换个说法——它作为中心力量(central power),可以促生或引导所有其他教化人们(civilize men)的力量。当我谈到一个民族的良知时,我指的是个人的良知,因为在一个人拥有社会良知之前,他必须对正义原则负有个人的责任。虽然牧师、统治者与社会舆论都没有对"个人良知"提出过强制的要求,但我认为每一个人都应根据上帝的意愿恪守自己的良知。人们必须明确,上帝是公正、善良且聪慧的,他需要的就是对的、是大家应该做的,反之就是错的、是大家应该避免的。不论是思想层面,还是实践层面,人们都应该遵循对上帝、社会和对自己的那份责任。现在,我们假设上帝已经给了这样的指引:只要关注良知,做任何事都会得到好的结果。显然,在这种神圣的指引下,一个人永远不会在道德情感上犯错,也不会在他应该履行的责任上失败。在个人的文明中,思想(mind)的良好道德状态是第一位的,同时也是不可或缺的要素。没有这一点,你就不能教化一个人,就像你不能教化一个畜生或魔鬼一样。文明也应该从这一点开始,否则它就不会产生果实。由上帝规范的良知是唯一可以约束激情、欲望以及人类外在行为的东西。

我并不是说,这就是给精神力量、人类的活力及劳动带来和谐的所有必要条件,这种和谐产生并扩展了文明。但是我可以断言,良好的道德不仅是第一位的,而且是最重要的。那些最成功地教化了社会边缘群体——不论是霍屯督(Hottentots)部族还是伦敦与格拉斯哥的弃儿——的人,对此都毫不怀疑。这些高尚的慈善家们一致认为,如果他们的良知遭到削弱,那么积极的情绪、良好的习惯、优雅的品味与高尚的行为都会消失无踪,但是,一旦良知得到了纠正,那么其他的一切也都能快速地步入正轨。有一个古老但却有理的原则:要想产出高质量的果实,首先要保证果树的质量。如果这对一个人有效,那么他对十个、一千万个人也同样有效,这一点我想不会有人否认。很明显,一个民族的文明必须从这个民族获得良知开始,如果民族的良知保持较好的水平,它的文明也会向前发展,并最终达到与良知水平同等的高度。因此,我们的第一原则是,只有当一个民族的良知充满了神圣的道德,才可能有真正的或持久的文明。对于这一点,不论大家赞同与否,我都希望你们先忍耐一下。

我们接着往下讨论。虽然我们坚持神圣的道德是文明的基础和保障,但我们并不认为文明的充分发展不需要其他的东西。得到充分培养的理性和良好环境下的工作对文明的发展也同样是必不可少的。如果你问,是不是文明促生了理性,培育了智慧,并引导了其他的力量,那我会说,你又一次犯了本末倒置的错误。如果你想在自己所处的社群当中提高一个蒙昧或者堕落的人,你要做的第一步就是启蒙他的思想。光的缺乏对任何安全或有意义的进步都是致命的。因为只有他能够看清楚,他才能够正确地行动。处于黑暗当中的心智要么是低能的,要么只有盲目愤怒的短暂力量,但这只是破坏的力量。能够建立起来的正是有视觉的心智。因此,如果你要教化一个人,你不仅要教导他良好的道德原则,还要赋予他逻辑思维的能力,这样他就能明白良好道德行为的真正动机,他的行为举止也可以得到规范,他所有的能力也可以因此为自己和其他人创造出丰硕的成果。虽然我对许多人口中的教育、教化没有信心,但我还是持有这样一个道理:如果你接受教育,你就会变得文明。如果对人们进行良知方面的教育,他们就可以在所有的道德行为中做广义上正确的事情;如果对人们进行智力方面的教育,他们就可以对与他们相关的一切做出正确的推理。这两方面的教育使那些接受教育的人们变得文明,或者至少走在获得巨大提高的确定道路上。没有良知的培养,没有与良知相关的理性的形成,任何文明都不会存在,也永远不会存在。一个理性且明智的民族,一定是一个文明的民族。在古代,埃及人和希腊人之所以比其他人更文明,是因为这两个民族从总体来看都是明智且有思想深度的;在现代,你会发现任何一个高度发达的文明,都是理性(它与启发性良知联系在一起)得到了完全的培养。

有人认为,我们日常生活中普通的教育体系就可以培养这样的理性,这种观点很常见,但却是非常错误的。因为在普通的教育体系中,阅读、写作、计算可能都是不可或缺的因素,但真正的理性教育却处在非常边缘的地位。的确,如果一个人不具备读写算的能力,那他将很难适应生活中的诸多情境,也很难被称作一个——即使是低层次的——受过教育的人,但是,真正意义上接受高等教育的人还应该学习如何精密地思考、热爱知识以及根据自己所知进行合理的推理。在彻底理解这一点之前,我们会一直把手段误认为目的,甚至把低级的手段误认为伟大的目的。与教学生思考、热爱知识和正确推理的老师相比,仅仅以一种拙劣的机械方式向学生传授知识的老师收效甚微。从这个意义上说,瓦特(Watt)、老斯蒂芬森(Stephenson the elder)和休·米勒(Hugh Miller)也许是受教育程度最高的,尽管他们远不是那个时代最有学问的人。事实上,能够对自己眼下的话题做出正确推理的人才是真正受过教育的人。但是,我需要问的是,这就是廉价教育往往培养出来的人?唉!事实是,一个民族可能有大量的知识,但对有能力的推理者的品质却没有什么要求。但是,请你记住,如果一个人要成为文明人,那么他身上需要培养的首要力量就是他的良知。如果我们忘记了人的定义和他的宿命,那就只能说些可怜的废话。人是一种道德动物。如果我们想看到人的本质特征,就必须从道德这个角度来看待他;如果是这样,为了有用和幸福,必须使他在道德上正确。因此,正是一个人的良知状况,给他的整个存在、品质和目标带来印记和指引。

这并不是说一个人在缺乏开明理性的情况下就能拥有良知,这一点我是反对的,但我可以肯定,如果一个民族的道德受到较好的规范,那么这个民族最终也能够产生理性的最高形式。我相信,在没有良知力量的情况下,智力或者如狐狸一般的机敏可以存在,但是,如果人们偶尔承认(尽管不可能)胸中良知的声音被听到,具有这种机敏的人会感到尴尬甚至震惊。虽说如此,充满活力的理性与被上帝启发的良知在和谐互动的情况下对人们的思想形成约束,这是唯一恰当意义上的文明,并且必然成为强大的文明者。这个规律是正确无误的。因为在这样的情况下,思想已经获得了所有伟大和良好行动真正的核心力量。

对于我的这一说辞,有两条明显的反对意见。首先,可能有人会说,古埃及人和古希腊人不是高度文明的吗?然而,我们能肯定这两个民族的良知都处在很高的道德水平上吗?对于这一条,我想说,我已经表明,对一个民族而言,伟大的艺术作品确实不能成为其文明的证据。但是,第二，我们不能低估某些古老民族的道德状况。有证据相当清楚地表明，在古埃及、古希腊以及古代墨西哥，有相当一部分民众具备健全的道德，以及一些关于精神事物的公正观念。即便有错误混进这些民族持有的道德真理中，只要道德真理保持纯粹，它依旧可以对人们的情感与行为施加积极的影响，同时，它也是这个民族之所以文明的主要原因。众所周知，在罗马社会早期，社会民众具有较高的道德水准，但是，在后期，他们没有坚持下来。因此，在罗马帝国末期，它所谓的伟大仅仅停留在了表面，没有实际的辉煌，也没有强大的军队。在罗马精神消逝之际，这个帝国也就成了一片废墟。北方的蛮族兵强马壮，但罗马军团却因为罗马精神古老力量的失去而变得虚弱不堪。事实上，我们理应知道在神圣权威的支配下，"正义使民族兴盛，而罪恶会使民族毁灭"，所有的历史事实都可以证明这一点。同时，历史也清楚地告诉我们，文明起源于道德。一个民族之所以能够伟大、文明，是因为道德与智慧在他们中间都占有一定的比例。正是道德和理性两种力量的结合，才使文明的内在力量得以存在。不过，我还是想让你知道，尽管这两种力量必须同时存在，但道德力量才是真正占主导地位且最具影响力的那一个。与上帝紧密结合且按照其真理运作的良知，不仅是理性的核心力量，还可以对其施加影响，以至于人们所有的积极能力都可以发挥合适的作用。如果人们虔诚、公正、有节制、有智慧，同时运用合适的方法去工作，那么毫无疑问，他们会创造出各式各样杰出的成果。如果这个道理对一部分人是真理，那么当许多人一致行动时，它的正确性就会体现得更加明显。一个有良知、有智慧的人可以做很多事情来提升自己并影响身边的人，如果这样的人数量达到数百万，那么他们产生的影响将是不可估量的。因此，如果一个有良知的民族能适当地运用理性，那它就能够促生所有那些令人惊奇的成果，这些成果不是文明本身，但却是文明的果实。

我必须努力把这件事说清楚。首先，关于财富。

财富就是文明，这已被证明是一种庸俗的观念，然而，如果认为高度文明不能创造财富，那就与事实相去甚远了。很明显，不道德与绝望的贫困之间是存在联系的。一个有良知的家庭，甚或是一整个有良知的民族，的确有可能因为异常恶劣的境况而陷入贫困。在一个国家内部，如果出现劳动力人口过剩,那么许多德才兼备的人就不得不为生存而挣扎。但是,这种贫困并不是无德、无知的贫困,它永远是体面且值得尊敬的。这些穷苦的人并不会因为贫困而堕落,也不会因为贫困而绝望,相反,他们带着不屈不挠的勇气与其斗争,并经常取得胜利。因此他们,或者至少他们的后代,虽然在极度贫困中成长,但并没有被贫穷压垮,并且在恶劣环境的激励下最终占据了受人景仰且收入颇丰的位置。没有什么比贫穷但不失美德的家庭成功战胜贫困更有趣或更有教育意义了。这样的斗争通常是漫长而持久的,但最终的胜利却是最光荣的,收获的成果也是珍贵且持久的。

这一切都要归功于某些国家的普通学校为穷人提供的高等教育吗?非也。在某些情况下,普通学校发挥了他们非常重要的一部分作用,但这部分的作用并不是最重要的。朋友们,主要在家庭中进行的道德和常识教育才是让这些贫困者摆脱低下地位的主要因素,并使他们中的一部分占据很高的职位。

众所周知,所有可靠的知识都是有价值的,对于商业交易来说,某些特定的教育是必不可少的。如果一个人没有受过良好的商业教育,那他就没有能力管理商店的事务,也永远不可能去处理银行的业务,即便是最基础的商贸活动,他也没有能力从事。不过,总的来看,我希望你注意到,即使是国家财富的积累,商业教育也只是一种非常从属的手段,而道德力量才是主要的。我不否认可以按照巴纳姆(Barnum)的方式和其他类似的方式赚钱,就像猴子和老鼠可以偷窃硬币,从而积累现金;但是,这对个人而言就不是适当意义上的财富,对社会而言就更不是了。只有通过道德手段获得、并被用于道德原则进一步增长的财富才是真正的财富。通过不诚实的手段获得的钱财是偷窃性质的,这一点我相信所有人都能够理解,因为这些手段并不能增加整个民族的财富,无非是民族内部的相互掠夺罢了。那么,掠夺者真正得到财富了吗?并没有,说他得到财富只是幼稚且无德的谬见。事实是,上帝已经给出了训导:通过不诚实的手段获得的钱财是无法被有益地使用的。很多实例也证明了这一点,这样的不义之财对掠夺者本人和他的后代来说都是一种诅咒。这样的诅咒之所以到来,并不是因为财富的持有者缺乏管理财富的精明,而是因为他们缺乏获取财富的道德力量,这种缺乏在很多方面对于财富的正确使用都是致命的。对此,人们或许会不屑一顾,同时,他们还会夸耀自己高超的技巧,通过它,即便是不确定性最大的投机活动最终也能成功地获取收益,他们的成果也能被小心地保护起来。然而,依赖智慧或者谨慎的机敏虽然可以让一些人通过不道德的方式积累钱财,但这些钱财并不会给个人带来真正的舒适,整个获取财富的活动对于公众幸福感的打击也是致命的,尽管人们可能难以理解,但其对于公众财富的增加的确是不利的。

"诈骗行业只有在诚实的人群中间才会繁荣发展",这种说法并不矛盾,这就像海盗只有在诚信商业集中的地方才会猖獗一样。我郑重声明,通过欺诈手段获得财富的人,即便受到法律的保护,也正在破坏其国家的商业稳定。这种人是小偷,他不仅通过狡诈手段偷得了钱财,更重要的是他还偷走并最终摧毁了人们之间的信任关系。如果彻底摧毁这种建立在诚信基础上的信任关系,整个现代商业也将很快绝迹。相信吧,增加公共财富的最大敌人就是那些聪明但却不诚实的人,他们通过巧妙的狡猾和厚颜无耻的力量,往往成功地发了财。在任何一个社群中,一旦这样的人数量增加,那么这个社群的任何资源都将在很短的时间内被瓜分殆尽。很多伟大国家的财富就是这样消失的,你甚至都不知道是怎么回事。如果你想知道如此巨大的财富是如何丧失的,那我告诉你事实,这一切都是因为人们彼此之间信任的丧失,信任的丧失足以毁灭现代社会最伟大的国家。想想看,从英格兰银行开始,我们的现代商业体系是多么神秘啊。真正的物质财富,或者他们所称的现款,虽然相对来说数量有限,但却可以使整个强大的系统保持运转。最近,我从一位最有成就的银行家那里得知,当信任关系处于健康状态时,如果想保持一个省份整体贸易和商业活动的活跃,只需要少量的钱币就可以做到,这使我非常惊讶。事实上,整个商业体系主要是靠那些小小的纸片来驱动的,究竟是什么赋予了这些原本一文不值的纸片神秘但却非凡的力量？是信任。信任什么？我认为,从某种全面的意义上讲,是对同族人道德品质的信任。当你看着这些纸片中的其中一张,并看到这上面的某个名字时,你会说它很好——对你来说就像一袋金子一样好。这是怎么回事？难道仅仅是因为你知道在那张纸上署名的那个人是一个智慧的、有商业习惯并且特别聪明的人吗？

并不完全是这样,更重要的是因为你相信他是完全诚实的,你相信他在那张纸上所说的话;简而言之,是因为你相信这个人拥有良知。不要跟我提商业信誉、合法证券、支票和所有保护手段的力量,我并不是小看它们,只是,我必须让你知道,如果人与人之间所有的道德信任都被摧毁,这些东西(尽管它们的确有优点)没有一个可以取代它,整个商业体系的运转都会因此停止。感谢上帝,这种糟糕的状况可能并没有那么容易出现,但是,如果前面的推理是正确的,那么每一个精明的、油嘴滑舌的骗子,正在魔鬼的帮助下尽他所能把事态带动到这个可怕的地步上。因此,我们的结论是,一个没有良知的民族会越来越穷。让我们虔诚地为这种贫穷感谢上帝。如果不这样想,那就太可怕了。

因此,我们的立场是,一种好的民族良知是产生真正公共财富的强大力量,而且从目前的情况来看,它对文明的推进也非常有力。原因很简单:在这样一个民族当中,人们可以相互信任。你有没有想过,一个民族的繁荣可能就取决于这四个字:相互信任(can trust one another)。一个互信的民族可以团结在一起,通过大家的齐心协力,整个族群所有的潜在资源都可以被开发出来,这样的开发不论对个体还是群体财富的积累来说都是有帮助的。当然,推动大家团结的信任也是有基础的。一个道德高尚的民族永远是一个勤劳节俭的民族。一种错误的信仰可能会导致懒惰或挥霍,但真诚的信仰却能够深深植根于意识之中,并使人们所有的能力都能够充分发挥作用,仰赖良好社会习惯的组织劳动也因此而出现,所有的劳动成果也能得到很好的保护。我想,不用我说大家也知道,被正确引导的节俭与勤勉是创造真正财富的主要动因。无边无际的自然宝藏也许就藏在一个民族的脚下,但如果他们缺少被正确引导的节俭,那就永远无法把这些宝藏变成自己的财富。当一个民族被正确的道德引导时,这个民族就可以积累财富,即使在非常不利的自然条件下,他们也可以变得富有。苏格兰、荷兰和新英格兰,也许是温带地区自然条件最差的三个地方;然而,我认为,就这三个地方的地理范围与人口数量,它们现在拥有的财富比地球上任何其他国家都要多,而新英格兰让人难以置信的财富主要是其非凡的人民勤俭奋斗的成果。但是,请注意,这个对文明如此重要的勤俭主要源于道德,并且主要靠道德来支撑。大家自身的所见所闻(尽管范围有限)也能够证实这一点的真实性。你很清楚,在一个国家内部,一个有道德且勤劳的人往往会具备能力,并经常获得相当多的财富;而不道德和懒惰的人即使处在丰富的资源当中也会陷入绝望的贫困。

一个智慧且有道德的民族不仅会辛勤地创造财富,而且会有有益的先见之明和敏锐的责任感,这将引导他们在为当下努力的同时,也为未来做一些储备。虽然守财奴式的囤积是一种罪恶和彻头彻尾的愚蠢,但为老人或孩子以及生活中不可预见的紧急情况做些准备既不是罪恶也不是愚蠢,而是伟大的智慧。这种形式的财产积累,也的确是一个民族财富的自然增长。这种积累财富的欲求,源于并只能源于内心最好的道德情操。轻率自私和不道德的人只能勉强度日,甚至因此过得很差。"贪财是万恶之源",这句话不假,但是,我们任何人都不会怀疑,对未雨绸缪的忽视也同样是无数社会罪恶的根源。同时我们也不应该忽视,一个具有智慧和美德的民族在明智地为未来做准备时,可能会完全摆脱对金钱贪婪。在正确道德的影响下获得、并为了明智目的使用或储存的财富,一定会产生文明的效果;更特别的是,这样的储备原本就是一个民族美德的果实,并反过来加强了他们的美德。

但是,如果这些储备不能被保证安全保存、也不能保证在需要的时候就能获得,那么储蓄这种方式就永远不会实现。当一个民族对勤勉和节俭的成果的安全性产生怀疑,那么从那一刻起,他们积累的愿望就会消失,也将丧失所有的活力。如果一个国家的大型货币机构首席管理者缺乏诚信,或者地方法官缺乏廉正以至于无法来执行公正的要求,那么人们就会普遍认为他们的货币机构不值得信任,由此带来的后果就是国家的整个金融机制陷入停滞,产业受到摧毁,储蓄不复存在,浪费和乞讨变得普遍。如果这种情况在苏格兰西部银行(Western Bank of Scotland)、利物浦自治市银行(Borough Bank of Liverpool)或者其他任何国家中发生,大部分人很快会说:"让我们在还拥有财富的时候就尽情地吃喝吧,因为明天,我们伟大的货币机构就会崩塌,我们为老人孩子辛勤攒下的储蓄也会因此消失,让我们好好利用这些攒下来的钱吧,不要让它被粗心狡猾的无赖吞噬。"唉!在我们这个时代,人们很少能够想到一个民族的文明和社会福祉在多大程度上依赖于其财政首脑的能力与正直。既然这些人不是为了创造文明而在第一梯队的劳动者,他们就应该站在第二梯队的前列来保护文明。一小部分机敏但却毫无原则的金融家能够看清时代的迹象,并利用变革赚钱。然而,如果欺骗者和投机者的数量大大增加,那么那种建立在简单真理基础上的、并保持整个金融和贸易机构稳定运行的信任因素就会完全消失。伦敦皇家交易所(London Royal Exchange)可能会变成一个供娱乐的保龄球馆,但永远不会仅仅作为一个投机沙龙存在。

然而,对小额储蓄缺乏信心,是邪恶在一个民族中采取的最致命的形式。约翰·史密斯(John Smith)是个穷人,如果他能安全地把他攒下的五英镑投资进去,他会努力把它变成十英镑或一百英镑,这样他就能给小汤姆(Tom)提供更好的教育,或者在将来的某个时期为家庭的更舒适动用这笔款项。这不仅有助于使约翰·史密斯本人的家庭变得文明,对邻近几个家庭也可能会产生最有益的影响。但是现在,我们假设,如果史密斯因遭到某种欺诈行为而损失了五英镑,而且这种损失使他对每个人都失去了信任,那他可能会像琼斯(Jones)一样酗酒,或者变得像布朗(Brown)一样懒惰。事实上,我的朋友们,当穷人的一点积蓄被他们看成是完全可以保障未来一时之需时,文明的重要性无以言表。但是,这种安全感只能存在于一个道德观念非常健全的民族之中。立法者可以制定关于金钱责任的法律,但他们无法为道德良知制定法律,而安全最终必须要来自良知的真正支持。我想让你们明白,虽然投机活动可以让人发财,但只有勤勉才能真正地创造财富,而坚定的诚信可以为已经收获的财富提供安全保障。如果这个观点是正确的,那么每个不诚实的商人都正在摧毁人们之间的信任,消耗商业繁荣的基础。我把话说得明白一点,那就是所有的骗子都在以他们的所作所为让自己的国家陷入野蛮,他们华丽的用具丝毫不能减轻他们的罪恶。对于商人群体而言,不诚实与虚假是最能够贬低、摧毁他们的。千万不要怀疑,在金钱交易中恪守诚信是对文明的巨大帮助。事实上,诚实的人在各方面都是文明人,而圆滑的骗子不过是一个衣冠楚楚的野蛮人,他在尽力使他的同胞也陷入野蛮。

第二,关于品味问题,我所确定的原则也适用于文明的生产和修饰。

我们已经表明,伟大的艺术作品可能存在于一个既无高度道德又无智慧的民族中。然而,只有在道德高尚和有智慧的民族中,艺术才能继续繁荣发展。这样的民族能够欣赏艺术中真正美丽和宏伟的东西,而只有他们能够因拥有财富而支配人的劳动,特别是支配天才创造这种作品的劳动。在一个无知和不道德的民族中,对艺术作品的品味往往只是一种奢侈的展示,与其说是品味,不如说是浪费想像力。正如我们在提到希腊时知道的那样,当一个民族彻底堕落时,最好的艺术作品就会被完全忽视,或被用于最低贱的用途。这样,精美的雕像和柱上楣构被拆成了建造牛棚的材料,或者被烧成了石灰。当一个民族的智力和道德消亡时,艺术也会消亡。这一观点将被发现是正确的,既适用于伟大的国家工程,如宫殿和凯旋门,也适用于私人建筑、雕像或绘画。拥有一两件精美的艺术作品也许是一种时尚,然而,如果一个民族出现道德滑坡,作品的品味也会下降,最终所有真正的艺术都会消失。如果我们的推理是正确的,这样的民族将没有财富来维持艺术;而当一个民族的心灵被彻底腐蚀时,他们对美的品味就会完全变质。——蒙昧人是没有品味的。因此,即使是依赖于品味的文明,你也必须有一个健全的道德基础来维持真正的品味。

这一点在下层社会中比在上层社会中体现得更为明显。在道德高尚的穷人家中,你可以找到六便士的印刷品和其他的小饰品,但在放荡的穷人的住处,你是不会找到这些东西的。对他们来说,装饰并不像富人那样仅仅是时尚,或者是为了达到效果,这确实是灵魂对美好事物的欣赏。贫穷的家庭不会用鲜花装饰他们的小屋门,也不会用一些有品味的小饰品装饰他们的壁炉。这不是道德,也不是信仰。不过,它至少可以表明那些人心中的道德观是健康的,同时,基于它的道德要素也是我们需要好好把握的。那些满足于赤裸肮脏墙壁的贫困家庭,我们能对他们抱有什么希望呢?如果真正的文明的品味——无论艺术水平的高低——不是纯粹道德意识的产物,但如果没有健康的道德,它就不可能长期存在于真实的美丽和宏伟的宫殿中,如果没有真正的道德意识的帮助,就根本不会存在于村舍中。

第三,关于文明生活的优雅方式,我的原则对这一方向也同样适用,下面我就简要地谈一谈。

我并不想停下来问大家什么是真正良好的培养,只想简单地说,较高形式的文明必须拥有这一点。当然,这同样源于一个民族的高尚道德和良好智慧。别告诉我你认识许多没有良好教养、没有原则、肤浅、但却举止优雅的人。我并不想假装自己仔细研读过切斯特菲尔德(Chesterfield)的著作,因此也不会争论关于切斯特菲尔德理论和实践的问题;然而,我必须指出,一个有道德的人不会是没教养、粗鲁的人。一个坦率真诚的人可能对所谓的形式一无所知,但他的举止从不傲慢无礼,虽然他可能会用朴素简单来冒犯你的传统品味,从而让你对他天真而笨拙的错误一笑置之,但他绝不会故意用粗俗、欺骗或虚荣来伤害你的感情。但是,那些看似有教养但却没有原则的人是什么样的呢?的确,当一个人掌握了切斯特菲尔德学派和其他类似学派的理论和实践方式,请不要怀疑,他难道没有按照最被认可的准则和惯例掌握鞠躬、微笑、说话的艺术性?对我这样的普通人来说,这一切本身并不是特别重要,它们并不等同于天使般的卓越。不过,严肃来讲,如果这一切真的象征着拥有男子气概、温柔、真诚与慷慨的灵魂,那么它们的确很了不起;相反,如果这些仅仅是表面艺术,是被自私自利者用来达到目的的手段,那么在这华丽的象征主义之下,隐藏的就是懦弱的仇恨、狡猾的野心、精明的欺骗或邪恶的欲望。在这种情况下,这些优雅的举止既不是文明的成因,也不能作为文明的点缀。一种高水平、简单、自然、真实的良好教养(good-breeding)是生活的美丽点缀,在某种程度上也是文明进步的原因。但是,一个无情、不守原则、肤浅和谄媚的人怎么会有让聪明人钦佩的良好教养?这在我看来是非常不可理解的。良好的教养,当它是真实的、是一颗善良和温柔的心的象征时,必然使人变得文明;但是,当它不是真实而是一种错觉和谎言时,尽管它可以被你用于谎言的装饰,但从来不会使人变得文明。但是,对于那些更看重华丽外表而非实际、谎话连篇并美化谎言的人,我能说什么呢?既然我不能帮助他们,那上帝会帮助他们的,我坦白地说,如果这些人被欺骗了,那么他们也并不值得我们给予太多同情。真相可以帮助我们得出结论:文明的良好教养,就其真实程度而言,也是道德的产物,只有道德才能教会人们真正地爱和尊重他们的同胞。没错,就是道德,是它教会人们对下级(inferiors)表现出温和、真诚、亲切和包容,对上级(superiors)表现出尊敬,对所有人表现出真诚的善意。你想,不就是道德推动了良好教养的出现吗？这种教养对所有人都有很大好处,可以取代许多以这个名字命名的东西。我不怕断言,如果一个民族彻底基督教化,他们将是世界上最有礼貌的民族。聪明、高尚、谦逊的基督徒不仅是最好的人,也是最有教养的绅士。

第四,文学作为一种文明的媒介(civilizing agency),其影响完全取决于它的道德基调。

思想的力量是所有力量中最强大的,它使所有的其他力量都成了它的仆人。最广义的文学以最高的形式体现了人类的思想。古代希腊和罗马的文学,以及我们这个时代德国、法国和英国的文学,都是如此。一个民族的文学包含了该民族思想中最好或最坏的因素。英国文学以道德、丰富、多样、崇高和实用为特点,这是因为长久以来人们的思想主要就是这样的。一个民族的思想与感情是什么样,他们的文学也就是什么样,这是不言而喻的,并且没有例外。的确,一个拥有知识、品味和天赋的民族可以创作出某种形式的文学,但是,如果这个民族的思想中缺少道德,那么他们的文学作品中也就不会有道德元素,这种文学作品是永远也不能起到教化作用的。一种以怀疑、轻浮和放荡为主要特征的文学,是把一个民族引入最恶劣野蛮形式的最强大、最阴险和最确定的手段。我们现在正在学习一些东方的文学,从我所知的一点点来看,我毫不怀疑,长期以来,中国和印度的文学在很大程度上破坏了民族性格,使这些国家的人民陷入了我们现在发现的那种衰老文明的野蛮状态。了解法国历史的人都很清楚,法国文学的不道德是瓦解社会纽带的主要原因,并使得国民思想为革命的野蛮恐怖做好了准备。

我感到惊讶的是,即使是智者也在谈论单纯文学教化的力量。我认为,文学作品教化力量的大小与它被赋予的道德因素密切相关,如果这些作品没有被赋予正确的道德观念,那么不论是它所包含的知识还是精神,都无法对公众的思想实现明智的提升、安全的引导与净化。文学的力量,或者是在现代社会与其相似的新闻舆论的力量都是非常强大的,这种强大无法用言语表达。因此,如果这种巨大的力量给出了错误的生活观念,那么它将会削弱读者的智慧,如果它还会腐蚀心灵,那么它最终将败坏整个社会的良知。在我们这个时代,有不少短命的文学作品都是如此,它们对于文明的发展是致命的。因此,依赖文学作品进行教化是一种彻头彻尾的幻想,除非这些作品可以教会人们明智地思考——不仅要明智地思考科学和品味问题,还要明智地思考与他们有关的上帝和同胞的所有问题。一部完全贯彻这些要求的文学作品将会通过社会的心灵散发出净化、治愈的影响力,给人以高尚的思想、行动的活力、强烈的责任感、高雅的品味,以及给家庭生活带来纯洁、有序和安宁。这样的文学作品才可以保存、发展文明。相反,没有道德涵养的文学作品可能会通过它撒下的花朵来取悦人们堕落的爱好和趣味;但是,我们有必要让人们知道,这些花实际上是为了引诱他们走上通往民族毁灭的大道而散布的。

第五,我们再来谈一谈作为一种教化力量(civilizing power)的商业。

对于本质问题,我们仍然会给出相同的答案。如果商业建立在良好的道德基础上,并遵循严格的公平原则,它将会推动文明;但是,如果商业不能按照道德原则运行,它除了会引起侵略战争外便一无是处,并很快导致野蛮的出现。我知道这一点在现代舆论中是非常清楚的。一群现代哲学家说,只有扩展商业,你才能扩展文明,因为在他们看来,商人才是唯一的、全能的传教士。毫无疑问,在一个诚实、慷慨且高尚的民族当中,商业可以让工业变成现实,展现并广泛传播上帝的恩赐,提高人们的品味,纠正狭隘的偏见,并促成许多良好的社会习惯,这一切都将有助于文明。但是,一种邪恶的,或者掌握在无原则的人手中的商业,将会带来完全相反的结果。鸦片贸易中的商业是倾向于教化中国吗?朗姆酒贸易中的商业是倾向于教化印度人吗?欧洲人长期以来在非洲西海岸进行的贸易是倾向于教化那个大陆吗?都不是。这些贸易给人们带去了最恶劣的影响,而这样的贸易商在不列颠也同样存在。的确,现实生活中有许多诚实、高尚、虔诚的商人,这些人手中的商业在各方面都是一种文明的媒介。然而,说财神(Mammon)才是大多数商人唯一的上帝并不是诽谤,纯粹的自私自利是他们唯一的行动原则。总的来说,财神的信徒们在赚钱方面很有技巧,他们也知道如何去管理那些财富,但我必须指出,我不相信他们是教化一个罪恶和堕落的世界的最好的传教士。

商人在推进文明这方面确实可以做得很多。如果有一天,所有进入野蛮地区的商人都是真正的文明人,那对世界来说的确是值得纪念的荣耀之日。来自美国和英国的商人能否成为基督教传教士的先驱，关键就在于他们在与野蛮和半野蛮民族打交道时，有没有按照"己所不欲，勿施于人"的原则行事。当商人，就像经常发生的那样，欺骗无知者，掠夺弱者，并以各种方式使他们优越的知识成为不公正的工具时，你认为他们还能够证明自己是非常高效的教化者（civilizers）吗？空谈仅以商业来教化世界，是一种既自私又短视的哲学。每一个现代推罗（Tyre）的商人，当他们把他们所得的一部分奉献给主（the Lord）时，在他们首先将自己献给主之后，他们就会成为强大的文明者。

我们已经表明，许多事物都可以作为推进文明的手段，前提是这些手段要彻底受到道德的良好影响；如果没有这个前提，所有这些手段最终都会失败，这一点我已经说得很清楚了。如今，通过这种强大的力量——它必须位于一切事物的核心，并给所有推进文明的手段以生命力——我才明白了上帝的道德真理（the moral truth of God）；这一真理的原则和动机教导人们爱和服从他的创造者（Maker），教导人们公正地对待他们的同胞，并对他们给予关爱、宽容与仁爱。简而言之，道德是我所倡导的推进文明的伟大力量，当一个人试图在道德情感和感受上模仿上帝，并试图像上帝对待他的所有创造物那样对待他的同胞，他就已经拥有了这种力量。事实上，如果人们的道德品质和行为与最伟大最优秀的人相似，这不就是一种提升和升华吗？这难道不就是真正的文明吗？

魔鬼是所有混乱、堕落和痛苦的创造者，如果人们将他作为他们的榜样和保护人，难道他们会疯狂到希望在他的统治下获得真正和持久的文明吗？是的，这正是这些人的愚蠢，他们以为他们可以在追求所有邪恶的过程中为魔鬼服务，然后以这样或那样的方式实现一个尘世的千禧年（earthly millenium）。尽管人们可能在罪恶的影响下会受到蒙蔽，以至于称黑暗为光明，以混乱为秩序；然而，黑暗和混乱最终会产生它们的自然结果——堕落和痛苦。

看一个问题的阴暗面的确是不愉快的，然而，如果我没有注意到一些在我看来对现代文明而言不祥的事情，那我也就不会公正地对待你和我所讲的主题了。

第一，在许多国家中，低下的从属地位只能唤起人们对其文明的恐惧。

所有的法律和政体,所有的社会福利和人类在社会中拥有的所有自由,在很大程度上取决于当权者的感受。父母、地方官、阁僚和教师,如果被赋予适合他们职位的美德和才能,他们就一定会受到底下人的尊敬,如果不是这样,文明就不能存在。很少有人敢断言,真诚地尊重那些当权者是我们这个时代的一个突出特点。我认为这是一个痛苦的事实,我不想停下来去探查它的原因,但是我能从这个事实中得出这样的结论:当一个地方对当权者的尊重变得微弱,就预示这个国家中文明的稳定性要出问题。社会的生存依赖于秩序的维护,如果平民不尊重当权者,那么秩序要么混乱,要么靠武力维持。尽管以武力维持社会秩序的专制可能是一种可怕的必然,人们只能屈服于它,因此不会陷入无政府状态;然而,这对所有较高形式的文明都是致命的。如果在一个国家内部,家庭、学校和政府当中的从属关系正在衰弱,那么那个国家的文明就会变得非常不安全。没有一个聪明人会草率地对此嗤之以鼻。也许离最终结束还有一段时间,但那将是一个痛苦的结局。一座建筑可能有最好的飞檐和其他建筑装饰,它的房间可能被优雅地上漆和镀金,然而如果建筑的地基出现沉降,你就不会因为它的上部装饰而对建筑有太多的信心。无论在哪里,从属关系的彻底消失都会对社会基础带来巨大的影响。

第二,日常生活中的不诚实交易是我们现代文明中的另一个不良现象。

的确,在任何时代都会出现很多不诚信的行为,但在我们这个时代,不诚信的行为呈现出了一些新的、令人担忧的形式。当不诚实能够安全地运用它的艺术,并在法律面前依然保持体面时,它对社会就真正变得危险了。现在我来解释一下我的意思。我们有最好的证据表明,我们在伦敦几乎买不到一件不掺假、不混合(而且经常混合有害成分)的食物,我想在其他地方也是如此。那么,对于因假药及其虚假的广告而造成的大规模中毒,我们又该说些什么呢?事实上,这是一种新的、令人震惊的形式,是彻头彻尾的谎言和冷血的谋杀。当一个中国面包师用他自己的爱国方式毒害其国家的敌人时,整个世界充满了恐惧,所有人都喊着这些中国人是什么样的野蛮人!当印度的暴徒为了取悦他们的神而杀人时,整个欧洲对这些神圣的谋杀也同样充满了恐惧。但是现在，伦敦的面包师、杂货商、糖果商以及到处都是的庸医，正在把《柳叶刀》(*Lancet*)杂志的作者们所说的致命毒药混在一起，不是出于爱国主义去杀害他们国家的敌人，也不是虔诚地取悦他们的上帝，而是为了在贸易中赚一分钱而杀死他们的同胞。

这种公然的不诚实，如果它的致命后果只局限在最底层被抛弃的人，它很可能唤醒仇恨和厌恶，但还不至于产生任何严重或普遍的恐慌。但这并不是审视邪恶时必须看到的方面。我在上文提到的中国面包师和印度暴徒在社会的任何地方、任何阶层都有，并且在社会上受到尊敬，他们穿着最好的细布衣服，坐在最好的桌边，被拥有社会声望的人堂而皇之地认可。这一切不是很糟糕吗？事实上，当不诚实的行为方式变得如此优雅，以至于不存在容易冒犯你的粗俗之处，并且即使在不诚实的行为做得非常彻底的时候，也能与法律和公众舆论保持非常好的关系，社会就已经处在病态当中了。我们的文明非常害怕商业中巧妙且精细的欺诈行为。因为事实已经表明，言论和贸易中的虚假一旦广泛流行，就一定会危及所有民族的文明。

第三，我不得不认为，越来越多的暗杀行为——特别是在这个大陆——是我们现代文明的另一个不祥之兆。

的确，暴力行为在一个粗鲁无礼、道德沦丧的民族中屡见不鲜；但是暗杀在本质上是一种反映懦弱和野蛮思想的罪恶行为，暗杀的实施者被恶毒的意图所煽动，但又没有公开复仇的勇气。只有一件事能让这幅黑暗的画面完整起来，那就是当刺客被大众的同情心所屏蔽，或者由于陪审员或证人的道德怯懦而使其在受审时得以逃脱。我们夸耀科学和艺术的胜利——它们的确很棒，通过这两者的共同作用，你可以坐在汽车内的软垫座位上，并在几个小时之内完成旅行，而在几年前，同样的距离需要花费好几天的时间。然而，如果你发现你旅途中最需要的东西之一是一把左轮手枪，并且在你可以安全地躺下来小睡一会儿之前，你必须确保左轮手枪在你的手上，科学与艺术的力量又有什么用呢？如果你每时每刻都在夜里注意那个对你怀有某种恶意的人有没有在你的房子后面收集木屑、打开火柴盒，那你即便住在比你父亲更豪华的豪宅里，这对真正的幸福又有什么用呢？金斯敦（Kingston）的人们，难道这全都是虚构的吗？你知道不是的，而且你应该知道，无论这种情况在哪里盛行，文明终将都会灭亡。在一个民族中，暗杀和纵火（后者实际上涉及前者的罪行）一旦发生，这个民族就会陷入野蛮状态。我告诉你，不是胆小的人，而是勇敢的人，对这些罪行的增长感到震惊，当他看到这些犯罪者如何被允许逃脱——要么是由于缺乏正确的公众情绪，要么是由于我们的司法机构缺乏诚实和有力的行动，他充满了恐惧。在这种情况下，如果一个社群发生任何动荡，整个社会秩序的结构都可能在短短几个月内被打得支离破碎。

第四，时代的无信仰（infidelity），尤其是通过媒体或其他方式引导公众舆论的人，必然会对文明产生有害的影响。

我不知道这种罪恶在本省（in this Province）[加拿大省——译者注]是否已经大范围流行。然而，不容置疑的是，无信仰在现代文明当中正在以其不合格和狡诈的形式广泛流行。无论是在希腊还是罗马，道德上的衰败总是先于文明的衰落，这一点知道的人可能并不是很多。相似的原因必然产生相似的结果。诚然，我们有基督教来反对现代的无信仰，但很明显，如果一个国家的领导人不能得到人们的普遍效忠，该国的社会必然会走向解体。谁能怀疑这一点：如果完全否认上帝是创造者、立法者和法官，那么文明和社会秩序不可能存在，就像太阳从我们的系统中消失后光和秩序不可能存在一样。一个漫步在高雅客厅里、看起来博学而优雅的怀疑论者实际上是野蛮的信徒，这并不矛盾。如果他成功地传播了自己的信条，他会让所有的人陷入最低级的野蛮状态。有人说过，我们有基督教来抵制无信仰，事实上，除了基督教，我们也没有其他力量可以成功地抵制它。但是，如果基督教因其分裂和世俗意识而变得软弱，那么它就需要神力，只有神力才能对抗上帝、人类和所有文明的敌人。在真理和谬误冲突的最后一个问题上，我们没有理由害怕；然而，谁又能告诉我们，在黑暗的力量最终被光明、秩序与和平的力量所征服之前，世界会经历怎样的冲突？文明会遭到怎样的破坏？

我已经注意到了有关现代文明其他不祥的方面，但由于时间有限，我只能少说一些。

在演讲结束之前，让我们把目光转向画面的光明面，因为我们确实有充分的理由对世界迄今为止所看到的更广泛和更高级的文明秩序抱有希望。我将只关注这一希望的其中几个理由，并且必须以最简短的方式来阐明这一点。

首先，自然科学（physical science）在我们这个时代的胜利为希望提供了基础。

毫无疑问，科学成功地处理了伟大的自然法则，现在正在把为人类的享受而提供的物质手段发挥到完美的程度。要明白这一点的真相，你只需要思考近期化学的奇妙发现以及科学在创造动能以及其他目的上的应用。它使农业实现了惊人的进步，地球上的产量因此大幅增加；在医疗方面，它的运用使人类的健康和享受得到了极大的保障。通过发现特定的自然规律并在当下正确地运用他们，科学在很多领域都发挥了作用，这看起来似乎更像是《一千零一夜》当中的奇妙传说，而不是在现实生活中发生的简单事实。现在，所有这些科学工作——我们认为它才刚刚开始——不仅有助于人们的物质享受，而且有助于开拓他们的思想、提升他们的品味。为了实现我们在这方面最乐观的预期，科学工作者在工作的过程中永远不能忘记上帝，同时他们还要将这些工作的所有成果奉献给上帝。如果做到了这一点，科学就能证明它是文明的得力助手。

第二，当今世界范围内思想交流的新形式，也肯定有利于文明。

在某种意义上，我们可以足够清醒地说，思想是世界的灵魂。但是在过去，思想传播的速度哪怕在一个国家内部也十分缓慢，国家与国家之间就更不用说了。如果回顾过去几个时代，我们就会发现供大众阅读的书籍很少，读者本身的数量也不多，因此，一个人最杰出的想法要到很久以后才能为他的同胞们所熟知，即使是天才也很难摆脱这种命运。现在不同了，在头脑中涌现的任何思想，无论是科学的、文学的还是宗教的，都会很快传播到各个领域。既然装订成册的书可以传播思想，那么在某种意义上，定期出版的期刊杂志更是如此。对思想传播而言，它是多么重要的工具！现如今，所有的乡村报纸都拥有比古希腊雄辩家德摩斯梯尼更多的受众，而《伦敦时报》（London Times）也许可以说拥有全世界的受众。一个古代演说家，即使站在罗马广场（Roman Forum）上，与印刷所广场（Printing house square）上强大的演说家所具有的优势相比，他有什么优势呢？从印刷所广场发行的精彩文章，在几天之内，就能被从加拿大到乔治亚所有善于思考的人阅读，在几周之内，加尔各答、墨尔本和广州的人就能读到它。为什么说到几天或几周之后，那些在英国人脑海中涌现的想法就传播到遥远的地方呢？这年头，可能在伦敦或爱丁堡的印刷工人脱下他们墨渍斑斑的外套之前，金斯顿或孟买的读者就看到了在英国期刊上发表的主要文章。这是多么了不起的成就！真的，虽然现在各个国家并没有联合起来，但他们至少处在思想交流的状态中。这个世界的思想很快就不会仅局限在某个地方，而是会在短时间内迅速传到各地。这看起来不像是思想的统治吗？如果这些思想是纯洁的、神圣的，那么它的交流和传播就一定会扩展文明，并将它提升到一个从未达到的高度。

第三，打破人类大家庭各个不同部分的相互隔离，可能有助于扩展文明。

到目前为止，超过三分之一的人类拒绝接受欧洲文明的所有影响。中国现在对这些影响持开放态度，日本也是如此，事实上，每个国家都应该如此。对于人类大家庭来说，这显然是一个新的情况，因为我们都是同一个天父的孩子，这种迄今为止普遍存在的隔离肯定不利于整个人类群体的进步和幸福，因为这显然不符合上帝宇宙的社会秩序。固然，这种隔离的打破可能会导致非常可怕的后果，我们的希望是，当坏的影响和好的影响相遇时，后者会战胜前者，由此，秩序、和平和文明会随之而来。上帝用同一种血液创造了地球上所有的人，这个古老的看法有其闪光之处，因此，现在所有的人都主动或被动地拥有彼此，因为他们属于同一个大家庭，今后他们将在一起进行交往。他们都知道他们拥有共同的上帝，共同的救世主，然后他们会在高度发展的文明中像兄弟一样共同生活。

最后一点，关于扩展基督教的现代努力。

事实上，从我们已经陈述的内容可以推断，这一点是世界文明的主要希望所在。一个能够将人们提高到适合与天堂的天使一起居住、并分享他们的服务和快乐的体系，肯定拥有教化地球上人类的最大力量，这一点不容置疑。《圣经》毕竟是教化世界（civilizing the world）的主要书籍——如果它的真理被相信并付诸实践，它对最野蛮的国家都将产生教化作用，就像它对皮特凯恩岛（Pitcairn Island）上蒙昧的反叛者所起的作用那样。现在,人们为在全世界传播《圣经》做出了巨大努力,因此所有的人都可以用他们自己的语言阅读上帝的启示。"英国和外国圣经协会"(The British and Foreign Bible Society)现在一年出版的《圣经》比整个欧洲 16 世纪出版的数量可能还要多。总的来说,这是现代慈善事业的巨大努力,它为人类的最大利益带来了最令人振奋的希望。但是,如果《圣经》能对教化做出如此大的贡献,我不得不补充一句,用双唇和生命巧妙地阐述它的人,是最有效率的教化者(civilizers)。没有宗教牧师,这个世界就永远不会变得文明。如果我们土地上所有的布道坛都能够全面展示福音原则和道德真理的力量与美好,那么这片土地就不可能失败,而是充满和平、繁荣和秩序。无论你在哪里发现一个能干、虔诚和热心的牧师,你就能看到这一点。而且,这种事实在异教国家表现得更加明显。事实上,在现代,所有为了文明进行的征服,都是由传教士以其手中的上帝之言、以其生活中体现的信念来实现的。这些头脑简单、克己忘我的人是文明的真正创造者。通过他们的努力,无论是在拉布拉多(Labrador)海岸、太平洋诸岛,抑或是南非,道德"沙漠变成了玫瑰盛开的地方",通过最美丽的方式,秩序、和平、幸福和美德已经取代了混乱、流血和各种堕落。事实上,没有比这更清楚的公理了:从今以后,文明必须完全依靠基督教,并从基督教中产生。因为,非常明白的是,所有或多或少保护过文明的古代制度,现在都已经耗尽或正在快速耗尽,因此它们再也不能用来支持文明了。封建制度已经死亡,吟游诗人的歌曲已经失去了它在大众心目中的力量,无论骑士制度曾经做过什么,都已经完成了它的任务,永远离开了地球。

但是,难道我们没有哲学——所有强有力的哲学——去教化吗?让我就此说一句,哲学,确切地说,从来没有也将永远不会教化大众的思想。对于这项伟大的工作,从柏拉图到杰里米·边沁,哲学家们的效率都低得可怜,而他们中最聪明的人坦率地承认了他们的无效。至于古代世界得到教化,这不是哲学的作用,而是从人类祖先传下来的道德真理起了作用,是当这种道德真理得到坚持时产生了最好的效果。哲学从来没有比古代文明陷入废墟时更自豪地承担自己的责任。是基督教,而不是哲学,保存了古代世界的文明遗迹,并把文明带到了罗马军队进行征服而不是教化的那些土地上。如果哲学能发挥这么大的作用，为什么她不带着她的人类完美性理论和"人类宪章"（Constitutions of man）去野蛮的民族中，在堕落和悲惨的人类弃儿身上试试她的身手？事实上，对此她既没有这份心意，也没有这种能力。她可以在自己的小圈子里谈论文明，但不能拯救堕落的人：事实上，她觉得这样的人不值得她教导，因为他们没有能力从她的教导中受益，因此她从自己在这件事情上的无能中获得了对其自尊心的一种宽慰。

如果哲学只讲授科学和艺术，那么她可以像一个女王那样坐在她的宝座上，但如果她试图成为一个伦理学的导师并为社会生活和公民政府制定原则，那她除了华丽的修辞和无力的逻辑理论外就再也说不出其他什么东西了。对于这些，人们可能会听，也可能会好奇地思考；但是他们永远不能从中得出约束他们良知、规范他们道德行为的原则。在哲学里"没有西奈（Sinai）"，没有基督受难像（Calvary），没有全能的审判者（Omnipotent Judge），也没有任何救世主。如果她依托十字架工作，眼睛虔诚地盯着《圣经》，关注自然，她将为世界做伟大的事情，但是如果她蔑视十字架，抛弃圣经，她只会像一个有学问的傻瓜一样胡言乱语，或者用她的无神论教条点燃世界。"噢！人们是明智的，他们明白这一点"，因为，如果他们不明白这一点，那么我们的文明及其辉煌的成就，最终都会化为乌有。

　　爱德华·卡彭特（Edward Carpenter，1844—1929）是一位极具影响力的社会主义者、批评家、作家、诗人、思想家和素食主义者，公开的同性恋者，积极提倡社会改革和性别改革。卡彭特毕业于剑桥大学三一学院，一生创作多部著作，包括《英格兰的理想》（1887）、《文明：病因和医治》（1889）、《天使的翅膀》（1898）、《创造的艺术》（1904）、《爱的成熟》（1896）、《中间性》（1908）等。

　　作为一个社会思想家，卡彭特是威廉·莫里斯（William Morris）、约翰·拉斯金（John Ruskin）和亨利·梭罗（Henry Thoreau）的追随者，对现代工业文明持批评态度。《文明：病因与医治》一文集中体现了这一思想。该文是作者1888年在英国著名社会主义团体费边社发表的演讲，第二年，同名论文集出版，并多次再版，产生了一定的影响，甘地曾利用卡彭特的观点批评西方现代工业文明，进而为印度民族主义运动辩护。但是，自出版以来，本文招致了更多的批评而非赞誉。卡彭特认为"文明"是一种可以治疗的疾病，文明病的根源是私有制和财产权，而治疗文明病的方剂是回归自然和人类生命共同体，共产主义是未来的方向。

（魏孝稷编写）

文明:病因与医治

爱德华·卡彭特

（张国琨译　刘文明校）

> 这友好、游荡的蒙昧人，他是谁？ 他是正在等待文明，还是已历经文明，并已掌握文明？
>
> ——惠特曼

一

今天，我们发现自己处于社会的某种特殊状态当中，我们称它为"文明"，但即使对于我们当中最乐观的人来说，它也并非全然令人满意。实际上，我们当中一些人倾向于认为它是不同种族的人们都不得不经历的一种疾病——正如儿童不得不经历麻疹或百日咳；但如果它是一种疾病的话，我们就需要做这种考虑：尽管历史告诉我们，有很多民族（nations）曾被它攻击，很多民族曾向它屈服，一些民族依然还在它带来的痛苦中挣扎，我们知道没有任何一个例子表明，一个民族曾经从这种疾病中基本康复，摆脱它进入一种更正常、健康的状态。换言之，据我们所知，人类社会的发展从未超越我们称之为文明的进程中某个确定而明显的最后阶段；在这个阶段，它总是屈服或者被阻止。

当然，刚开始把"疾病"这个词跟文明联系起来时，听起来似乎夸大其词，但稍加思考便会发现，这种联系并非站不住脚。首先，从其物质层面来说，我在《穆尔霍尔统计词典》（Mullhall's Dictionary of Statistics）（1884 年）中发现，英国官方认证的诊疗医生和外科医生数量超过 23000

人。如果全国的疾病状况已经到这种程度，以至于我们需要 23000 名医务人员的照顾，那么情况一定相当严重了！而他们并未将我们治愈。今天，无论我们将目光投向何处，或是豪宅或是贫民窟，我们都会看到疾病的各种特征，听到关于疾病的各种抱怨；要找到一个健康的人确实非常困难。现代文明人在这个方面的状况——我们的咳嗽、感冒、围巾、对一阵冷空气的畏惧，诸如此类——根本不值得称赞，并且事实似乎是这样：尽管我们拥有许多医学图书馆以及各种知识、艺术和器具，实际上我们照顾自己的能力还不如动物。的确，谈到动物——我认为正如雪莱（Shelley）指出——我们正在迅速将家养动物推入退化的困境。奶牛、马、绵羊，甚至宠物猫咪，都在变得越来越容易生病，并且容易患上它们在较为天然的状态下未曾患过的疾病。最终，地球上的蒙昧种族（savage races）也未能逃脱这种灾难性的影响。无论何处，只要文明触碰到他们，他们就会像苍蝇一样死去，死因包括文明带来的天花、酗酒以及更可怕的种种罪恶，而且通常是仅仅与文明接触就足以摧毁整个种族。

但"疾病"这个词同样适用于我们的社会状况，跟适用于我们的身体状况一样。因为，身体疾病是由于丧失了构成健康的那种身体协调一致性，从而体现为不同器官之间的冲突或失调，或是个别器官畸形生长，或是掠夺性病菌和赘生物对人体系统的损耗；同样，在我们的现代生活中，我们发现构成真正社会的那种协调一致性已经丧失，取而代之的是阶级之间和个人之间的冲突，部分人的畸形发展导致对他人的损害，以及大量社会寄生者对社会机体的损耗。如果疾病这个词可以用于任何方面，我应该说——无论是从本义还是引申义而言——它适用于当今的文明社会。

再者，在精神层面，我们的状况难道不是很令人不满吗？我并不是在影射遍布我们国土的精神病院是如此众多、如此重要，也不是影射如今大脑与神经系统的疾病是如此普遍；我是指精神躁动的奇怪感觉已经成为我们群体的标志，它充分证明了拉斯金（Ruskin）那句尖锐的警句：我们生命中的两个目标是"无论我们拥有什么——只要更多；无论我们身在何处——只要去往别处。"这种躁动与疾病的感觉甚至渗入人类生命最深处——深入人类的道德本性——在那里将自己的罪恶感（the sense of

Sin)暴露出来，①正如它在所有国家中尤其是在它们的文明鼎盛时期那样。纵览整个基督教历史，我们发现这种奇怪的内部冲突与失调一直在发展，与异教和原始世界那种天真无忧的状态形成鲜明对比；并且，最奇怪的是，我们甚至发现人们对这种状态沾沾自喜——尽管它可能预示着更好的前景，但它本身不过是证明了人类生命核心当中协调一致性的丧失，以及由此导致的疾病。

当然，我们明白文明这个词有时是在一种理想的意义上使用的，它指的是我们趋向的一种未来文化的状态——其中暗含的假设是，一个以高顶礼帽和电话为标志的足够长的进程将最终把我们带入这种理想状态；而在这一进程中任何小小的挫折，正如我们刚才所指出的，都被解释为仅仅是偶然的和暂时的。人们有时谈到文明化（civilising）和高尚化（ennobling）的影响，似乎这两个词是可以互换的，当然如果他们乐意在这个意义上使用文明一词，他们有权这样使用；然而，现代生活的实际趋势总体上是否确实变得高尚（除了一种相当间接的方式，这有待探讨），至少可以说是一个令人质疑的问题。任何人如果想要了解这种实际上由当下进程产生的光荣的存在，应该去读一读凯·罗宾逊（Kay Robinson）先生 1883 年 5 月发表在《十九世纪》（*Nineteenth Century*）上的文章，他在文中预言（相当严肃，并且是以科学的名义），未来的人类将会成为一种没有牙齿、秃头、没有脚趾的生物，肌肉和四肢软弱到几乎无法运动！

也许总体上更谨慎的做法是，不要将文明一词在这种理想的意义上使用，而是将其使用范围（正如当今所有书写原始社会的作者所做的一样）限于一个确定的历史阶段，不同国家经历这一阶段，而我们实际上发现自己目前正处于其中。虽然要确定任何历史演进时期的开端的确都很困难，但这一学科所有的研究者都认同这一点，即财产的增长以及由此产生的观念和制度的确在某一时间点造成了人类社会结构的这种变化，导致新的阶段与更早的蒙昧（Savagery）和野蛮（Barbarism）阶段有相当大的差别，并以一个专门的名词来区分。财富的增长以及由此而来的私有

---

① 值得关注的是，"罪恶感"如今（1920 年）似乎已接近消亡。这一事实可能表明了我们的社会秩序中一种即将发生的变化。

财产观念，带来了社会生活中某些非常显著的新形式；它摧毁了基于氏族（gens）的古老社会体系，也就是一种基于血缘关系的平等社会，创建了一个基于物质财产差别的阶级社会；它摧毁了古老的母权和母系继承制度，使女性沦为男性的财产；它带来了土地私有权，从而创造了一个被排斥的无地阶级，以及包括租赁、抵押、利息等在内的一整套制度；它创建了奴隶制、农奴制和雇佣劳动制，这些不过是一个阶级统治另一个阶级的不同形式；为了固化这些权力，它创造了国家和警察。我们所知道的每一个被我们称为文明的民族，都经历过这些阶段；尽管细节略有不同，但变化的主要顺序实际上在所有情况下都是一样的。因此，我们有理由将文明称为一个历史阶段，其开端大致可以追溯到基于财产的社会阶级分化和阶级统治的采用。路易斯·摩尔根（Lewis Morgan）在他的《古代社会》（Ancient Society）里增加了书写的发明以及由此产生的成文历史和成文法律；恩格斯在他的《家庭、私有制和国家的起源》中指出了商人出现的重要性，这是文明时期的一个标志，即使只是以其最原始的形式出现；而上个世纪的法国作家们很有见地地发明了 nations policées（警察控制的国家 policemanised nations）这个术语，代替了文明国家（civilised nations）；因为，相对于警察的出现这一现象，也许没有更好的或更普遍的标志来代表我们正在探究的这个时期，以及它的社会堕落。（想象一下，任何有尊严的北美印第安部落如果被告知，他们需要**警察**来维持秩序，他们将会是何等愤怒！）

如果我们采用文明的这种历史定义，我们会看到我们英国文明（English Civilisation）的历史几乎不超过 1000 年，即便如此，更原始的社会残留的一些例子延续时间也比它更长。看看罗马的例子——如果我们从早期君主统治的后期开始算到罗马覆灭——我们得到的还是 1000 年左右。犹太文明从大卫和所罗门往后延续了 1000 年多一点，中间有一些中断；希腊文明更短一些；我们现今能辨识的埃及文明系列总共延续的时间要长得多；但需要重视的几点是：第一，文明的进程在这些不同的（以及很多其他的）例子当中具有颇为相似的特点，[①]正如同一种疾病在不同的人身上发展的过程也颇为相似；第二，如前所述，没有任何例子表明哪个

---

① 为了证明这一点，我建议读者参考恩格斯的历史研究。

国家曾经完成并超越这一阶段;然而,在大多数情况下,这些国家在主要症状产生之后很快就屈服了。

但有人会说,文明被视为人类历史的一部分时会呈现出疾病的一些特点;然而是否有任何理由假设,疾病也以这样或那样的形式存在于之前的阶段——野蛮阶段呢?对此我的回答是,我认为有充分的理由。我们并不认同这一难以令人信服的理论,即"高尚的蒙昧人"(noble savage)在身体或任何其他方面是理想的人类,我们也确信他们在很多地方确实不如文明人,但我认为我们必须承认他们在某些方面占据优势;其中一个方面就是他们相对不那么容易生病。路易斯·摩尔根在易洛魁印第安人中间长大,他可能是有史以来最了解北美印第安人的白人,他在他的《古代社会》第45页写道:"野蛮终止于伟大野蛮人的产生。"尽管如今地球上没有任何土著民族实际上处于野蛮的最新和最高级阶段,①然而,如果我们列举我们知道的最发达的部落——例如前文提到的20或30年前的易洛魁印第安人,非洲尼亚萨湖(Lake Nyassa)周围的一些卡菲尔(Kaffir)部落,他们如今(可能还要持续好些年)相对而言未被文明触及,或者华莱士(Wallace)的《亚马逊之旅》(*Travels on the Amazon*)中30或40年前乌奥佩斯(Uaupes)河沿岸的那些部落——所有处于摩尔根称为野蛮**中期**阶段的部落——我们都会毫无疑问地在每个例子中发现一个**健康**的人群(这是我们的重点)。库克船长(Captain Cook)在他的第一次航行中提到奥塔海特(Otaheite)的土著:"停留在岛上期间,我们没有发现严重的疾病,只有几个病例,不过是偶发的急性腹痛";后来他提到新西兰土著:"他们拥有完美、不间断的健康状态。每当我们造访他们的小镇,男女老少蜂拥而至……我们从未见过任何一个人显得身体有疾病,而此前我们见过的赤身露体的人群中也没有发现皮肤上有任何斑疹,或斑疹留下的任何痕迹。"这些话相当有力。当然,疾病存在于这些民族之中,即使在从未接触过文明的民族中也有疾病,但我认为,我们可以说在更高级的蒙昧人群体中疾病更少见,不像在我们现代生活中那么多样和常见;而他们**受伤**(这当然是最常见的残疾形式)后恢复的力量被广泛承认为令人惊奇之

---

① 例如荷马时代的希腊人,或吕库古(Lycurgus)时期的斯巴达人。

事。谈到卡菲尔人(Kaffirs)时,J. G. 伍德(J. G. Wood)说:"他们的健康状态使得他们能够在受伤之后存活下来,而这类受伤对于任何文明的欧洲人来说几乎都会立刻致命。"弗兰克·欧茨(Frank Oates)先生在他的日记①中提到一个例子,一个人被国王判处死刑。他被乱斧劈倒,人们以为他已经死了。"**致命的一击**本来打算劈在他的后脑勺,而且已经削下了颅骨的很大一块,本意是要砍断连接大脑的那段脊髓。然而,劈下去的位置略高了一点,但留下的伤口如此严重,在我看来无人能逃一死……当我用提灯检查伤口时,我惊愕地往后退了一步:颅骨根部有一个洞,大约2英寸长、1.5英寸宽,我可不敢说有多深,但深度肯定也得以英寸计算。当然,这个洞已经深入大脑内部,可能有一定深度。我敢说,一只老鼠都能坐在这个洞里。"然而这个人并不是很惊慌失措。就像老国王科尔(Old King Cole)一样,"他要了一个烟斗,还要喝点白兰地",最终完全康复了!当然也许有人会说,这个故事不过是证明了蒙昧人大脑组织的低下;但对于卡菲尔人来说,这种说法无论如何都不成立;他们是一个聪颖的民族,有着大脑袋,敏于争辩,科伦索(Colenso)吃亏后发现了这一点。表明这些土著民族拥有超强健康状态的另一点是,他们的动物精神(animal spirits)令人惊愕!仅仅观看卡菲尔人当中那些彻夜呼叫、歌舞的活动,就足以让人精疲力竭,而更为严肃的北美印第安人,则以他们对战斗的热情或对痛苦的坚强忍耐展现出相应的生命力。②

与此相似,当我们开始考虑那些更具野性的种族的社会生活——无论其多么原始和不发达——研究者和旅行者们几乎一致证明,在它的范围内,比那些文明民族的社会生活更和谐和紧密(compact)。部落成员们并没有组织起来相互冲突,社会并未分裂为相互折磨的不同阶级,也没有被寄生者损耗。这里更多的是真正的社会团结,而疾病则更少。尽管每个部落的习俗很僵化、怪诞,而且常常残酷得令人恐惧,③所有外来者很

---

① 《马塔贝勒地和维多利亚瀑布》(*Matabele Land and the Victoria Falls*)第 209 页。

② 类似的身体健康和生命力量同样存在于一些长期生活在更原始状态中的欧洲人当中。在这个特别的问题上,我们的缺陷不应该归因于我们这个种族(race),我们可能比其他种族在能力上更强,而应该归因于我们生活的状况。

③ 参见道奇上校(Col. Dodge)的《我们野蛮的印第安人》(*Our Wild Indians*)。

容易被视为敌人,但**在这些范围之内**,成员们和平地生活在一起——他们的爱好、劳动都是共同开展,偷窃和暴力很少见,社会情感和利益共同体十分强大。"在他们自己的群体中,印第安人完全诚实。在我跟他们的所有交往中,我听到的这种偷窃事例不超过半打。但这种异常优秀的诚实品质,不会超出跟他们有直接关系的群体范围。对于这个范围以外所有的人来说,印第安人不仅是世界上最坏的盗贼之一,而且这种特质或天性据估计是最恶劣的。"(Dodge,p. 64.)如果一个人开始一次旅程(这次在卡菲尔人中间),"他不需要为饮食劳神,因为他肯定会遇到一座小屋,或者也许是一个村落,而且同样肯定会获得食宿款待。"[①]"我曾有过这样的经历,"A. R. 华莱士(A. R. Wallace)在他的《马来群岛》(*Malay Archipelago* vol. ii. p. 460)中写道,"在南美和东方与一些社群同住,他们没有法律和法庭,只有村落的共同观念……然而每个人都认真仔细地尊重同胞的权利,极少侵犯这些权利。在这样的社群中,所有人几乎都是平等的。没有教育与愚昧、财富与贫穷、主人与仆人之间的巨大差别,这些都是我们的文明的产物"。确实,在早期社会的这种生活**共同体**(*community* of life)中不存在阶级分化和贫富差距,如今这从各方面都被承认是原始人和文明人状况差别的显著标志。[②]

---

① 伍德(Wood)的《人类自然史》(*Natural History of Man*)。

② 以下 H. B. 科特里尔(H. B. Cotterill)先生关于尼亚萨湖周围原住民的评论可能会引起读者的兴趣,他曾于 1876—1878 年住在他们中间,当时该地区几乎无人造访。"单单从'动物性'的发展和健康,也就是身体官能(感觉能力)的精细完善来说,非洲蒙昧人通常远远超过我们。他们觉得自己就像孩子一样,在凭借这些能力旅行或打猎时完全依赖这些能力。确实,我们可能发现他们很多人(尤其是在那些较弱小的部落当中,这些部落被俘为奴,或被驱赶到不毛之地)处于半饥饿和干瘪状态,但他们通常是非常出色的动物。在品格(character)方面,他们非常缺乏这种力量,而它在受过教育的文明人身上由于伸入过去和未来的根而得到保证——并且,尽管他们拥有超强的感觉能力优势,他们依然感到并承认白人身上更胜一筹的品格力量。他们正是斯多葛派自给自足的哲人的反面——就像孩童充满了对未知世界的'敬佩'与崇拜。因此他们完全缺乏自负,尽管他们拥有自制和自尊。他们对自己所爱和敬重的人十分忠诚、甘愿奉献——他们的忠诚可靠并非由'绝对命令'(categorical imperative)支配,而是由个人情感决定。对于一个敌人,他们会毫无良心上的顾忌,变得十分狡诈、残忍而毫无人性。我认为,几乎不可能有哪种观念对于非洲蒙昧人的头脑来说像博爱或爱仇敌那样陌生。"

"在耐力方面,非洲蒙昧人大大胜过我们(除了训练有素的运动员)。有一次,我的船员们用 10 支脚踏桨逆风划船,在一片波涛汹涌的海域上一口气划了 25 小时,穿过约 60 英里的库维尔威湾(Kuwirwe Bay)。他们从不停歇或离开自己的座位——只是偶尔传递一把米饭。我一直在掌舵——真是受够了!……他们头顶 80 磅物品行走 10 小时穿越沼泽和 (转下页)

最后，关于野蛮人的精神状况，也许无人反驳这一观点，即他们更加无忧无虑，而他们的罪恶感也不如他们文明的兄弟那么强烈。我们的躁动是我们为更广阔的生活付出的罚金。如果传教士无法在蒙昧人心中唤醒像他们自己那样强烈的罪恶感，他们也只得败退下来。一位美国女士有一名黑人女仆，她有一次请假说想要参加次日早晨的圣餐礼。"我并不拒绝让你请假；"女主人说，"但你认为你应该参加圣餐礼吗？你知道，你从未说过你抱歉上周偷了那只鹅。""夫人，"女仆回答，"您认为我会让一只老鹅站在我与我神圣的上帝和主人中间吗？"但是言归正传，无论这种罪恶感暂时的发展对于人类最终进化可能是多么必要，我们依然不能不看到，这种缺乏罪恶感的精神状态是最为**健康**的；同样不能掩盖的是，一些最伟大的艺术作品就是被一些缺乏罪恶感的民族（例如早期希腊人）创造的，却有可能无法在罪恶感高度发展的地方被创造出来。

尽管如前所述，野蛮的最后阶段，例如紧挨着文明之前的阶段，在当今的地球上并无代表，但在荷马时期文学和不同民族的其他早期文学中，我们能够发现关于这个阶段的间接记录；这些记录使我们确信，人类有一种状态与我在上文中提到的那些现存民族状态非常相似，尽管前者比后者更发达一些。除此以外，在无数关于黄金时代①、人类堕落等内容的传说中，我们能发现一个奇特的事实，即很多民族在朝着文明发展的过程中，有某个时刻意识到自己已经失去了一种安逸满足的原始状态，于是他们以诗意的修饰与奔放将这种意识体现在关于早期天堂的富于想象力的传说之中。在看到这类故事的普遍性，以及根植于它们和其他远古神话与文献中智慧的吉光片羽之后，一些人推测确实有一个普遍存在的史前伊甸园或亚特兰蒂斯（Atlantis）；但从这个例子的必然性似乎很难强行得出这个推测的结论。然而，我似乎很难避免做出这样的结论，即每个人的

（接上页）丛林。我的 4 名工人用吊床抬着一名体重 14 英石（每英石相当于 6.35 千克——译者注）的病人走了 200 英里，横穿整个可怕的马里卡塔沼泽（Malikata Swamp）。但由于突发事件、暴风等原因，他们如今已消失了。"

① "一个如此美好的场景使得人们很容易相信或高度认可这一推测，即黄金时代不只是诗人们的想象，而是对社会生活真实原初状况的回忆，那时候社会由村庄和房屋共同体组成。"（J. S. 斯图尔特-格伦尼［J. S. Stuart-Glennie］的《欧洲与亚洲》［Europe and Asia］第一章"塞尔维亚"）

灵魂深处都有某种对更和谐、完美的生存状态(state of being)的回忆,这种状态是每个灵魂所经历过的;这可能导致了各种各样的传说与神话的产生。

二

无论如何,我们当下面临的问题是——在证实了文明之前的民族那种虽然更有限、但更健康的状况之后——为什么会有这样的过失或堕落?身体的、社会的、智力的和道德的疾病这种日益多样化和强化的表现,意味着什么?它在人类进化的整个伟大过程中处于什么位置,扮演着怎样的角色?

这让我们偏离主题,需要占用几页来探讨健康的本质。

当我们开始分析疾病这个概念,无论是身体的还是精神的、社会的还是个人的疾病,它显然意味着**失去统一性**(*loss of unity*),前文已提到过一两次。因此,健康就应该意味着统一性,而奇特的是,这个词的历史完全证实了这个观点。众所周知,健康、完整、神圣(health, whole, holy)这几个词语有着同样的来源;它们向我们表明这一事实,即在久远的过去,那些创造这一组词语的人对于健康的含义有着与我们非常不同的概念,并且不自觉地将这种概念体现在这个词本身以及它奇怪的关系词上。

例如这些词和其他一些词:治愈(heal)、使成为神圣(hallow)、矍铄的(hale)、神圣的(holy)、完整的(whole)、有益健康的(wholesome);德语heilig(神圣的)、Heiland(救世主);拉丁语 salus(安康,正如在 salutation[致意]、salvation[拯救]里一样);希腊语 kalos(美丽的);再比较一下 hail! 这个词表示致意(salutation),还有一种不那么紧密的联系,就是词根 *hal*,表示呼吸,正如在 inhale(吸气)、exhale(呼气)里一样——法语是 haleine(呼吸)——还有意大利语 alma 和法语 âme(灵魂);再比较拉丁语 spiritus(表示精神或呼吸)和梵文 atman(表示呼吸或灵魂)。

完整性(wholeness)、神圣性(holiness)……"你的眼睛若瞭亮,全身就光明。"(if thine eye be single, thy whole body shall be full of light)……"你的信救了你。"(thy faith hath made thee *whole*)

这似乎是一个积极的观点——这是身体的一种状况，在这种状况下身体是一个整体，一个统一体——一种核心力量维护着这种状况；疾病就是使这个整体分裂——或崩溃——成为多种多样的部分。

奇怪的是，我们关于健康的现代概念似乎纯粹是消极的概念。我们对于疾病多种多样的存在形式如此印象深刻——它有如此众多的危险，它的侵袭如此突然、不可预测——以至于我们将健康视为仅仅是没有疾病。如同一个探子夜晚独自小心翼翼地穿过敌营，看到敌人坐在营火旁，听见脚下踩到细枝的声音就吓得浑身发抖——这个世界的旅人也是如此，一手拿着安慰之物（comforter），一手拿着药瓶，必须一路小心翼翼，生怕什么时候惊醒了死亡军团——或许福大命大，时而朝左时而向右，只顾虑自己的安全，一路走过却未发现另一边的风景。

健康于我们而言是一种否定之物（a negative thing）。它是其对立面危险的一种中和。它意味着既非风湿也非痛风，既不是患肺结核也不是恶心欲呕，不受头痛、背痛、心痛之苦，也免于"肉体承受的许许多多自然冲击。"这些是现实情况。健康仅仅是它们的对立面。

现代观念（它明显以微妙的方式渗透了当今所有人的思想）认为，生命的本质在于无数的外部力量以一种极其微妙的平衡和艰难地维持，协同一致创造了"完人"（Man）①——因此完人也随时可能由于这些力量不协同一致（nonconcurrence）而遭毁灭。更古老的观念似乎是，生命的本质**就是**完人本身；至于那些所谓的外部力量，则在某种程度上附属于这个本质——它们可能帮助其表达或呈现，也可能对此造成阻碍，但它们既不能创造也不能毁灭完人。也许看待这个主体（subject）的这两种方式都很重要；既有一种能被毁灭的人，也有一种不能被毁灭的人。灵魂和身体这两个古老的词语表明了这个对比；然而，如同所有的词语一样，它们也难免有这个缺陷，即它们试图在无法根本区分之处画一条界限；它们表明了一种对比，然而实际上那只是一种关联性——因为，生命有限且存活于当下的凡人（man）和神圣而普遍的完人（Man）（也构成了我们的意识的一

----

① 作者在文中用大写的人（Man）来表达作为一个整体的身心健康的人，以区别一般意义上的人（man）。为了在译文中将作者所表达的 Man 和 man 的意思区别开来，译者将 Man 译为"完人"，而将 man 根据情境译为"人"或"凡人"。——译者注。

部分），两者之间并不存在一种完美的本质分级（gradation of being），哪里（如果有的话）有一条固定的鸿沟？它们共同构成了一个统一体，互为必需：前者离不开后者，后者也无法脱离前者。借用安杰卢斯·西莱修斯（Angelus Silesius）的话（曾被叔本华[Schopenhauer]引用）来说就是："我知道如果没有我，上帝一刻也活不下去。"

那么，根据更古老的概念，也许是根据更古老的经验，人要想真正健康就必须成为一个统一体（unit），一个整体（entirety）——他的更加外在和短暂的自我与更加普遍和不朽的部分，保持着某种孝道（filial）关系——这样，不仅身体的最远、最外围的那些部分，而且所有附属于其上的那些吸收的（assimilative）、分泌的（secretive）以及其他的过程，甚至心智本身的思想和情感，都与凡人生物那种终极、绝对的透明性建立了直接、清晰的关系。于是，每个生物人中这种构成它并使它凝聚在一起的神圣性，就被设想为这个生物人的救主，身体与心灵创伤的医治者，凡人之中的完人（the Man within the man），他不仅有可能被认识，而且认识他并与之结合起来成为唯一的救赎。我认为，这就是健康的原理——也是神圣性的原理——它在人类历史某个早期阶段被接受，在我们看来却如同透过玻璃看得模糊不清。

以同样的观点来看，疾病的情况，以及罪（sin）的情况，则是以上原理的反面。衰弱，暗昧，欺诈——来自核心的辐射被阻挡了；较小的、不服从的各个中心自立为王，与它作对；分裂，纷争，被群魔控制。

于是在身体里，一个不服从的中心——一处脓肿、一个肿瘤、一个病菌侵入并扩散后在整个人体系统中产生无数后代，一个现有的器官没来由地增大——意味着疾病。在心智（mind）中，疾病始于任何一种强烈的情感自立为一个独立的思想与行动中心。心智健康的状况就是忠诚于其中神圣的完人。① 但如果成为生命中一个独立中心的是对金钱的忠诚，或对知识的贪心，或对名誉的恋慕，或对杯中物的贪恋；嫉妒，淫欲，对认可的爱慕；或仅仅是追随任何所谓的美德本身——纯洁、谦卑、始终如一，

---

① 没有任何话语或理论，甚至是关于道德的，能够表达或阐明这一点——任何美德都不能登上宝座取代它；因为所有美德在我们的人性面前登上宝座后都会变成罪，而且比罪更罪恶。

诸如此类——这些发展起来会造成严重的威胁。它们只是，也应该是次要的；尽管在很长一段时期里，它们的不服从可能是人类进步的一个必要条件，然而在整个过程中它们都彼此为敌，并与核心意志（central Will）为敌；人被撕裂、折磨，并不幸福。

当我由此而分开谈论心智与身体时，必须记住，如前所述，它们之间并无严格界限；但可能心智的每种感情或激情都有与之密切关联的身体状况——尽管这种身体状况不一定容易被观察到。贪食**就是**消化器官的一种狂热。心智中的一种腐坏也是身体中的一种腐坏。胃已经开始产生初步的想法要自己成为人体系统的中心。性器官也会开始产生类似的想法。这些都是明显的威胁，与中心权威为敌——反对完人自身。因为人必须统治，要么就消亡；人被胃控制是不可想象的——一个行走的胃，运用手、脚和所有其他身体部位仅仅是为了将它从一个地方带到另一个地方，服于它的消化狂热。我们可以将这样一个人称为猪（Hog）。（因此在进化论中我们看到猪和所有其他动物的位置，它们是完人的特殊能力的先驱或分支，也看到为什么真正的人理所当然地对所有动物拥有权威，并被独自赋予其在创世中的位置。）

大脑也是如此，其他任何器官皆然；因为完人并非器官，也并不居住在任何器官里，而是控制并辐射向所有器官的中心生命（central life），将运作的技艺分派给所有器官。

那么，无论是身体还是心智的疾病，从这个观点来说都是其统一性、整体性分裂为多样性。它是中心权力的暂时中止和各个不服从的中心的发展——每个生物里面的生命都被设想为是持续运用能量或进行征服，以此使外部的或对抗的力量（和有机体）服从自己并为自己服务，如果它们对自己有害就将其抛弃。因此，通过这些例子，我们发现植物或动物在健康状况良好时能强有力地摆脱任何寄生虫的进攻，不让它们在自己身体里大量孳生；而那些虚弱的植物或动物很快就被寄生虫吞噬。例如，一株玫瑰树移入室内后，会很快被蚜虫啃咬——尽管它在室外长得壮实的时候，蚜虫几乎不能对它造成危害。在干旱的季节，当菜地里幼小的芜青由于缺水而长势弱小的时候，有时所有植株都会被大量繁殖的芜青飞虫摧毁；但如果在遭到摧毁之前下一两次阵雨，芜青植株就会蓬勃生长，它们的茎叶组织会变得更强壮，能够抵挡飞虫的攻击，然后就轮到这些飞虫灭亡了。最近的研究似乎显示，血液中白细胞的功能之一就是吞噬血液循环中的病菌和细菌——从而吸收这些有机体服从身体的中心生命——为了这个目的，它们会大量聚集在身体任何受伤或患病的部位。或者举一个社会的例子，非常明显，如果我们的社会生活确实很活跃、健康，那么压根就不会有像懒惰的股东和上文提到的警察这些寄生产物。他们吸噬的东西将不会存在，因此他们要么消亡，要么被改造为有用的形式。实际上，在任何有机组织中，生命显然只能靠这样的过程维持——通过这种过程，寄生的或侵扰的有机体或被摆脱，或被吸收成为服从的一部分。对于如此运作以创造每个有机组织独特整体性的力量，要定义其性质可能很困难，在当前也许是不可能的，但这种力量确实存在，这是我们几乎不能否认的。也许这是我们意识发展的一个主题，而不是外部的科学研究的一个对象。

从这个观点来看，死亡仅仅是这种力量在有机组织的某些部位运行的减弱和中止；它不过是这样一个过程，当这些表层的部位变得硬化和骨化，正如在老年阶段或由于事故造成不可恢复的损伤，内部的存在（the inward being）就将它们抛弃，进入其他领域。对于人来说，也许死亡有高贵与卑贱之分，正如生命有高贵与卑贱之分。内部的自我无法维持其权威使各种力量服从自己的管辖，只得从高高的特权地位降下来，然后寄生虫蜂拥而至，内部自我部分地落入大批敌人的阵地，也许最终将会带着耻辱和折磨被赶出殿堂，它本该在其内部高高在上。或者，它已经走完了圣洁、品行端正的岁月，将神圣的生命和爱通过所有身体和头脑的渠道辐射出去，并且如同一位完美的工匠使用他的工具，它也以完美的技艺和超然的态度使用所有归自己掌握的资源，然后也许就安静平和地将这一切放下，毫无变化地（除了物质的眼睛外绝对是毫无变化）去到其他指定的领域。

现在我要谈谈这个话题的医学方面。如果我们接受任何理论（即使只是跟上文阐述的理论有些许相似之处），其大意是健康是一种肯定之物（positive thing），而不仅仅是对疾病的否定，那么情况就变得相当清楚了：仅仅研究后者无法让我们发现前者的本质，或让我们离前者更近。你或许也会极力用一个组织起来的拖把系统（an organised system of mops）来创造潮涨潮落。

当你背对太阳，深入空旷的荒野，直到你抵达光线的极限，在那里光线由于距离增加而减弱，在永恒的黑暗边缘变得极其微弱——昏暗光线中的各种幻象和阴影是白日与黑夜之间起伏冲突的产物——然后你研究这些阴影，描述它们，给它们分类，记录它们当中发生的各种变化，在那些宽大的图书馆里将这些记录建造为人类勤奋与研究的纪念碑；你也会到达一个极限，接近对太阳本身的认知和理解——而你一直以来都把太阳抛在身后，背对着它——正如疾病的研究者们到达一个极限，接近对健康本质的认知和理解。太阳的光线照亮了外部世界，赋予它整体性和统一性；同样，在每个个体的内部世界，可能也有另一个太阳将这个人照亮，并将整体性赋予他，而这个太阳的温暖和光明也渗透了他的整个系统。等候这个内部的太阳照亮你，为它爱的光线提供自由的通道，迎接这些光线，并为它们提供自由的途径进入你身边平凡的世界，如此你将可能会对健康有更多了解，超过所有医药书籍所包含的或能够告诉你的。

或者采用前面那个比喻：正是月亮的中心力量作用于浩瀚的海洋，使海水成为一体，并使其按时统一涨落。然而，如果拿走你的月亮。嘿！这下潮水涌入河口湾太远了！你用成千上万只拖把拦截潮水，但它将你的拦潮坝撕得千疮百孔！在这里拦住它，它又会在旁边的海湾涌入！在那里部署一支棉签的军队吧，但目的是什么？在浩瀚海洋边缘操劳到极致，想尽办法使用各种笨拙的工具，制造各种混乱，却永远也办不到中心力量轻而易举就能完成的事，也不能像它那样凭借万无一失的恩典与神圣而举重若轻。

一个人里面潮涨潮落的浩瀚海洋（广阔而奇妙）也是如此——如果将中心引导力量拿走——即使有 20,000 名医生，每人拥有 20,000 本书供参考、20,000 瓶不同的药剂供使用，依然不能对付随之而来的无数病例，而对于已经失去产生辐射的具有统一性的生命体，也无法激活而进入"完整性"状态。

也许，从未有过哪个时代和国家（除了美国［Yankee-land］?）像今天的英格兰一样如此充斥着疾病；无疑，也从未有过哪个时代和国家（除了跟前面一样的例外)拥有如此众多的医生,或者拥有如此强大的医学,无论是在设备、学识、权威方面,还是在实际的组织和拥护者的数量方面。如何调和这个矛盾——如果这确实是一个矛盾?

然而事实却是,医学并非与疾病相矛盾——正如法律并不能消除犯罪。医学——无疑出于一些非常充分的理由——制造了一个疾病的偶像,并围绕它翩翩起舞。只有在有疾病的地方才能见到医学(这是一个规律);它撰写了无数关于疾病的巨著;它在动物(甚至人)身上诱发疾病,目的是研究疾病;它对疾病的症状、性质、原因、来龙去脉的了解,已经达到令人惊叹的程度;它的眼睛永远注视着疾病,直到疾病(对它来说)成为世界的主要事实和它崇拜的主要对象。即使是被优雅地称为"卫生"(Hygiene)的科学,也不能摆脱这种消极的态度。世界依然在等待它的医治者,这位医治者将告诉我们——尽管我们被疾病和痛苦折磨——健康是**什么**,哪里能找到健康,它从何处来;如果有人触碰到了自身内部这种奇妙的力量,他不把它宣讲和传授给人们就决不罢休。

不,医学跟疾病基本上不矛盾。同样的原因(对人里面的中心生命不忠诚以及中心生命的衰弱)既造成了疾病、使人易于患病,也创造了研究这个问题的研究者和一门科学。月亮(Moon)①已经从水面消失,善良的人手握他们的拖把直冲向前;突如其来的洪水、拖把、混乱与骚动都是由同样的原因造成的。

至于疾病的立足点,很明显疾病容易在一个杂乱无章的系统内发生——正如一个煽动叛乱的冒险者在中央政府软弱无力的地方很容易登陆,并发现各种反抗的资源唾手可得,随意供自己使用。而对于治疗这样产生的疾病,有两种疗效显著的方法:一种是加强中心力量,直到它自身强大到足以驱逐反抗的成分并恢复秩序;另一种是从外部攻击疾病,如果可能的话将其摧毁——(例如使用药剂和汤剂)——不依靠内部的生命力,任凭它保持原先的状态。第一种方法看起来最好,最为长久、有效;但它又难又慢。它的关键在于采取身体上和精神上健康的生活方式,这一

---

① 奇特的是,月亮这个词似乎与人(Man)这个词有相同的根源,它最初的意思似乎是秩序(Order)或措施(Measure)。

点将在后文中谈到。第二种方法可能会被描述为医药方法，是很有价值的，或者我应该倾向于说，如果它找到了自己的位置，即从属于第一种方法，它将会变得很有价值。然而，它过多地被视为更加重要的方法，这样，尽管它易于运用，它带来的损害却可能超过了它的好处。疾病也许会暂时止住，但是，病根没有消除，它就会很快以原先的形式或新的形式东山再起，病人的状况就会跟从前一样糟糕。

健康的强大积极力量，以及它拥有的将疾病逐出其所在区域的那种力量，我相信只有极少数人认识到了。但它已经在地球上被认识到了，在我们当前文明中那些更加败坏的成分消亡之后，它将被再次认识。

三

我们偏离主题讨论的结果表明，健康——在身体或心智方面——意味着统一性、整体性，与分裂相对立。在动物当中，我们发现这种身体上的统一性已经达到了令人惊叹的程度。一种几乎万无一失的本能和选择性的力量支配着它们的行动和组织。因此，一只猫在堕落之前（例如在它变成一只气喘吁吁的炉边猫咪之前！）在某种意义上是完美的。它在奔跑或跳跃时四肢那奇妙的协调性，肌肉的适应性，本能的准确性与必然性，无论是身体上还是情感上；它的视觉和嗅觉的判断力，要求食物的清洁与精细，母性的机智，被激怒时或预备捕食时整个身体的表现——所有这些说起来都是如此确切、敏捷——让人充满敬佩。这种生物是"完整的"或浑然一体的：在它里面没有任何值得一提的矛盾或分裂之处。①

其他动物也与之类似，甚至早期人类也与之类似。看起来这就回到我们的主题了——如果我们接受进化论，那么我们就承认生命体有一个演进过程——这些生命体虽然不完美，却基本上都拥有健康的属性——这一演进过程从最低级的形式发展到健康和本能的人（尽管肯定是有局限的人）。在整个过程中，中心规律处于上升势头，每个生物的身体系统

---

① 关于疾病，尽管无人坚持认为动物当中有对疾病的免疫力——因为具有寄生特征的那些疾病普遍存在于所有种类的动植物中——那些疾病依然显得比文明人更少，而健康的有机体本能比文明人更强。

都相当清楚地体现了这个规律——当然,根据规律展开所达到的级别不同,它们表现出来的复杂性和程度也不同。于是在这个漫长的发展过程中,内部的完人(他已经在动物内部隐藏或休眠)终于显现,这个生物最终呈现出人类的外部形体和各种官能,它们出现仅仅是因为它们所代表的内部的人;当这个生物经过了一个又一个动物生命阶段,抛弃了实验性的类型和与将来形式相似的类型,经历了特殊形式和官能的无数次初级操练,直到最后开始能够披上人类自身完全的尊荣——然后,看上去这个漫长的发展过程即将结束,创造的目标距离实现也一定不远了。

然而,就在这个时刻,当目标可以说近在眼前的时候,出现了我们前面谈过的"完整性"(wholeness)的丧失,人类本性的统一性部分地破裂了——人不再沿着从前的路线大步向前,而是看起来**堕落**了。

这种统一性的丧失是什么意思?这样的堕落以及被逐出早期天堂的漫长放逐,其原因和意图是什么?只有一个答案。它就是自我认知(self-knowledge)——(在某种程度上包括抛弃自我)。完人不得不开始意识到自己的命运——抓住并实现自己的自由和祝福——从而将自己的意识从外在的凡人的部分转向内在的永恒的部分。

猫无法做到这一点。尽管在它自己的能力范围里达到了完美,它的内部发展依然不完全。内在的人类灵魂还没有走出来宣告自我;揭开一些起保护作用的树叶之后,神圣的花蕾才能看得清楚。当最终(像一个傻子那样说)猫变成了人——当这个生物里面的人的灵魂已经自己爬出来并找到表达的方式,将这一过程中的外部形体转变为人性的形象——(这是我假设的进化论的含义)——此时这个生物虽然以完人的形式显得完美、光芒四射,但仍然缺少一样东西。它缺少对自己的认知;它缺少自己的身份,以及对自己获得的人的身份的认识。

在动物当中,它们的意识从未转回自身。它们的意识很容易向外辐射,这些生物毫不犹豫地服从,几乎没有**自我**意识,这是它们存在的规律。当人刚出现在地球上时,甚至站在我们称为文明的门槛上时,有很多事实表明人在这方面依然与动物归为一类。尽管人类在物质与精神成就、征服自然的力量、发展的能力和适应性方面大大优于动物,但在这些早期阶段,他们依然在自身行动的无意识本能属性方面与动物相似;另一方面,尽管他们的道德和智力结构远不如现代人的那么完整——这是缺乏自我认知的必然结果——但实际上他们与自我和自然的相处比他们的后代更为和谐；[①]他们身体的和社交的冲动更加清楚、果断；他们意识不到内部的纷争与罪（sin），与我们现代持续不断的冲突与迷惘状态形成鲜明对比。

也许可以说某种程度的人类完美和幸福属于这个时期，不过还有远远比这更高的目标等待攀登。人类的灵魂已经在黑暗中游荡了万千岁月，从它在某种低级生命中如火种一般微小的萌芽，到它在人里面实现充分的辉煌与尊严，但它还没有**认识**自己奇妙的遗产，还没有最终变得个体化和自由，以至于能够明白自己的不朽，延续和阐释它所有过去的生命，并胜利进入它已经赢得的国度。

实际上，它不得不面对自我意识那骇人的挣扎，或者面对真正的自我与短暂易逝的自我的分离。堕落之前的动物和人是健康的、无忧无虑的，但他们并不知道自己是什么；为了获得对自我的认知，人必须堕落；人必须变得低于真实的自我；人必须忍受不完美；分裂与纷争必须进入其本性。为了认识完美的生命，明白它是什么、它有多奇妙——为了明白所有的祝福和自由都存在于它里面——人必须暂时忍受与它的分离；统一性和人性的宁静必须被打破，犯罪、疾病和纷争必须进来，而相比之下人必须获得认知。

奇妙的是，就在希腊文明以及欧洲文明的黎明到来之时，我们发现神秘的话语"认识你自己"刻在德尔斐的阿波罗神庙之上；而在闪族（Semitic race）传说中最早的一个传说，是亚当和夏娃吃了分辨善恶树上

---

① 至于这些野蛮的种族与自然的统一性，这似乎是无可争辩的事实；他们感官的敏锐，对天气变化的敏感，对植物特性和动物习性的知识，诸如此类，已经成为人们频繁谈论的主题；但除此以外，他们与普遍精神（the universal spirit）合而为一的那种强烈情感，可能只是被他们自己微弱地意识到，但在他们的习俗中表现得非常显著和明晰，这对我们来说最为陌生，其中饱含深意。安达曼（Andaman）岛民夜晚在沙滩上的舞蹈，范族部落（the Fans）和其他非洲部落热烈的新月节日，穿过森林的列队行进，反复的咏唱和深沉的鼓声，炎炎烈日下青年印第安人的折磨舞蹈（torture-dances）；早期希腊人的酒神狄俄尼索斯节日（Dionysiac festivals）；还有祭献自然的仪式和狂欢节，以及在所有原始民族中发现的预见未来的超能力；这一切清楚地表明了一种能力，尽管它几乎还没有足够的自我意识而成为我们所谓的宗教，但它实际上是宗教的基础成分，以及一些有待发展的人类力量的萌芽。

的果子！对于动物来说并无这类认知，对于早期人类来说不曾有过这类认知，而对于未来得到完善的人类来说也不会有这类认知。它只是一种暂时的扭曲，表明当今人类的不统一——外部自我与内部自我的不统一——可怕的双重自我意识——这是一种最终达到更完美和有意识的统一的途径，没有它就不能实现这种统一——在胜利中被吞噬的死亡。"头一个人是出于地，乃属土；第二个人是出于天。"（《哥林多前书》15：47——译者注）

于是，在进化的这个关头，为了进一步向前推进，完人必须先堕落；为了认知，他必须丧失。为了认识到健康是什么，拥有它是多么灿烂辉煌，他必须经历疾病的整个漫长过程；为了认识完美的社会生活，明白人类的力量和幸福包含在他们真正的相互关系之中，他必须知道单单来自个人主义与贪婪的不幸与苦难；为了发现他真正的人的本色（Manhood），明白它是多么奇妙的一种力量，他必须首先丧失它——他必须成为自己各种激情和欲望的猎物和奴隶——被它们卷走，恰如法厄同（Phaethon）被他无法控制的马匹卷走。

这个分离的时刻，也就是人类发展进程中的一段插曲，覆盖了整个历史的根基；而整个文明，以及所有犯罪和疾病，都只是它宏大目的的材料——它们本身注定要逝去，正如它们的出现，但会留下它们永恒的果实。

因此我们发现，一直以来建立在财产基础之上的文明的工作，就是从各方面使人瓦解和堕落——确确实实地要腐化——要**打破**人性中的统一性。这一过程始于抛弃原始生活和羞耻感的增长（如同在亚当和夏娃的神话中一样）。从此以后，性就脱离了神圣性。性行为不再是宗教崇拜的一部分；爱和欲望——内部与外部的爱——在此之前是合而为一的，此时变成了相互分离的两样东西。（这无疑是**爱的意识**[the *consciousness of love*]发展的一个必经阶段，但它本身仅仅是痛苦的和异常的阶段。）如今它发展到顶点并走向终结，表现为精神实际与肉体满足的完全分离——在妓院与宫殿中庞大的商业性爱欲系统中进行买卖。它始于对坚韧的自然生活的抛弃，终于社会的倾倒崩溃，它几乎不被视为人的属性，而是存在于各种形式的奢侈、贫穷和疾病之中。人曾经是大自然的自由之子，如今却否认了自己的儿子名分;人否认了曾经哺育自己的胸怀。人故意转身背对阳光,把自己藏在有呼吸孔的盒子里(人称之为房屋),生活日益陷入黑暗与窒息,只是出来看一眼辉煌的太阳,也许每天只看一次,然后一呼吸到自由的风就跑回屋子,生怕感冒!人用剥下的兽皮将自己裹起来,随着时间的推进给自己裹的层数越来越多,制衣的恐惧感日益增强,同时也制得越来越精美,最终人不再被视为曾经的万物之灵长的完人,并且呈现出一副荒唐的景象,比坐在自己手摇风琴上的猴子还要可笑。在很大程度上,人不再使用自己的肌肉,人的脚部分退化,牙齿则完全退化,消化能力衰弱到要把所有食物煮烂成浆的地步,而人的整个身体系统退化如此明显,以至于最后凯·罗宾逊(Kay Robinson)站出来发出预言,正如前面所述,即人不久以后会变得完全没有牙齿、秃头、没有脚趾。

由于人拒绝了自然,各种形式的疾病接踵而至;先是精致、优美、奢华;然后是失衡、衰弱、易于疼痛。由于人将自己与治愈一切的力量隔绝开来,人不可避免地削弱了自己整个人的本色;人与中心之间的联系松开了,人成为自己器官的俘虏。人从前并未意识到自己这些器官的存在,如今却变得对它们过于在意(这不就是这一过程的目标吗?);胃、肝和脾开始变得明显很痛苦,心脏失去了稳定跳动的节奏,肺失去了与无处不在的空气的联结,大脑变得燥热不安;每个器官都偏离正常轨道而自行其是,成为混乱的温床,身体各处都表现出疾病的症状,而完人惊恐地注视着自己的王国——此前他从未怀疑过自己对这个王国的统治——现在到处狂热地点燃了对他的反抗。然后——一切都随着人类发展的这一阶段接踵而至——流行病横扫全球,瘟疫、热病、精神病和脓疮大行其道,随后医生队伍日益壮大——他们也随身带着书籍、药瓶、疫苗、活体解剖,死亡在他们身后露出狞笑——这是一个疯狂的群体,他们不知道自己在做什么,然而他们都在不自觉地、毫不怀疑地实现人类伟大而持久的命运。

在整个过程中,财产的影响非常显著。通过人类生产力进步而积累起来的财产很显然以这三种方式作用于人类:使人类远离(1)自然、(2)真正的自我、(3)同伴。首先,财产使人类远离自然。换言之,随着人类对物质世界的控制不断增长,人类为自己创造了一个空间和环境,在一定程度上偏离了伟大的原初世界,此前他一直生活在其中与风云水月、山川草木为伴。人类创造了我们所谓的人工生活，包括房屋和城市，并将自己关闭其中，将自然拒之门外。如同一个成长中的男孩在某个时刻部分地为了维护自己的独立性，就极力挣脱母亲温柔的照顾，甚至——只是暂时地——表现出对她的反抗精神，完人也是在发现了自己的各种力量之后就运用它们——也是暂时地——甚至用来反对自然，为自己创造一个世界，其中没有自然的份。其次，财产的增长使人类远离真正的自我。这已经够清楚了。随着人类对物质世界的控制和自己财富的不断增长，人类发现自己可以随心所欲地使用各种方式来满足自己的感官。人类的主要动机已不再像动物那样被"整体"的本能引导，而是变成了运用自己的各种力量去满足各种感官或欲望。这些感官或欲望被不正常地夸大，人类很快就将自己的主要利益寄托在它们的满足之上，并为了自己的器官而抛弃了真正的自我，为了局部而抛弃了整体。财产牵引着人前行，刺激其生命的外在部分，暂时控制了人，压倒了中心意志（central Will），并导致了人的分裂和堕落。最后，财产通过这样刺激完人外在的和自私的本性，使其远离同伴。人为了满足自己的欲望而热衷于为自己积累财物，必然会与周围的人发生冲突，并将其视为敌人。因为人真正的自我存在于自己与整体的有机关系之中，这个整体由自己与同伴组成；当人抛弃自己真正的自我时，他也抛弃了自己与同伴真正的关系。群体性完人（mass-Man）必须控制每一个单元人（unit-man）里面做主，否则单元人就会走失而消亡。然而，当外部的人（outer man）极力将自己与内部的人（the inner）分离，单元人极力将自己与群体性完人分离，个性的统治就开始了——当然，这是一种错误的、难以对付的个性，但这也是达到真正个性意识的唯一途径。随着一种基于财产的文明的到来，古老的部落社会的整体性瓦解了。血缘关系曾经是氏族制度的基础和古老共同体的保障，此时它与平等关系一起消解了，取而代之的是纯粹基于财产的各种权力与权威。财富的增长导致古代社会瓦解；随之而来的权力、财产等诱惑将个体从栖身之处强行拉出；个人的贪婪占据了统治地位；"人人为己"成了普世格言；每个人都出手对抗自己的兄弟，最终社会本身变成了一个劫贫济富、弱肉强食的组织。（在这方面，可以发现一点很有意思：路易斯·摩尔根将书写字母表的发明和私有财产概念的发展当作文明时期的主要特征，以此区别于此前的蒙昧时期和野蛮时期；因为书写的发明可能比其他一切更能代表这一时期，此时人类开始获得**自我意识**——人类将自己所做所想记录下来，于是就开始了严格意义上的历史；私有财产的发展则标志着这样一个时期，即人开始将自己与同伴分离开来，于是罪［或分离］的概念开始出现，随之而来的是整个漫长的道德迷茫时期，以及对自己与同伴之间生命共同体的否认，这个共同体是人类存在的真正本质。）

然后，政府机构就兴起了。

在此之前，政府仅仅是以一种相当原始的形式存在。早期社群很少因为个人所有权而受到困扰，他们拥有的政府通常在本质上是民主的——因为政府仅仅是从有血缘关系和社会地位平等的人当中选出领袖。然而当人错误地认为人可以只为自己活着——人的外部和偶然性的自我远离伟大的内部和宇宙性的自我（inner and cosmical self），人本来通过后者与同伴合为一体——当这种错误思想将人控制之后，它不久就在某种私有财产制度中体现出来。旧时的生命与欢乐的共同体消亡了，每个人都尽其所能攫取最大利益，并退入自己的藏身之处享受攫取所得。私有财物出现了；生命的慷慨馈赠曾经自然地流动，如今却被拦截积蓄起来，而法律这种人为屏障必须建造起来以维护不平等的各个等级。愤怒与欺诈紧随占有欲而来；占有者必须使用武力以维持法律屏障，阻挡未占有者；阶级形成了；最终，正式的政府出现了，主要是作为这种武力的表现形式；政府竭尽全力维护自身，直到某个时候它维持的不平等变得过于尖锐，导致被压抑的社会如同被拦蓄的大水冲破堤坝，重新恢复其自然的水位。

因此摩尔根在他的《古代社会》中一再指出，文明的状态取决于领土和财产的标记及资格，而不是像古代的氏族（gens）或部落那样取决于个人基础；文明的政府也相应地具有自身的特点和功能，与部落的简单组织颇为不同。他指出（第124页）："君主制与氏族制度是不相容的。"关于财产与文明及政府的关系，他给出如下耐人寻味的评论（第505页）："对于财产在人类文明中的影响，怎样估量都不为过。正是财产这种力量带领雅利安民族和闪米特民族走出野蛮，进入文明。人类头脑中财产意识的发展以模糊的状态开始，最终成为人类头脑中最主要的激情。政府和法律最初就是根据财产的创造、保护和享受而建立起来的。它建立了人类的奴隶制作为创造财产的工具;经历了数千年奴隶制后,它又导致了奴隶制的废除,因为人们发现自由人是一种更好的创造财产的机器。"在另一页也论述了这个主题:"社会的瓦解有望成为一种以财产为目的和目标的人类经历的终结;因为这种经历包含自我毁灭的因素。民主是下一个更高的阶段。它将成为古代氏族部落自由、平等和博爱的一种更高形式的复兴。"

实际上,政府机构就是社会生活中以下现象的证明:人已经丧失了自己内部的、中心的控制力,因此必须求助于一种外部的控制力。人失去了与内在完人(人的真正的向导)的联系,因此人按照一种外部的法则堕落了,这种外部法则无疑一直都是错误的。如果每个人与其同伴组成的大群体保持有机黏合的关系,就不会发生严重的失调;然而,正是在这种至关重要的整个群体的统一性削弱之时,它就不得不以人为的手段来保全,因此正是随着原始、本能的社会生活的衰退而兴起了一种政府形式,它不再是全体人民的生活的民主表达;它却是一种外部的权威与强迫,由一个统治阶级或阶层强加给他们。

也许最真诚的政府形式是君主制,尽管它并非总是最早的政府形式。人类统一性的情感已经部分丧失,但并未消失,因此人民选择——为了将社会维系在一起——一个人来统治他们,这个人的这种统一性情感比常人程度更高。他代表真正的完人,因此代表了人民。这通常发生在大规模战争和国家形成的时代。在这方面,有一点很有意思:在文明时期之前,每个国家的早期"国王"或领袖通常与最高的宗教功能有关,例如罗马的勒克斯(rex),希腊的巴赛勒斯(*basileus*),早期埃及的国王(Kings),以色列人中的摩西,不列颠人(Britons)的德鲁伊特领导人(Druid leaders),等等。

后来,随着每个人里面的中心权威变得越来越晦暗,而外部财产的吸引力变得越来越强烈,这种情况也发生在社会之中。世俗的力量与精神的力量分道扬镳。国王最初曾代表社会的神圣精神或灵魂,此时却退到幕后,而他的那些高级贵族(他们可以与高贵者、更慷慨、心智属性相提并论,)开始取代他的地位。这就是贵族与封建时代(Feudal Age)——柏拉图笔下的军人政体(Timocracy);它的标志是大型私有田产的出现,以及奴隶制和农奴制的发展——奴隶制由此在社会上显露出来,成为人内心被奴役的外部标志。

然后进入商业时代(Commercial Age)——柏拉图笔下的寡头政体(Oligarchy)或财阀统治(Plutocracy)。荣誉让位于物质财富,统治者不是依靠个人或世袭的资格,而是依靠财产的资格进行统治。议会、宪法和全体大会(general Palaver)是这个时代的规矩。雇佣劳动制、高利贷、抵押贷款及其他可恶的事物表明了这一世俗过程的进展。对个体的人而言,利益是存在的目的;勤劳与科学的智巧是人最高的美德。

最终,分离彻底完成了。个体丧失了所有关于神圣引导及相应事物的记忆和传统;人的那些更高尚的情感也丧失了,因为它再也没有一个可以献身的领袖;人的勤劳与智慧只是服务于自己那些蝇营狗苟的小小欲望。这就是无政府主义的时代——卡莱尔(Carlyle)笔下的民主;乌合之众与暴民法(mob-law)的统治;党派与倾轧,竞争与普遍的贪婪,在如同癌症一般的暴政和财阀统治之中爆发——社会完全是一片混乱与迷失。因为,正如我们在人身体上看到的一样,当内部的、积极的健康力量离开身体之后,身体就沦为寄生虫的猎物,被它们占有、吞噬;同样,当中心的启示(inspiration)离开社会生活之后,社会生活就在个体贪欲的蛆虫堆里痛苦挣扎,最终落入一个最可怕的利己主义者的统治之中,这个利己主义者就是在社会生活腐化堕落的过程中成长起来的。

这样,我们就已经简单描述了这种"疾病"的症状发展的进程,如前所述,这种"疾病"在它攻击的不同民族中发展的进程大部分(尽管不是全部)都是一样的。如果这个最终阶段真的就是一切的结局,那么对于真正的民主,实际上几乎没有什么可以指望的了。卡莱尔的任何言语都不足以抨击那种黑暗。但这并非真正的民主。在这种"每个人都为自己"的体系中,每个人心中都没有人民(Demos)的统治或类似的事物。其中并无古代部落和原始社会中那种团结,只有分裂和一堆尘土。真正的民主还没有到来。在目前这个阶段,只有最终否定所有外部的和阶级的政府,以预备恢复内部的和真正的权威。在这个阶段,文明的任务走到了尽头;这些漫长岁月的目标已经实现了;人类不得不经历的痛苦历程结束了;然后,从这种死亡以及所有与之相随的折磨与动荡之中,最终迎来了复活(Resurrection)。完人已经探测了脱离自身神圣精神的异化的深度,已经饮尽了痛苦之杯的渣滓,已经完全坠入地狱;因此他返回了,在个人和社会层面都返回了,并有意识地朝着自己曾经丧失的统一性往回攀登。[1]

然后,虚假的民主退到一边,使曾经隐藏在它下面的真正的民主显露出来——真正的民主根本不是外部的政府,而是内部的统治——每一个单元人(unit-man)里面群体性完人(mass-Man)的统治。因为任何一个外部的政府都不过是权宜之计——它不过是一个暂时的坚硬蛹鞘把幼虫包裹在内,新生命就在里面逐渐形成——它是文明时期的一个工具。它并不能走得比这更远,因为没有一种真正的生命能够依赖一种外部的支持而存活,而当社会的真正生命到来时,它所有的形式将会变得灵活、自发、自愿。

四

现在,离题万里之后让我们回到正题:通过对未来的展望,我们能看到人类将会选择什么道路呢?

这是一个我几乎不敢应对的问题。"晨风永远吹拂,"梭罗(Thoreau)说,"创造之诗绵延不绝——但能听到它的耳朵非常稀少。"那么我们这些深陷当今漩涡之中隔阂深重之人,又怎能正确地想象出那等待着我们的光荣? 我们如今掌握的知识造成的局限都不会令我们担心;当那个时刻

---

[1] 另外,文明时期的一个特点值得一提,那就是抽象智力(abstract intellect)的畸形发展,一方面与生理感官形成鲜明对比,另一方面也与道德意识形成鲜明对比。这种结果可能是意料之中的,因为我们可以看到,从现实中分离出来的抽象(abstraction)很自然地成为那种虚假的个人主义或分裂的强有力引擎,这正是文明要制造的东西。实际上,在这个时期,人为自己建造了一个智力的世界,从他周围伟大的现实宇宙中分离出来;"事物的鬼魂"(ghosts of things)在书籍中得到研究;人作为研究者居住在室内,无法面对户外空间——人的那些理论"也许在讲座教室里被证明是非常出色的,但在宽广的云层下、陆地景观与条条江河之中根本无法证明";孩子们在远离现实生活的空间里接受"教育";哲学与科学各种庞大的幽灵神庙建立在最薄弱的地基之上;在这一切之中,人活着是与真正的事实隔离的。因为,正如一滴水接触烧红的铁时便将自己包裹在水蒸气之中,从而得到拯救免于毁灭,人小小的头脑也是如此:为了不至于接触到自然和上帝那灼热的真理而被烤化,它的进化发生在每一次接触虚假思想的面纱之时,这种思想使它暂时单独存在,并成为它的自我意识的保姆。

到来，所有不可能之事都将轻而易举地实现；"翅膀如何长出以及从何处长出"这种身体结构上的难题将会迎刃而解，因为人们会感到翅膀正在生长！

几乎毫无疑问的是，趋势将会是——实际上这种趋势已经开始显露——回归自然和人类生命共同体。这是返回失去的伊甸园之路，更确切地说是通向新伊甸园之路，旧伊甸园不过是新伊甸园的影子。人必须解开千百年来包裹自己的木乃伊外壳，他曾经以此将自己与阳光隔绝，躺卧在看似死亡的状态之中，静静地预备自己光荣的复活——为了整个世界，就像那可笑的旧蛹一样，他自己就是那旧蛹。他必须从房屋和所有其他藏身之处走出来，很久以前人曾经满怀羞耻地（正如人在伊甸园里听到上帝的声音时那样）将自己隐藏于其中——然后，自然必须再次成为他的家，正如自然是动物和天使的家一样。

正如古老的咒语写道："人穿衣而堕落，脱衣而上升。"在人如风一般的精神身体之外，人穿上了物质的或泥土的身体；在泥土的身体之外，人又穿上了动物皮和其他衣物；然后人将这身体隐藏在房屋之中，躲在帷幕和石墙之后——这些对它来说成了第二层皮肤，以及自身的延伸。这样，在人和自己真正的生命之间建立起一道密不透风的树篱；由于对自己泥土的身体及其所有皮肤的担忧，人很快失去了对自己是一个完人的认识；他真正的自我在沉沉的、漫长的昏厥之中睡着了。

然而，所有那些想要释放自己里面神圣的意象（imago）的人，他们的本能趋向于脱去衣服，这已超出了字面的意思。而进化或剥落（exfoliation）的过程本身不过是持续不断地脱去自然的外衣，以此使完美的人的形式从初级阶段逐渐走向完全显露。

于是，为了恢复人已经丧失的健康，未来人必须趋向这个方向。室内生活必须缩减到很小的比例，而不是像现在这样占据生命的主要部分。与此类似，衣服必须简化。这个过程会进展到什么程度，现在还不必追问。现在已经足够明确的是，我们的家庭生活和衣服会立即大大简化，并得到最大的好处——它们会变成附属之物，而非像现在这样被奉若神明。每个人都会确信，在这个方向上的每一点收获都是真正生命上的一点收获——无论是光头沐浴在天堂的空气之中，还是赤足踏在充满魅力的泥土上,或是简单的衣服让光线本身透过其经纬照在活跃的器官上。户外生活,对风浪的熟悉,纯净的食物,与动物的友谊——与伟大的母亲搏斗以获得自己的食物——所有这些将倾向于恢复人丧失已久的关系;随后,能量将被注入人的身体系统之中,这将使人的健康得到完善,变得容光焕发,这是现在无法料想的。

当然,人们会说这些当中很多都难以在我们的国家实现,室内生活以及所有随之而来的事物是气候强加给我们的。然而,如果这在某种很小的程度上——尽管非常小——是真实的,也没有理由阻挡我们利用每个机会朝上述方向推进。我们也应该记住,我们的气候在很大程度上是我们自己创造的。如果我们很多大城镇及其附近数英里土地的空气失去活力,死气沉沉——以至于冷天它并未给予可怜的凡人们补偿力量来抵御严寒,却几乎将他们置于死地,逼着他们将自己裹在厚长大衣和围巾里——应该责备的正是我们自己。是我们将这土地笼罩在一层烟幕之中,我们正从其中穿过,走向我们自己的葬礼。

然而,很可能这种气候在其最佳时刻也并不适合人类生活的最高发展阶段。因为英国已经充当过文明最伟大的几场戏的舞台,而她将来并不会继续保持文明的领袖地位;未来那些更高级的共同体将有可能在更温暖的地方兴起,在那里生活比在这里更丰富、更充实,也更自然、更慷慨。

这方面的另一个重点是食物问题。在中心力量丧失或衰落后,为了使其恢复,最合适的饮食应当主要由水果和谷物组成。动物类食物常常暂时提供大量神经能量——因此为了一些特殊目的是有用的;但这种能量是间歇性、使人激动的;这种食物容易刺激那些附属中心,从而使中心控制减弱。那些主要依靠动物性食物为生的人尤其容易生病——而且不仅是身体生病;因为他们的心智也更容易被欲望和忧伤控制。所以在悲痛或任何一种精神问题发生的时候,与身体生病时一样,应该立即改为依靠简单食物。在这种饮食的支撑下,身体能够承受工作而更少地感到疲劳,更不易受痛苦和寒冷影响,并能极快地使伤口自愈;所有这些事实都指向同一个方向。还需要指出,种子类食物——我指的是各种各样的水果、坚果、块茎、谷物、蛋,等等(也许我还要将奶制品也包括在内,例如黄油、奶酪、凝乳,等等),不仅天然地以其最浓缩的形式包含生命的各种元素,而且还有一个优势,就是适合任何生物而不会造成伤害——因为就连卷心菜在被人从根部撕开进行烹煮的时候,都会发出无声的尖叫,而草莓植株邀请(asks)我们拿走它的果实,并且把果实涂成醒目的红色以便我们可以看到并吃掉! 这两种考虑都必然使我们相信,这种食物最适合发展人类生命的核心。

人类生命的核心意味着洁净。我们天性的统一性恢复之后,**内部和外部的**身体洁净的本能将会再次成为人类的特征(这也是动物的显著特征)——只有到了这个时候,它才成为一种自觉的、快乐的本能,而不是一种盲目的本能;污垢不过是混乱和堵塞。这样,整个人包括头脑与身体都变得干干净净、容光焕发,从最里面的中心到最外面的肢体——"改变形象"(transfigured)——精神的和物质的这两个词之间的区别消失了。用惠特曼(Whitman)的话来说,"粗野的物体和看不见的灵魂合为一体"。

但这种回归自然,以及与伟大宇宙的某种密切联系,并不意味着否认或贬低人类生活和利益。通常认为,完人与大自然之间存在着某种对立,如果推荐一种更接近自然的生活就意味着禁欲和隐逸;不幸的是,如今这种对立确实存在,尽管它必定不会永存。如今确实是很不幸,人是唯一这样一种动物,凭借自身的存在就让自然变得丑陋无比,而不是装扮自然变得更美丽。狐狸和松鼠可以在树林中建造自己的家,并以此使树林更美丽;然而,当阿尔德曼·史密斯(Alderman Smith)在树林里建造他的别墅时,诸神就打点行装离去,他们对此再也无法忍受。布须曼人(Bushmen)能够在一片裸露岩石的斜坡上隐藏自己,让自己变得无法辨别;他们将其小小的黄色裸体缠绕在一起,看上去像一堆枯枝;然而当高顶礼帽和双排扣长礼服出现时,鸟儿们就尖叫着飞离树丛。希腊人接受自然并使之完善,这就是他们伟大的荣光;正如帕特农神庙(Parthenon)从雅典卫城(Acropolis)的石灰岩阶地上拔地而起,它以不易察觉的渐变手法将岩石上那些天然线条变成充满人工之美的带状装饰和三角楣饰,并在顶部敞开,使天堂的蔚蓝天空降下来居住在其中;希腊人也是这样在他们所有最出色的工作和生活当中,与大地和天空以及所有本能和基本的事物保持这种密切联系,不认为自己与它们之间有什么鸿沟,却只是使它们的表现力和美得到完善。将来有一天我们会再次明白这一点,而希腊人在真正的艺术刚刚兴起时就已熟谙此道。也许有一天我们会再次将我们的房屋或居所建造得如此简朴，以至于它们将融入山坳、或是河岸、或是树林边，而不会破坏风景的和谐或鸟儿的歌声。然后，那些庞大的庙宇，或在风光优美的高处，或在河流湖泊之滨，将成为所有珍贵迷人之物的宝库。男人、女人和孩子们将会到那里分享这伟大而奇妙的共同生活，而对于不受侵害、大受欢迎的动物们来说，周围那些花园将成为神圣之地；在那里所有书籍、音乐和艺术的宝藏以及便利设施都向每个人开放，在那里有一个集会场所供社会生活与交流使用，在那里汇集了舞蹈、游戏和宴会。每个村庄、每个小定居点都将拥有这样的一个或数个大厅。人们不再需要积累私有财产。每个男人都将愉快地——而每个女人将更愉快地——将自己的财物带到公共中心，只留下急需或必需的物品，在那里这些财物的价值将成百上千地倍增，因为会有大量的人享用它们，而它们在那里得到的照看会比散落到私人手中好得多，所耗费的劳力也少得多。家庭照看所耗费的一半劳力和所有焦虑都一举消除了。私人居所将不再根据其中所藏的财物价值和数量而耗资甚巨，如同迷宫一般；它们将不再需要满怀嫉妒地向同胞和自然母亲紧闭门窗。阳光和空气将会进入这些私人居所，居住者将会自由地出来。无论男人还是女人都不会成为他们居住的小屋的奴隶；由于再次成为自然的一部分，人类的居所最终将不再是那种如今至少一半人类居住的——监狱。

人们常常问起新建筑学——它将是什么，成为哪种类型。但对于这样一个问题是没有答案的，除非一种对生活的新认识进入人们头脑，然后答案才会变得足够清晰。因为，希腊神庙和哥特式大教堂都是由我们认为生活简朴的人修建的，他们愿意将自己最出色的工作和主要的财富奉献给诸神和共同生活；而如今当我们必须为自己建造宽敞而奢华的别墅时，我们似乎不能设计一座像样的教堂或公共建筑；所以，除非我们再次在共同体生活和诸神之中发现我们的主要兴趣和生活，一种新的精神才会启发我们的建筑学。然后，当我们的庙宇和公共大厅不再是设计出来宣扬某个建筑师或赞助者的美名，而是为了自由的男人和女人们使用而建造，面朝天空、大海和太阳，如同从土地里生长出来，与木石相伴，在精神上不与阳光照耀的地球本身或星夜的深邃相隔离——然后我就会说，它们的形式和结构将很快确定，人们要想把它们建得美轮美奂将不会有任何困难。人们的家或居所也是一样的。尽管这些建筑由于人们的不同需求而有所不同，或是为了一个个体，或是为了一个家庭，或是一群个体、一批家庭，或是极简，或是多少有些华美精致，但新的理念，亦即生活的新需求，依然将不可避免地支配它们，根据一条由内部展开的规律赋予它们新的样式。

那么在这种新的人类生活之中——包括其田地、农场、作坊、城市——人的工作一直在完善和美化土地，协助太阳和土壤的力量，让沉默土地的渴望发出声音——在这种贴近自然、同时又远离禁欲和冷漠的共同生活中，我们很高兴看到比过去更多的人性与社会交往：无穷无尽的互助与共情，正如在同一个母亲的孩子们中间一样。互助与联合将变得自然、本能：每个人帮助自己的邻居，就像右手必然且自然地去帮助同一个身体上的左手——也正是出于同样的原因。每个人——想想吧！——做的工作都是自己**喜欢**的，是自己想做的，是明显摆在自己面前要做的，也是自己知道将会有用的，不需要考虑工资或报酬；而报酬必然且自然地达到他手里，正如人身体里的血液流到一个竭力发挥功能的身体部位。劳动与工资、职责与厌恶、缺乏与厌倦，调整这些关系造成的无穷无尽的重担都会被抛到一边——大量违反意愿而做的无用工作都会避免；从人性的无限多样性之中将会兴起完全自然而无限多样的各种工作，它们都是相互促进的；最终社会将变得自由，人类经过漫长的历史之后将获得解放。

这就是（西方）文明一直**憎恨**的共产主义（Communism），正如它一直憎恨基督一样。然而这是不可避免的；因为宇宙性的人，亦即本能的、原初的人接受自然并使其变得完美，也就必然会满足自然的普遍规律。至于外部的政府和法律，它们将会消失；因为它们不过是对内部管理与秩序（Inward Government and Order）的拙劣模仿和暂时替代品。社会在其最终状态既非君主制，也非贵族制，既非民主制，也非无政府状态，然而在另一种意义上社会又是以上所有的结合。它处于无政府状态，因为并无外部统治，唯有内部不可见的生命的精神；它是民主制，因为它是在每个单元人（unit man）中群体人（Mass-man）或人民（Demos）的统治；它是贵族制，因为这种存在于所有人之中的内部力量是有不同程度和级别的；它是君主制,因为所有这些社会等级和力量最终融合为一个完美的统一体和中心控制力。这样看来,属于文明阶段(Civilisation-period)的各种外部统治形式,只不过是社会真正的内在生活的事实,以不同的外部象征符号表现出来。

正如文明阶段各种外部统治形式在之后的阶段找到它们的正当理由和解释,现今各种机械产品和其他产品也将如此;它们将得到运用,并在未来找到自己合适的位置和用途。它们不会被拒绝,但它们将被降服。我们的机车、机器、电报和邮政系统;我们的房屋、家具、服装、书籍;我们的可怕而奇妙的烹饪术、烈酒、茶、烟草;我们的医疗与手术器械;各种华而不实的科学与哲学,以及迄今为止所有其他造成人类困惑的东西,都必须卑微地服从真正的人。所有这些器具,以及我们几乎无法想象的其他许多器具,将用于完善真正的人的力量,并增添其自由;但它们将不会像现在这样仅仅成为一种恋物崇拜的对象。人将使用它们,而不是被它们使用。人的真正生命将处于一个远远超越它们的地方。但就这样在人拒绝并"控制"文明的产物这一时刻,人将会第一次发现它们的真正价值,并从它们那里收获一种之前从未知晓的快乐。

各种道德力量也是如此。如前所述,关于善恶的知识在某个特定时间点消失了,或被吸收进入一种更高的知识之中。对罪的认知与人里面某种弱点一同消失了。只要人里面还有冲突和分裂,人似乎就还能够认知外部世界那些相互冲突对抗的原则。只要外部世界的事物激起人内部那些超出自己控制的情感,那些事物就成为邪恶的标志——它们代表混乱与罪。这些事物本身并非邪恶,甚至它们激起的情感本身也并非邪恶,但纵观整个文明阶段,这些都表明了人的软弱。然而,当人里面的中心力量得到恢复,一切事物都服务于人时,人就不可能在任何事物之中看到邪恶。肉体之爱不再与精神之爱对立,而是被吸收而融入其中。人的各种激情完全自然地各就其位,当遇到各种情况时就成为人表达的途径。现在的各种恶行之所以成为恶行,仅仅是因为它们施加了过度的导致混乱的影响力,然而当人重新获得正确的控制力时,它们将不再成为恶行。苏格拉底就是这样拥有一个居住在洁净身体里面的洁净灵魂,他可以喝酒喝到其他快乐的同伴都醉倒,然后他自己出门呼吸清晨的空气——它们身上的瑕疵和缺陷只是给他自己增加了一种享受的能力！

贯穿始终的差异点（亦即生命与意识的重心从部分的人转移到整体的人）体现为更加普遍的状况的逐渐恢复。也就是说，在文明时期，身体被衣服系统性地包裹起来，只有头部代表人——小小的拥有智力和**自我意识**的人，与之形成鲜明对比的是宇宙性的人，代表他的是身体所有器官的整体。身体必须从包裹它的东西里解放出来，目的是让宇宙性的意识可以重新居住在人的胸怀。我们必须重新变成"全都是脸"（all face）——如同那位蒙昧人描述自己一样。①

宇宙性的自我在哪里，哪里就不再有自我意识。身体以及通常所谓的自我只是被感受为真正自我的一部分，而常见的内部与外部、利己主义与利他主义等等之间的差别则失去了它们价值的很大一部分。思想不再返回局部的自我（the local self），将局部自我作为主要的考虑对象，但意识持续地从它辐射出来，充满身体并溢流到外部的自然之中。这样，物质世界的太阳就可以作为真正自我的象征。崇拜者必须热爱太阳，他必须让自己充满阳光，并将物质的太阳纳入自己内部。那些依赖火和烛光生存的人充满了鬼魂；他们那些思想是他们自己鬼火般的形象，并且他们遭到一种可怕的自我意识折磨。

当文明时期结束后，古老的自然宗教（Nature-religion）——可能已经高度成熟——将会回归。这股宗教生活的洪流出现在最初历史地平线以外遥远的地方，它在文明这一历史阶段已转化为各种形而上学以及其他渠道——属于犹太教、基督教、佛教和其他类似宗教——它将会重新聚拢起来，让所有人类进步的方舟和神圣之船漂浮在它的怀抱。人将会重新感受到与自己同伴的统一（unity），感受到与动物的统一，与山河的统一，与地球本身以及星座缓慢位移的统一，这不是一种科学或神学的抽象教条，而是一种活生生的、始终存在的事实。在久远的岁月里，人们对此的理解要远远超过现在。我们的基督教礼仪充满了性和星相的象征；早在基督教存在以前，性活动与星相学就是宗教的主要形式。也就是说，人们

---

① 参见阿隆索·迪·奥瓦莱（Alonso di Ovalle）的《智利王国记述》（*Account of the Kingdom of Chile*），载于丘吉尔（Churchill）的《航海与旅行文集》（*Collection of Voyages and Travels*），1724 年。

本能地感受到并崇拜通过性而来到他们之中的伟大生命,和从天堂深处来到他们之中的伟大生命。他们对两者奉若神明。他们将那些具有他们自身形象的诸神放置在性之中,他们也将其放在天上。不仅如此,他们无论在何处感受到这种类似的人类生命——在动物之中,如朱鹮、水牛、羊羔、蛇、鳄鱼;在树木与花朵之中,如橡树、白蜡树、月桂、风信子;在河流与瀑布之中,在山坡或深海之中——他们就把诸神放在其中。整个宇宙充满了一种生命,它虽然并不总是友好,但它是**有人情味**的生命,与人类的生命类似;它能够被人类**感受到**,并不是推理出来的,而是单单感知到的。对早期人类而言,他们很难产生一种自己拥有单独个性的观念;因此他们并未受困于从何处来、到何处去这种灾难性的追问,而如今它们让现代人的头脑困苦不堪。[①] 因为造成这些问题被反复追问的,就是悲惨的孤独感,无论是实际的还是潜在的,总之人必然会有这种孤独感,只要人思索自己在浩瀚的宇宙中如同一颗孤单的原子——想到下方的深渊似乎随时都会将自己吞没,人就急于寻找某种方式逃避。然而,当人重新感受到他自己就是这个伟大整体的绝对不可分割、不可摧毁的一部分——那就并

---

① "只有在原始社会主义(primitive socialisms)分崩离析时,对个体不朽(individual Immortality)的强烈渴望以及由此而产生的信念才兴起。当人们对相互依赖的共同生活而不是独立的个体生活怀有强烈感情时,就不会强烈渴望个体死后继续存在,虽然可能对此多少有一些相信。"(J. S. 斯图尔特-格伦尼的《欧洲与亚洲》第 161 页)

下文是我的朋友哈夫洛克·霭理士(Havelock Ellis)给我的一封信的节选,他友好地准允我重印。这一段很有意思地指出了现代文明失败的至少一个原因。"你谈到准备再版《文明:病因与医治》,这促使我再次拜读此文,便明白此文是多么适合当下再版,因为如今对'文明'的不满已十分普遍。我看不出有任何理由需要修改此文,不过此文无疑需要增补许多内容。然而,令我诧异的是,你并未考虑蒙昧人为何拥有更好的健康状况、活力以及高昂的精神(这些情况确实存在),这是蒙昧人当中更严苛的自然选择造成的,因为他们的生活更艰苦。毫无疑问,你知道韦斯特马克(Westermarck)的《道德观念》(Moral Ideas)第十七章,他展示了在蒙昧人(当他们已经度过最初的粗野原始阶段)和古代文明当中,杀死较弱婴孩的做法和任凭病人死去的习惯是何等普遍。这显然就是蒙昧人和古代文明人拥有天然优势的秘密,因为希腊人和罗马人在这个问题上非常严格。你嘲笑文明人的软弱无力以及医生与保健专家的盛行,这是由于现代人对人的生命怀有温情,这种温情甚至害怕杀死最没有价值的标本,因而降低了'文明'人类的整体水平。如果在这个问题上推行一种新的冷酷无情的做法,我们就会回到蒙昧状态的高级层次,而医生们就会像中了魔法一样消失。我自己并不相信我们能够推行这种冷酷无情的做法;这就是为什么我极其重视智慧优生学(intelligent eugenics),它通过生育控制来发挥效用,对于你意欲达到的天然高水准,它是现在唯一可能实现的方法。"——哈夫洛克·霭理士(1920 年)。

没有任何深渊能将自己吞没；当人认识到这一事实，那么它如何实现而不损失它的任何利益，就成为这样一个问题：人可以满怀信心地等待谁的解决方法，并为之努力。太阳正是人的灵魂的可见形象，在所有不能永存的事物当中与人最接近、对人最关键，它占据了广袤无垠的天堂，用自己的生命养育万物；月亮则是人自己深沉思想的象征，也哺育了这种思想，它代表着有意识的完人，是时间的测量器、太阳的反射镜；行星般的各种激情来回游荡，却不越界；星星代表命运；地球与四季不断变化；一切有机生命向上生长，不断展现；完美的完人显现，一切受造物都为其诞生而痛苦呻吟和劳作——所有这些都将成为现实，并成为人类超越平凡生命的框架或背景。那些古老宗教的意义将会向人类回归。人类将再次聚集在各处高顶，以裸舞庆祝人类形象的荣光与群星的盛大游行，或迎接新月那明亮的角，它经过千万年之后再次回归，满载着这些奇妙的联系——人类世世代代所有的渴望、梦想与惊喜——对阿施塔特（Astarte）、黛安娜（Diana）、伊西斯（Isis）或童贞女玛利亚（Virgin Mary）的崇拜；在神圣的树林里，人类将再次把人类之爱的激情及欢愉，与人类对自然的圣洁及美丽最深的情感联合起来；或者在户外毫无遮蔽地站着朝向太阳崇拜它，因为它象征着人里面永恒照耀的光辉。这种极其重要的完善与提升的意识可以追溯到早期人类和文明之前的人类——它只是在后来得到了千百倍的强化、明确、阐释、净化——它将回归，照耀已得到救赎与解放的人类。

在阐述文明在历史中的地位时，我很清楚这个词本身很难定义——它顶多只是人类头脑不得不采用的众多幻影般的概括之一；我对它的描述极其不完全，对于人类进化过程中这一延续数千年的长时段，可能过多偏向其消极和破坏性的一面。我还要提醒读者，虽然千真万确，在文明这种分解性的影响力之下，一个又一个帝国崩溃、消失，而人类发展的洪流一次又一次单单因为一种新鲜的原始野性的涌入而得到恢复，但它堕落的趋势从未有过无限的泛滥；相反，在它统治地球的所有岁月里，我们能够追溯到一种传统的医治与拯救的力量在人类胸怀之中运行，并期盼人子（the son of man）的第二次降临。某些习俗与制度，例如艺术和家庭（尽管二者现今存在的特殊环境消失后，它们似乎有可能将发生极大变化），也曾经有助于保全神圣之火不熄灭；当个人主义与贪婪的汪洋大海覆盖整个地球表面,家庭可以说是在星散的小岛之上保存了古代共同的人性;艺术则可以说是保存了与自然连接的脐带,以及一种表达那些原初情感的方式,在人类周围的世界里那些情感是无法得到满足的。

我们试图假设社会将从充满纷争与困惑的混乱状况中兴起,实际上我们发现社会在这个历史阶段一直都是如此;或者希望已经在过去彻底停止、因而不再有变化的文明进程,将会随着一种更高、更完美的健康状况确立而终结;如果这些看上去似乎不切实际,那么令我们欣慰的是,我们可以记住,如今在这个问题中有一些特征是前所未有的。首先,如今文明不再是孤立的,不像在古代世界被四周蒙昧与野蛮的洪水包围;相反,它现在已经覆盖全球,而外围的蒙昧状态已经极其微弱,不可能再对它产生威胁。这也许看起来首先是一个缺点,因为(有人会说)如果文明不能被涌入的外在原始野性所更新,那么它本身固有的缺点将很快把社会摧毁。这么说似乎有一些道理,如果不是出于以下考虑的话:虽然在历史上文明第一次像现在这样实际已在全球连成一片,但我们也是第一次突然发现,**就在它的结构之中**,正在形成一些连成一片的力量,这些力量注定要毁灭文明并带来新秩序。尽管迄今为止,孤立的共产主义(communisms)只是零散地、偶尔地存在,但如今在历史上第一次,世界所有发达国家的人民大众和思想家们都有意识地感受到,他们正迈向确立起一种大规模的社会主义的和公社的生活。现存的竞争性社会正越来越快地变成一种死去的程式和外壳,在其中新的**人性化的**社会已经可以看到轮廓。与此同时,就像与这种发展相匹配一样,一种倾向自然和蒙昧状态的运动第一次从内部发生,而不是从外部强加给社会。多年之前发轫于文学艺术的自然运动,如今正在文明世界较为发达地区的实际生活中迅速实现,甚至在一些人当中发展为拒绝机器及文明的各种复杂产品,在另一些人当中则发展为一种救赎的福音,其途径是凉鞋和日光浴!正是在这两种运动之中——趋向一种复杂的人性化的共产主义(human Communism),和趋向个人自由与蒙昧状态——两者在某种程度上互相平衡和纠正,并且都成长于我们现今的文明之内,却与之完全不同——我认为我们有恰当的理由期待文明得到医治。

埃米尔·涂尔干(Emile Durkheim,1858—1917),又译作迪尔凯姆、杜尔凯姆,杜尔干等,法国社会学家、人类学家,与卡尔·马克思及马克斯·韦伯并列为社会学的三大奠基人,主要著作有《社会分工论》《自杀论》《宗教生活的基本形式》等,商务印书馆出版有《涂尔干全集》10卷。涂尔干被公认为结构功能主义社会学的奠基人,强调社会的整体功能和社会凝聚力。

马塞尔·莫斯(Marcel Mauss,1872—1950),法国著名人类学家、社会学家,涂尔干的外甥、助手和衣钵传人。他曾协助涂尔干创办《社会学年鉴》,代表作有《礼物》(1923)、《社会学与人类学》(1950)等。莫斯的思想影响了一批人类学家,比如列维·斯特劳斯(Claude Lévi-Strauss)、拉德克利夫-布朗(A. R. Radcliffe-Brown)、埃文斯·普里查德(E. E. Evans-Pritchard)等人。

《关于文明概念的说明》一文最早发表于《社会学年鉴》1913年第12卷,是涂尔干和莫斯合作撰写的关于"文明"概念的札记,本文的主旨是讨论社会学在"文明"现象研究中的应用性问题。他们在文中指出,存在大量超越国族或民族边界(supranational)的社会现象,认为这些相互联系的现象和事实体系可以称之为"文明"。尽管作者的视角没有脱离西方的经验,但是他们从互动关系的维度考察"文明"的概念,提供了一个理解"文明"内涵的新可能。

(魏孝稷编写)

关于"文明"概念的说明

涂尔干、莫斯

（刘凌寒译　刘文明校）

我们在这里（《社会学年鉴》）遵循的规则之一是，在研究社会现象内部和由其引起的问题时，我们注意不要将它们置于空中，而是始终将它们与一个确定的社会基础联系起来，也就是说，与一个占据了某一地理空间中确定位置的人类群体联系起来。但是，在所有这些群体中，最大的群体——它本身包括所有其他群体，并因此包括所有形式的社会活动——似乎是由政治社会构成的群体：部落、氏族、国族（nation）、城市、国家（state），等等。那么，乍一看，群体生活似乎只能在具有明确轮廓的政治有机体内发展，在严格标明的限度内发展，也就是说，国族生活（national life）是社会现象的最高形式，社会学无法了解更高层次的社会现象。

然而，有些现象并没有这样明确的界限，它们超越了政治边界，延伸到不太容易确定的空间。尽管它们的复杂性使其研究变得困难，但我们还是有必要承认它们的存在，并指出它们在社会学范围内的地位。

尤其是民族志和史前史，已经将注意力引向了这个视角。

美国和德国的民族学博物馆以及法国和瑞典的史前博物馆在过去三十年中做了大量工作，取得了理论成果。特别是在民族学方面，简化和编目的科学要求，甚至只是组织和展示的实际需要，产生了同时具有逻辑性、地理性和历时性（chronological）的分类。逻辑性是因为在缺乏可能的历史记录的情况下，逻辑是理解（至少是假设性地理解）工具、风格等此类事物的历史序列的唯一手段。历时性和地理性是因为这些序列在时间上和空间上发展，并延伸到许多不同的民族。长期以来，美国博物馆展示的图表显示了不同艺术类型的分布,而史前博物馆则提供了某些工具形式的地理图解。

因此,不那么严格属于一个确定社会组织的社会现象确实存在:它们延伸到国族领土以外的地区,或者它们的发展在时间上超过了单一社会存在的历史时段。它们的生命历程在某种程度上是超国族的(supranational)。

但是,这些问题不仅仅是由技术或美学引起的。在语言学中,存在几个相同类型(genre)的现象早已为人所知。不同民族所使用的语言彼此之间有着密切的联系——例如,在不同社会中出现的某些语言和语法形式,使我们能够将这些社会归入彼此有关系或有相同起源的语族;因此,人们现在谈到一种印欧语系。制度方面也是如此。截然不同的阿尔冈昆人(Algonquin)和易洛魁人(Iroquois)有类似的图腾崇拜和类似的巫术或宗教。在所有的波利尼西亚民族中,人们发现有一种类似的政治组织(酋长的权力)。在所有讲印欧语的民族中,家族起源都是相同的。

而且,人们已经认识到,将这种程度的延伸呈现出来的各种现象并不是相互独立的,它们通常在一个相互依存的体系中相互联系。经常发生的情况是,这些现象的其中一个,会暗含其他现象并揭示它们的存在。婚姻等级(Matrimonial classes)是在整个澳大利亚出现的一整套信仰和习俗的特征。没有制陶术是玻里尼西亚工业的一个显著特征。某种形式的扁斧(adze)基本上是美拉尼西亚人的物品。所有讲印欧语的民族都有一个共同的思想和制度基础。这些不仅仅是单独的例子,而且存在着复杂和相互依存的体系,这些体系并不局限于一个确定的政治有机体,但在时间和空间上可以定位。

这些有其自身的统一性和存在形式的事实体系,有必要赋予一个特定的名称。"文明"似乎是最合适的名称。毫无疑问,每一种文明都易受民族化(nationalization)的影响,它可能带有每个国家每个民族身上独有的特征。但是,它最基本的元素并不只是国家或民族的产物。相反,这些元素超越了国家和民族的边界,无论它们是通过其内部扩张力量而从一个确定的地区延伸出去,还是作为不同社会之间建立起关系的结果,因此它们是这些社会的共同产物。

例如,我们说的基督教文明虽然有不同的中心,但它是由所有基督教民族发展起来的。存在一个地中海文明,为地中海沿岸的所有民族所共有。也存在一个西北美洲文明,为特林基特人(Tlinkit)、钦西安人(Tsimshian)和海达人(Haida)所共有,尽管他们说着不同的语言,有着不同的习俗。因此,一种文明构成了一种道德环境(moral milieu),其中包含一定数量的国族,每一个国族文化只是整体中的一种特殊形式。

值得注意的是,这些非常普遍的现象首先引起了社会学家的关注,并且成为了新兴社会学的材料。对孔德来说,这不是一个关于特定社会、民族或国家的问题。他所研究的是文明的总体运动,抽象出了国族的特性。只有当国族有助于他确立人类进步的连续阶段时,他才会对它感兴趣。

我们经常有机会来表明,这种方法在处理事实时是多么的不充分,因为它把观察者可以更好、更直接地把握的具体现实抛在一边,这些具体现实也就是社会有机体,是在历史进程中形成的集体性格。这些正是社会学家必须首先要叙述的。他必须致力于描述它们,按属和种排列它们,分析和解释构成它们的要素。人们可能会说,人类环境(human milieu),即孔德希望成为一门科学的整体人性(integral humanity),只是一种精神的建构。

然而,在这些国族群体之外,还有其他更广泛、定义不太明确的群体,他们确实有个性,过着一种新的社会生活。如果说并不存在一个单一的人类文明,那么在过去和现在都存在着多种多样的文明,它们主导和促进每个民族的集体生活。这里有许多事情,值得以合适的方法来进行研究。

直到现在还被忽视的各种各样的问题,都可以与这个主题联系起来。人们会问:决定文明的领域发生变化的各种条件是什么,为什么它们在这里或那里停止,它们采取了什么形式,是什么因素决定了这些形式。正如拉策尔(Ratzel)所表明的,这些在涉及政治边界时提出的问题,同样可以针对有关思想边界(*frontières idéales*)提出。

而且,不是所有的社会现象都同样地适于国际化。政治制度、司法制度、社会形态学的现象构成了每个民族具体特征的一部分。另一方面,神话、传说、货币、商业、艺术、技术、工具、语言、文字、科学知识、文学形式和观念——所有这些都是流动的和可借用的。简而言之,它们是一种进程的结果,这种进程涉及的不仅仅是一个确定的社会。

因此,我们有理由问,这种扩张和国际化的不平等率(unequal coefficient)依赖于什么。这些差异不仅仅是由社会现象的内在性质决定的,也由影响社会的各种条件决定。那么,某种形式的集体生活可能会或可能不会受到国际化的影响,这依赖于不同的情况。基督教本质上是国际性的,但也存在一些严格意义上的国族宗教。有一些语言分布在广阔的领土上,但也有一些语言是用来区分国族(nationalities)的,如欧洲主要民族所使用的语言。

所有这些问题都是适当的社会学问题。毋庸置疑,只有其他不属于社会学的问题得到解决之后,这些问题才能得到解答。绘制这些文明领域的地图,并将不同的文明与其基本源头联系起来,这属于民族志和历史学的工作。但是,一旦这些初步的任务有了足够的进展,探讨其他与社会学有关的更普遍的问题就成为可能。上面已经指出了其中的一些问题。在此重要的是,通过有条理地比较来得出原因和规律。

此外,人们可能会质疑,作家们——例如施密特神父(Father Schmidt)——怎么会把文明研究从社会学中分离出来,将其保留给其他学科,特别是民族志。首先,民族志并不足以完成这一任务。对于历史上的民族,历史学要做类似的研究。其次,文明只表达了一种特殊类型的集体生活,其基础是多个相互关联、相互作用的政治实体。国际生活只是一种更高层次的社会生活,这是社会学需要了解的。人们仍然经常认为,要解释一种文明,只需要问它从哪来,从哪里借用,通过什么方式从一处传播到另一处,因此想着把社会学排除在这些研究之外。实际上,理解这一切的真正方式是确定其原因由什么造成,也就是说,不同秩序之间什么样的集体互动产生了文明。

　　詹姆斯·哈维·鲁滨逊(1863—1936),美国杰出历史学家,"新史学"的奠基人之一,曾担任美国历史学会主席。1884 年,鲁滨逊求学于哈佛大学,1888 年获得硕士学位。1890 年,他在弗莱堡大学获得博士学位,并于 1891 年开始在宾夕法尼亚大学费城分校教授欧洲历史。四年后,他入职哥伦比亚大学,1900 年—1915 年为研究生开设一门西方文明史课程,成为一战后美国大学实施西方文明史教育的一个源头。1919 年从哥利比亚大学辞职,同年与同事创办社会研究新学院(New School for Social Research),继续从事历史教育工作。鲁滨逊在学术上十分多产,发表的学术著作包括《新史学》(1912)、《心智的形成》(1921)、《知识的人性化》(1923)、《文明的磨难》(1926)和《人类喜剧》(1937),出版的教材有《西欧史导论》(1902)和《现代欧洲的发展》(1907—1908,与比尔德合写)等。

　　《文明》一文是鲁滨逊于 1929 年为《大英百科全书》词条"文明"撰写的释义,主要介绍了"文明"的概念。他认为文明并非与"野蛮""蒙昧"相对立,而是与人类的生物学特征相对立,指人类创造的一切文化成就;生物学特征可以遗传,文明的成就则是可以继承的遗产,这就凸显了教育特别是幼儿教育的重要性。

(魏孝稷编写)

文　明

詹姆斯·哈维·鲁滨逊

（高照晶译　刘文明校）

《不列颠百科全书》本身就是一种对文明的描述，因为它包含了人类各方面发展所取得成就的故事。它展示了人类在千百万年里如何了解自身、所在世界以及与之共享这个世界的生物。人类进入遥远的太空，研究星云，而这些星云的光在一百万年后才能到达人类；另一方面，人类像处理砂砾一样，使原子裂变，操控电子。当前这套大部头丛书，回顾了人类从最原始的燧石时代到最精巧的显微镜时代；人类创造的各种设计、颜色和文字之美，与他人打交道的方式，他们的合作和分歧，他们的理想和崇高愿望，以及不可避免的失误和失望，总之，他所有的探索、沮丧的失败与难以置信的胜利（triumphs）均被涉及到。

几千名撰稿人聚集在一起，各司其职，书写了大约 3500 万字关于人类迄今的成果。因此，乍一看，将文明本身作为一个单独的主题在几页纸中加以论述可能是多余的，而且也是不可能的。但是，由于这些书中所提供的信息量过大，某些重要的基本考虑因素可能会被忽视，这是危险的。有一些非常重要的问题涉及到人类发展的性质和进程，人类进步中的障碍，成功和失败的根源，这些问题在处理人类文化的任何一个特殊方面时都很难汇集起来。在这个标题下，我尝试把文明作为人类唯一的、独特的、令人惊讶的成就来审视。

首先，一个惊人的事实是，使人类以如此惊人的方式与所有其他动物区分开来的文明，只是在最近才开始被理解。我们从婴儿时期就沉浸在其中；我们认为它是理所当然的，而且只缘身在文明中而只看到这种那种细节,未能看到整体。即使在今天,有些人运用最近所获知识,在想象中力图跳出文明,客观冷静地审视文明,将文明视为一个整体来评价,但是他们对于文明依然感到困惑。至于为数不少的聪慧之人,他们仍然怀有许多古老的幻想和误解,他们只能极不情愿地舍弃这些幻想和误解。

这篇文章的目的是,根据过去五六十年积累的知识来描述审视文明的新方式,包括文明的本质、起源、进步、传播和主要发展。在过去的半个世纪里,对人类本身的研究和对人类生活的世界所进行的科学调查一样,揭示了许多革命性的事实和假设。人类成就的历史已经被追溯到(至少在模糊的轮廓上)几十万年;人类最初的未开化本性及其用具(equipment)已得到研究,并与他的近亲的行为进行比较;关于语言的功能、人类推理的性质和起源,已经出现了新的推测;对原始文明的仔细研究揭示了更复杂的文明;人类童年的重要性和文明发展中的各种意义已经得到阐述。

上述及很多其他发现重塑了我们的文明概念、文明过去的进步及其未来的可能性。

注意到"文明"一词绝非旧词,这点是具有启发意义的。博斯韦尔(Boswell)说,他敦促约翰逊博士(Dr. Johnson)将该术语加入1772年辞典之中,但是约翰逊拒绝了。他更偏爱更旧的词"文雅"(civility)。这个词像"优雅"(urbanity)一样,反映了城镇人对乡巴佬或野蛮人的轻蔑;这是一个令人反感的术语,尽管以下事实被证明是合理的:只有在城市成长起来的地方,人类才发展出了复杂的文明。狩猎者、放牧者与农民的工作繁重而分散,因而缺乏闲暇,或者至少缺少各种人际交往,而闲暇与各种人际交往对新思想与新发现的推陈出新至关重要。

但是,现代人类学家指出,有些没有城市的民族,比如波利尼西亚和北美印第安部落,是真正高度"文明的",这是从共情式调研这一意义而言的。人类学家发现,他们有微妙的语言、独创的艺术,这些均极好地适应于他们的环境,并发展出社会制度和政治制度;与今天欧洲国家中流行的许多宗教活动和神话相比,没有更好和更差的证据。所有这些都预示与假定了一个极其漫长的发展。在英语世界中,首先清晰阐述这一点的是E. B. 泰勒,他在1871年出版了他的名著《原始社会》(*Primitive*

Society)。同年达尔文出版了《人类的由来》(*Descent of Man*)。这两本书运用不同的研究方法赋予了"文明"一词深层次的意义,比之前的意义更深刻。

如果我们能将人类的世系追溯到足够远的地方,我们就会发现它与野生动物的世系融合在一起,没有人造的住所、衣服或语言;依靠每天不稳定地寻找食物来维持生计。在这个事实被充分确立和消化之前,我们不可能真正理解文明的基本特征。没有这些甚至是原始文明的必需品,描绘人类种族需要付出相当大的想象力。

没有火与工具,人类必然像 1731 年在法国查隆斯附近发现的野女孩那般生存。她拥有猴子一样的灵活性,这使她能够捕捉鸟类和兔子;她用指甲把这些鸟类和兔子的皮剥下来,像狗一样生吞活剥。她喜欢吸食活鸽子的血,除了可怕的尖叫和嚎叫,她没有任何语言。

"文明"的新概念

这种关于人类以前的动物性存在的观念正在逐渐取代基于古希伯来传统的旧观念,即第一个男人和第一个女人是特殊的创造物,具有发达的头脑、语言和理性,这使他们能够布置自己所在的花园,给居住于此的动物命名,在凉爽的晚上相互交谈,甚至与上帝交谈。这种观点仍然被大多数美国人和欧洲人被动地接受,而且目前在美国被一个强大的团体强烈地捍卫着。

以前假定是认为,人类本质上被赋予了"心智"(mind)和"理性"(reason)。这一点使人与动物截然不同,动物确实做出了奇妙的事情,但并非是理性的结果。人们认为,它们的行为是由本能引导的。达尔文主张,"本能的本质正是它独立地追随理性"。但是,如果我们同意下述观点,即在很久以前,人类的行为举止和生存方式像野生动物,而诸多证据似乎迫使我们相信这一点,我们是不是不得不问,他们是不是完全按照达尔文所说的"本能"生活? 如果从前我们的祖先只靠他们动物的技能生存,那么迄今为止他们是否拥有心智与理性呢? 难道人类的心智不是由于人类特有的动物构成和能力而逐步发展起来的吗? 他的理性难道不是他慢慢积累的知识和信仰以及他处理这些知识和信仰的方式的另一个名称吗？不管怎样，发现我们的祖先曾经像野生动物一样生活，这就提出了全新的难题：关于他那些被称为心智和理性的能力的性质、起源和解释，这些能力使他能够追寻那些发明并形成信仰和实践，从而产生了总体上的文明（aggregate civilisation）。

简而言之，似乎越来越明显的是，心智和理性并不是人类最初装备的一部分，就像他的胳膊和腿，他的大脑和舌头一样，而是慢慢获得并痛苦地建立起来的。它们本身即是"发明"（inventions）——他所发现的东西。像其他发明一样，"它们是文明的一部分"，不是人类与生俱来的，而是依靠最广泛意义上的教育来延续的。这是一个非常新颖的观点，许多读者可能会发现它很难理解，但一旦理解，它就会改变人们对人类进步的整体评价。我们通常认为，文明是由机械设备、书籍和绘画、启蒙的宗教思想、恢宏的建筑、彬彬的举止、科学与哲学知识、社会与政治机制、精巧的交通工具和其他所构成。我们认为，诸如这般皆因人类拥有动物所不具备之心智，是理性实践的结果。在某种意义上，这的确是真的，但是我们必须重新审视心智和理性，把它们真正视为文明渐进发展的一部分，如同下议院或者汽车一样，且均不断得到改善。虽然冒着似乎偏离不相关的哲学讨论的风险，但这对于现代人对文明的理解确实是最重要的，因此对于心智及其变体——理性这一新的概念多说无妨。

"心智"一词最初是动词，而非名词；它意味着行动，而非某物或者行为体。它在记忆、打算、注意——如"我注意"——就是说，记住，或者关注，或者关心。但是随着时间流逝，哲学家将这一褒义的旧式动词改为名词。它被视为无形的存在，是一个人意识、思想、情绪，尤其是他的理性之所在。身体被安置在心智之上，而心智被认为是执行命令的。苏格兰的常识学派哲学家里德（Reid）明确说，"我们不把心智之名赋予思想、理性或欲望，而是赋予那种既能感知又有意志的力量"。甚至约翰·斯图亚特·密尔在他的《逻辑体系》（Logic）说道，"心智是一种可感知、会思考的神秘之物"。

最近有一种倾向，将"心智"这一名词再次变为一系列动词——渴望、记住、感觉、思考、区别、推论、计划等，认为"某种神秘之物"这种假设是没有事实根据、不必要的,是非常窘迫的事。缓解这一窘迫,或许可以试着填补人类原初行为与今天人类行为之间的鸿沟。笛卡尔和所有老一代哲学家认为,人类总是有跟他们一样灵活的头脑。他们试图告诉人类如何在追求真理过程中利用这一心智。对他们来说,心智是某种神圣的工具,只赋予了人类,可以变得敏锐,被有效地用以遵循逻辑规律;但是,他们没有把它视为某种积累而来之物,可以这么说,它不是自从人类起初对于文明之建立有所贡献以来千万年的积累所得。

现在已经为一种新的文明观扫清了道路,这在 50 或 60 年前是不可能的。文明不再与"质朴""野蛮"或"蒙昧"形成对比,而是与人类纯粹的动物性遗存形成对比。现代人仍然是动物,他们必须吃饭和睡觉,保护自己不受天气变化的影响,保护自己不受同伴和其他动物的攻击,并养育新的一代——如果这个物种要延续下去的话。他们在身体结构、重要器官、呼吸、消化和血液循环方面与同类动物非常相似。无论人类的文明程度如何,所有这些特点都会遗传下来。在另一方面,文明——语言、宗教、信念、道德规范、技艺、人类心智和理性的展现——所有这些不会被作为生物特点遗传,只会通过模仿或引导传递给下一代。

今天所有人类都有双重遗产。这种遗产赋予我们,毫不费力,正如蜘蛛,或者鸟类,或者任何我们同类哺乳动物所与生俱来的特性。这是坚实牢固的,千百年未曾改变。另一方面,文明是不稳定的。我们每个人必然在情势允许的情况下为自身重新吸纳文明。它可以无限地增加,但也可能极大地减少,人类的历史充分证明了这一点。它是一种遗产,既能被保存与提升,也会消失。

举例来说:或许是这样,在人类获得"文明"这一可丧失的东西之前,他们会拿起木棒击打进攻者,或者朝进攻者投掷石头。他们或许发现自己骑跨漂浮的树干穿流过溪。比方说,在每一代人中都会出现某些人,他们会做所有这些事情,却从未曾见过这些事情。这些行为将被归入人类的动物性遗存。但是如果我们发现了人们的踪迹,他们把燧石凿成一个短柄小斧顶端,用这种短柄小斧或者火将原木掏空,那么,我们就不得不将上述行为归为文明的技艺,因为这些行为均以诸多经验和心灵手巧为前提;它们不是与生俱来,而是积累所得。如果某一代人非但没有打造一条船只,反而置之不理,结果,打造粗糙船只的技艺或许会完全丢失,正如我们所见,诸多发明肯定已然消失。如今看来,有一个至关重要的事实,即所有文明——整个社会的和传统的遗产会立刻消失。人类会突然经历彻底的遗忘、严重的健忘症和极大程度的湮没,只剩下他们天然的装备。正如格雷厄姆·华莱斯(Graham Wallas)所说,那些最不文明的将会有机会幸存。只有未开化的人会继续无限期地繁衍下去。我们在本质上是略高级的野生动物(wild animals *plus*);我们的驯服削弱了我们在森林中赤手空拳进行古老斗争的能力。

人类身体的独特方面

在这个时候,问题出现了,在人类的身体构成中,有什么特殊的东西使他能够启动文明,并建立一个他可以用来增加能力的头脑,远远超过任何其他动物? 在继续讨论之前,我们应该记住,所有生物的方式都是多种多样的,令人惊讶的。即使是一个单细胞的生物体也能奇妙地调整自己以适应改变的条件。它似乎从经验中学习,它似乎有一种记忆,它被打断其舒适生活的事件所改变。它在保护自己、寻找食物和繁殖方面很有创意。简言之,它的行为是有目的的。老虎和青蛙能够适应非常不同的生活方式,黄鹂和仙人掌也是如此。在人类开始积累文明之前,我们不得不假设,人类同样要适应自身所面临的日常必需的调整,否则,我们无需赘言。这些是"生命"最突出的要素,人类是朱利安·赫胥黎(Julian Huxley)所称的"生命之流"(the stream of life)。人类智力发展的背后是所有这些可能性。它们是文明产生的腹地,也是文明趋向于退却的腹地。

为了开始和继续文明的积累,人类必须在身体上有如此的构造,以便他能比他的前辈更清楚地感知,做出更准确的区分,从而更好地记忆和想象;因为所有这些对于说话和思考都是必不可少的。动物的意识是一种低级的、模糊的类型,原始人的意识也一定是这样。单细胞动物的行为是有目的的,但它们没有眼睛、耳朵或鼻子。他们肯定像人类的盲人和聋哑人一样生活在沉默和黑暗中。不论怎样,就目前所及,它们在感知与行动时都没有意识到自己的行为。它们做出必要的决定,而没有人类意义上的决定。它们没有神经系统,但是正如最近所发现的,它们有望拥有一个神经系统。跟我们人类最相似的生物有眼睛、耳朵和鼻子,显然能看到、听到和嗅到;它们有复杂的神经系统。它们经常使用这些感官资源。但与人类相比,它们不擅于仔细区别与鉴别,记忆力亦不佳。他们很少注意自身所处情形的诸多要素。它们的行动肯定在某种程度上类似于我们的消化系统。它是我们体内的一种动物,当得到食物时,它能完成奇妙的壮举。它有目的地工作,就像我们的心脏和血液循环一样。当我们噎住时,我们可以意识到这些无意识的作用,因为是开关没有被及时打开,以防止食物进入我们的气管而没有进入胃。心悸是忠实的泵的一种有意识的暗示,它很少提醒我们它一直在监管。如果它忽略了两三次跳动,我们就死定了。

为开创和积累文明,人类体质的基本要素业已被诸多作家深入探讨。他有敏感的双手,(在人类直立行走后)相对于作为双脚辅助的手而言,他能够更自由地使用双手。他的拇指能够轻易地放在其他手指上。在人类的同族中,没有他这样的敏感触觉与灵活操作能力。他能够知道很多形状与形态、软硬度、重量、纹理、冷热、韧性、刚性和弹性,这些只能用脚或者手来模糊地感知。如果他有一双可以像兔子一样转动的耳朵,还有一条无柄的尾巴,他也许能学得更快。而所有这些都是知识的开始。他不仅可以攻击,而且可以投掷。他眼睛所在的位置能够使他总是通过立体镜来观察,全面地观察事物,可以这么说。他的发音器官使他有可能就他的各种声音做出精细的区分。于是,多年来,他是一个无助的依赖者,依赖他的长者,以将他从长者身上获得的方式变成自己的。

最后是人的大脑,它有复杂的大脑皮层和联想路径,随着儿童的成长,它的发展令人吃惊。大脑皮层是印象的主要关联者,并通过个人经验比神经系统的任何其他部分得到更多的修正。它的功能仍然非常神秘,但是没有人怀疑它在人类学习和智力提升过程中的至关重要角色。然而,它的运转不是自主的,而是与整个人类有机体的经历密切相关,依赖上述提及的人类那些非凡的能力。

因此,很明显,经过数亿年的时间,自然界在物理结构和功能方面的实验一直在进行,这使得最不同类型的生物能够满足生命的绝对要求——成长和繁殖它们的物种,而地球上最终出现一种动物,它的构造使其能够变得文明。人类的生理构造代表了身体特点的独特结合。正如我们所看到的,大部分生理构造在其他哺乳动物中出现。然而,即使那些对人类来说是特殊的东西也不能充当文明发展的基础,除非它们高度复杂地联合起来。奶牛或许有人类的大脑皮层,狐狸或许有可并置的拇指,鸟或许有立体的眼睛,狗或许有与我们类似的发音器官,然而,它们远未达到文明。人类能教它们某些窍门。它们自身随着生命延续能学点东西。正如科勒(Köhler)表明的那样,黑猩猩在有利的环境下可以做一些简单的、类似人的推论;但它们不能开创艺术和科学并使这些作为物种的遗产延续下去。

进步和保守

这就是人类变得文明的初始条件。显然,他没办法预见他所参与的这项事业。他作为文明物种的进化,并不比他从其更早的类人猿祖先当中崛起更有预见性。有充分的证据表明,几十万年来,人类生活方式的变化是如此的渐进和罕见,以至于未被察觉到。每代人接受自身被培养的生活环境,而未曾思考过改善的问题。我们现代的"进步"希望——无限增加人类知识并将其运用到改善人类状况之中,实际上即使古希腊罗马人对此也不甚了解。13世纪以来,为数不多的作家详述未来的前景,但是他们被湮没在那些坚信人类灾难是因偏离古代标准而起这一说法的人们之中。人文主义者力图重建古代作家的智慧,新教教徒力图恢复早期基督徒的信念与实践。只有300年前,培根开展了一项对于迄今未知的大胆探索之项目,这产生了极其广泛的影响。在18世纪,改革与进步的概念有了杰出的代言人,他们对人类生活的经济状况即将迎来变革的预期,正如事实证明的,注定被19世纪和20世纪早期的事件远远超过。

然而,我们仍然可以注意到,人类对古代权威所认可的常规的信任,对信仰和实践的广泛领域的创新的怀疑。这种顽固地坚持自己的习惯,对陌生事物的普遍怀疑,正是我们在考虑其起源于动物时可能预料到的。这一特性会减缓变革的过程,但同时大大提升了每一项成就的安全性与持久性。关于神圣的面纱在人类发展中扮演的重大角色，在此，我们找到了一个可能的解释。人类将神圣的面纱罩在信念和实践之上，如此一来，它们逃避了鲁莽的审查和批评。不管怎样，各地容忍批判性思考的人数近来大幅度增加，但是他们实际上仍为少数。我们今天所称的保守或反动的心态，一定是人类诞生以来的特点。该特点与动物的倾向相吻合。

然而，在动物的惯性中，从单细胞生物开始，就有一种拯救生命的倾向，即随机运动、伸展和收缩，匆匆忙忙在各处寻求食物和伴侣。这种不安和摸索也是人类的遗产之一。它们抵消了他的常规和静止的习惯，往往隐藏于人类的发明与发现的背后。还有，在高等动物中特别明显的是，有些东西预示着在人类中成为好奇心的东西。攻击的危险使最初的侦察成为生存的宝贵财富。因此，在科学分析和实验之前，人们天生就喜欢打探、尝试和摸索。

毋庸置疑，人类需要数万年方能达到今天所及最简单部落里的最低文化程度。人们在不同地质层发现的化石头盖骨、牙齿和骨头表明，类人猿在地球上已存活了差不多五十万年至一百万年。少数人种，如爪哇猿人、海德堡人以及更晚的尼安德特人，如今均已灭绝。他们仅存的手工制品遗迹包含在打制的燧石工具中，随着时间推移，这些工具被打制得越来越精致，器形越来越多样。我们无法分辨其他技艺、信念和实践与某种类的燧石器皿有什么联系。苏勒斯（Sollas）在他的《古代狩猎者》一书中力图对塔斯马尼亚人、澳大利亚人、爱斯基摩人等的史前武器与文明进行巧妙的类比。

所谓的克罗马侬人（Cro-Magnon）的头盖骨与今人之头盖骨发育同样完好。在法国南部和西班牙北部洞穴中发现的精致绘画属于他们。据说，他们存在了 25000 至 30000 年之久。将这一时期分成两段来看，我们偶然发现细磨石器和打磨石器工具的遗迹，这与人类逐渐舍弃狩猎这一专属职业，开始定居播种与收割、纺纱与织布是相符合的。再将该时期分成两个时段看，我们得到人类使用铜币——贵金属的前身——的信息，而我们的文明在很大程度上是基于此。这不过是粗略的纪年，随着时间推移，会被不断修正。人们会更彻底地对我们的地球进行调研，以寻求人类历史的证据。

为了让人们清楚地了解这个问题,让我们想象一下,正如作者在其他地方建议的那样,把 50 万年的文化发展压缩到 50 年。在这个时间尺度上,人类大概需要 49 年的时间来努力学习放弃根深蒂固的狩猎惯习,而后在乡村定居。50 年过去一半之后,在一个非常有限的区域内发现并使用了文字,从而提供了延续和传播文化的主要手段之一。希腊人的成就不过是 3 个月前的事,基督教的盛行不过是 2 个月前的事;印刷术不过是 2 个星期前的事,人类使用蒸汽不过是 1 个星期的事。我们所生活的特定状况直到第 50 年的 12 月 31 日才出现。

学术界有一个人类学的传播学派,他们认为所有更高级的文明类型——书写、冶金、建设石制建筑——是起源于单个区域埃及。他们业已积累大量证据表明,通过腓尼基人的商贸,埃及人的发明向东传播至印度、中国和日本,而后跨越太平洋,构成中美洲玛雅文化的基础。传播学派观点的功劳不在此讨论范围内。G. 艾略特·史密斯(G. Elliot Smith)是传播学派知名人物。关于人类普遍缺乏创造性、不愿意接纳新观点、顽固守旧和"披着固执己见的厚重盔甲",他做了详细的论述。"为了获得对哪怕微不足道的创新项的认可,每一个在艺术、科学或发明创造上的开拓者通常都有下述经历,即不得不与像牢不可破的城墙一般的根深蒂固的偏见与内在的愚蠢抗争。"

所有的人类学家深知人类对变革的敌意,正如上文所述,我们将此视为人类天然的特点。他们也承认,诸项发明通过商业与征服得以广泛传播。不论怎样,很多人主张,同样或类似的发现在地球的不同地区自主出现,这是相似需求与相似环境的结果。当我们在下文探究了成功发明的必要条件后,我们就会明白,一方面有过去长期积累的基础,另一方面有现代工具可操控,这些发明如今看起来如此稀松平常,但是人类仍然过着动物般生活的时候,这些发明起初所遭遇之困难是无可估量的。当新东西被某一部落发明并接纳时,将它们引介给其他民族相对容易,而让他们认为这些发明代表着一种独立的发现却相对困难。

文明取决于人类所能做出的新发现与新发明,以及这些发现与发明对人类的日常行为、思想与情感所产生的无可估量的影响。

随着人类知识与巧思的增多,他会逐渐摆脱原初的野生动物状态。

人类开始学习的方式是我们推测而得的，因为工具与武器的生产、语言的发明、人工生火的方式比文字记载人类教育的进步早得多。关于最近纺织与农耕也是同样的说法。正如我们所见，达到上述成就所代表的文明程度需要数十万年。然而，它们的重要性怎么估计都不为过，因为它们构成了所有后来发展的绝对必要的基础。我们或许对于当今的发明创造感到某种自豪，但是我们得记住，我们要把知识与技能的积累归功于蒙昧的狩猎者与未接受教育的新石器时代农民，如果没有这些知识与技能的积累，我们的现代实验绝无可能。

如果没有火，没有言语，没有衣服，没有面包，我们会身处何方？

由于发明、发现和知识的增长是文明构成的要素，因此，思考它们是怎么出现的，与我们的主题相关。发现者当前用他们得出结论的方式撰写报告，在报告中列有大量的证据。也有证据表明他们的结果是怎么被接受，以及其他人是如何遵照他们的研究行事的。所有探究者都必定是摸索者，格外好奇，同时颇具耐心。在儿童身上所能观察到的好奇心随着年龄增长会逐渐消失，但是在极少的情况下它会在生活过程中以这种或那种形式延续下来。这些杰出的人拥有异于常人的驱动力。他们或许是乡村的手工匠人，或者是受资助的研究组成员。他们利用一切已有的发明与发现；乡村机械天才不一定非要创造活动扳手，或某种绝缘胶带；生物学家也不必了解他所用透镜的光学原理，更遑论发明或制造。地质学家在有所发现之前是非常熟悉该领域的诸多论述的。通常调研者承认，他们的发现似乎是机缘巧合。他们并不知晓自身会发现什么，且一般都发现了他们并未渴求的，正如扫罗（Saul）在追赶丢失的驴子时来到了一个王国。所有这些适用于每一种知识的增长，它不是与所谓自然的运行有关，就是与哲学或艺术领域的新奇建议有关。所有这些都是好奇心、耐心调查与思索的结果。充其量，它们只是为既存人类知识增添的脚注与注释罢了。如今，人类知识如此多样、信息量如此之大，以至于没有哪个人能全面概括，除非用这种或者那种细节。如果他试图这么做，那么，进一步丰富它的可能性将为零。

但是，一项发明或发现，或者对一个古老错误的纠正，在被部落接受并被纳入其行动和思维习惯之前，不会成为文明的一部分。我们可以回忆起许多令人震惊的故事,这些故事涉及专业人员和民众以现在看来很荒唐的理由反对创新。我们将发现归功于个体的男女,但是全新的信息与技能只能在一种有利的文化媒介中宣传和传播。可以举出许多有前途的知识至今未能在文明中立足的例子。

某种发现与机械设备的影响力绝不仅限于它们直接的、显而易见的应用。它们最终对人类生活产生的广泛影响难以预料。火能做饭、烧制陶碗、让衣不蔽体的蒙昧人取暖、吓退捕猎的动物、使金属烧制变软或者熔化;它也能烧掉祭品给上帝,或者形成一个庄严神庙的核心利益,并由维斯塔贞女的指令而得到维持。它可能在神学家和诗人的象征主义中发挥其作用。北美平原的印第安人因马的引入而深受影响,墨西哥部落因火器和威士忌而深受影响。汽车和电话改变了社会关系。蒸汽机的完善使人类及其货物的运输产生革命性变化,它改善了城市生活;再者,它推动马克思书写巨著,该书成为一场重大社会剧变的福音,而这场剧变威胁着所有国家的心灵的和平。

衣服的发明——相当物质的东西,不论亚麻、羊毛、丝绸或棉布——不仅创建了大工厂,而且使人们能够通过人为地改变他们的外表来建立类似于生物种属和物种的社会区别。通过衣服,人们进入了审慎和虔诚地对裸体的恐惧,这在黑皮肤的人中造成了惊愕和灾难。在第二次世界大战之后,女性的裙子逐渐缩短。房子的保暖性与汽车使之成为可能。于是,女孩与妇女的传统区别之一被抹平。伊斯兰教国家女性脸部揭去面纱、印度深闺制度的打破——所有这些物质变革意味着女性生活与两性对彼此态度的革新。它们进一步预示着传统文明的重要变化。

鉴于上述事实,更重要的是,每一项事实能轻易地为人类增添光彩,那些被视为"高贵的"追求和人类的创造,不论是艺术和文学上的,还是真理的追求,都不仅依靠"物质性"的发明,而且如此奇怪地与它们及它们的成效相互辉映,以至于高级追求与低级追求进行区分不是件容易的事,除非以想象的方式。有时被称为"人的高级生活"的东西产生于他更卑微和实用的知识和技能;因此,物质和精神之间的旧有区别似乎被大大削弱了,因为它们都被视为融合在整个文明的较新概念中。当我们谈到文字时,这将变得更加明显。

儿童期的角色

　　文明延续的基本条件之一是人类儿童必须经历较长的依赖期,然后才能获得足够的身体力量和智力,实现仅仅是动物性的自给自足,走自己的路。如果没有成年人持续和长期的帮助,他们将很快灭亡。这意味着,对周围环境的长期无助感,有可能大大改变儿童的原始性情。一只老鼠在六周内性成熟,三个月内完全长大。小牛和小马出生后不久就能走动。另一方面,大猩猩的童年很长,需要 10 年或 12 年的时间才能繁殖,并且像人一样,在之后的几年里继续成长。然而,尽管它的童年时间很长,但它缺乏其他的基本特征,正是这些特征使人类能够开创、提升和传播文明。

　　我们生来都是不文明的,如果不是浸泡在文明中,我们一生都会如此。在很长一段时间里,我们可能会根据我们出生的地方,被塑造成一个成熟的巴布亚人、中国人或巴黎人。我们无法选择我们是否会发现自己说话像霍屯督人(Hottentot)、俄罗斯人或德国人。我们要学会在所有事情上都像我们在其中长大的人那样行事。我们不能不接受他们各自的习俗、顾虑和想法,因为所有这些都是在我们有任何选择或决定权之前强加给我们的。我们必须遵循我们长辈的方式,他们自己也曾经是孩子,在可能与其他流行的习惯进行任何辨别或比较之前就获得了他们的文明。这是不可抗拒的规则,它正说明了文明的许多显著特征。

　　如果文化的同化与儿童的依赖性、适应能力密切相关,那么,对于下述事实则毋需大惊小怪,即不断积累的证据似乎表明了一旦实现身体的成熟,知识与智力的增长则放缓,甚至在很多时候增长停止。到十三四岁的时候,孩童已然掌握了关于其同伴与所生活的世界的丰富知识、观感、注意事项和总体评估。而终其一生,他的世界仍然会继续发生些许改变。由于美国参加了世界大战,有必要对大量年轻人的能力进行测试,这对我们对文明的洞察力作出了不可预见的贡献。在接受检查的 170 万人中,45％并未表明他们自身"超过 12 岁的限制"(引用著名权威人士亨利·H. 戈达德[Henry H. Goddard]的话)。必须记住,那些被测试的人并不包括白痴或"低能儿",而是被他们的伙伴们视为正常的年轻人。虽然测试可能还不够充分,但它们证实了一个可观察到的事实,即文化的灌输与身体的成长有关,特别是与前脑细胞的奇怪变化及其相互沟通有关。在所谓的正常病例中,这些从婴儿期到成熟期的发展都是非常巨大的。

只有在特殊情况下,心智培养才会在童年和青春期之后继续稳定地进行。在 13 岁之前,我们有时间承袭长辈的标准化情感,学习他们的所有知识,接受他们对宗教、政治、礼仪、一般礼节和尊重的看法。然而,随着时间的推移,人类里的普通人可以被教授技巧,获得特殊的经验。但是,我们大部分儿童期的观念对我们来说是永久的。通常没有人鼓励我们去改变它们。虽然随着时间流逝,我们不得不对这些观念进行调整,但是它们大部分会保持不变。大体而言,人类往往容易受制于惯例,随着我们长大成人,惯例逐渐固定下来。然而,成人之后,学习的"能力"逐渐衰退,桑代克(E. L. Thorndike)最近表明了这一点。

广告专家、"通俗"小报出版商和电影设计者貌似与下述假设相一致,即吸引 12 或 13 岁孩子的东西在很大程度上被调适为民众的智慧与品位。这意味着,绝大多数的男性与女性吸收儿童时期共同的与熟悉的文明形式,或者吸收他们所处时代的文化,但随着生命推移很难逃脱它们。也许一百个人中有一个人可以通过勤奋的阅读让自己的观点得到加强,或者不厌其烦地培养自己对艺术、文学和科学发现的洞察力。但所有这些和其他对个人文明的贡献都不在一般人类动物的范围之内。事实上,仅仅是维持我们目前复杂的文化,就必须依靠人口中一个很小比例的人。如果世界上各个进步国家的几千名精心挑选的婴儿一出生就被扼杀,导致缺乏对我们的工业及经济进行必要调整的人,以及保持实验室和书籍的现有标准的人,就会使工业、艺术和文学方面的进步不仅出现停滞,而且会出现衰退。因此,绝大多数人最多只能勉强维持他们所生长的文明。即使是上面提到的创新者,也无法摆脱他们很容易陷入的困境,但他们并非将困境视为纠葛与约束,反而认为是安慰与保障。只有在极其有利的环境下,独特气质的人才会质疑他们被授之物。他们只有在最适宜的时刻质疑,这是持续好奇心与研究的结果。一位物理学家或许会提出原子构造的新理论,但仍麻木地坚守 10 岁时获悉的宗教概念;他或许甚至参与敏感的哲学思索,又是50年前最普通民众"传统习惯"的热情捍卫者。

　　如果这些观点被接纳的话,那么,可以从新的角度审视社会和个人之间的差别。这一差别被各种相当徒劳的方式强调。从文明的角度来看,每个人作为一个文明人的全部装备都归功于他人。甚至在生物学上,他的习惯、冲动和情绪都被驯化后大大改变。所谓"群居的本能",即特罗特(Trotter)的名言,往往成为一个不必要的假设。因为每个孩子都是由别人按照自己的形象制造出来的。文明起源之前,人类是怎样的群居状态,这不可能假定;但是长期的婴儿般虚弱意味着对他人的各种依赖。当然,在某种强大而宝贵的人格的意义上,确实不存在所谓的社会,为了其福利,所谓的个人被要求做出适当的个人偏好的牺牲。我们要做的是与那些我们生活中的人就其所宣称的"好"和"坏"概念达成协议。这些行为与情感的规则构成了社会。一旦有人违反这些规则或者被控告的话,这套规则有严格的处罚措施——贬黜、迫害、监禁,甚至死亡。规避社会的方法构成了文明史上饶有兴味的篇章。对于精明人而言,这并非难事,对于某些脾性的人——不论是窃贼、说书人还是哲学家——似乎大大丰富了其生活。这种成就似乎经常在普罗大众中引发同情。从雅各和尤利西斯到今天的高官,大规模和全心全意的欺骗已经建立了许多英雄的声誉和名声。大胆的思想及其表达方式还不太可能引起原始的热情。

被视为行动的语言

　　迄今为止,文明最令人惊叹的要素之一却是不经意被提及的——语言。如果没有语言,文明甚至几无可能开启,自然不会获得更高级的形态。言语构成思考和有意识的计划与研究的基础。它能为之事不仅如此。它创造了一个思想的世界,渗透于人类经验的事实之中,又似乎超越了后者。作为事实的东西确实被我们对它们的概念所塑造,以至于最近的哲学家们在努力将思想的功能与事实的功能分开时越来越没有信心。最近发现了很多东西,它们有助于彻底改变语言和思维的旧理论,并消除哲学家们发现自己卷入的一些长期的难题。这些新观点在这里只能简单地提出来。

《约翰福音》开篇即说，"太初有道（Word）；……万物是借着他造的；……生命在他里头，这生命就是人的光"。歌德（Goethe）主张，太初有为（*deed*）。最近论述言语的文学家意识到语言往往是行动，他们试图以此给文明以新的阐释。语言往往被视为创造奇迹的行为；它们创造了没有它们就不可能存在的事物。它们是人类的主要光芒——也是人类的黑暗。

发声是动物的显著特征。美洲大螽斯、青蛙、北美夜鹰、狗和诸多其他动物在该事宜上不知疲倦、颇具耐心。人类也是一个重要的喋喋不休者。他的同伴或许厌烦他的讲话，但是他们很可能害怕他的沉默。因为它是不祥之兆。保持静默是一种不友好的行为。因此，正如马林诺夫斯基（Malinowski）所指出的，言说的诸多功能之一即是宽慰，表达做朋友之意。关于动物的需求与行为相关的叫声，谨慎的研究则刚刚起步。惠特曼（Whitman）与克雷格（Craig）业已发现鸽子咕咕声与其生活方式之间的关联。科勒（Köhler）、耶基斯（Yerkes）和其他人正关注我们更近的动物属类。但是在此有必要关注的是，人类语言必定起源于类人猿无意识的声音。

只有当人类开始将事件与示意动作绘成图，从图画中艰难地发展书写系统，我们才至少有语言的实质证据。埃及铭文说明了象形文字以及后来独创性的声音符号变体——字母表。这发生在五六千年前。但是从埃及语言可窥见，从人类物质发明的缓慢发展来判断，埃及语言惊人的复杂与巧妙意味着它先前的发展是不可估量的。

虽然千年来没有记录是种缺憾，我们对于语言初始不得而知，但是至今有几种全新方式对它们有更好的理解。有一些历史的和同时代的信息来源，最近已经被利用，并有助于彻底改变旧的观点。例如，所谓的原始语言（直到最近才被简化为文字）提供了充分的证据，证明文字是基本的行为，与人类的其他行为密切相关。然后，观察婴儿（拉丁人恰如其分地称其为婴儿，或无言的生物）学会说话的方式，大大加强和证实了从"文盲"部落的研究中获得的证据。最后，任何学会了这一技巧的人，如果他测试周围总是发生的咿呀学语，就能证实同样的事情。

我们已然注意到一种观点，即言语是一种行动，一个友善示意的形式,而不是思想的表达形式,或者如哲学家所教授我们的思想的传递。
"How do you do?"这句话是在通常情况下不需要回答的问题。当一个人
同意这种明显的说法,"今天很好,先生"。它没有传达任何新鲜的信息。
这些都是顺承的话,犹如脱帽、鞠躬、微笑和握手。然而,我们可以用语言
做得更多;我们有时可以用一句话比用拳头更安全、更有效地解决问题;
通过语言,我们能退缩和躲避、规避风险。所有社区中地位最高的人都以
语言为生,包括非书面的和书面的。整个行业的活动都局限于语言——
牧师、教师(老式的)、律师、政治家;捐客在交替说"买"或"卖"时进行交
易。毫无疑问,这种贩卖背后还有其他东西,但话语是有效的行为,或者
与它们密切相关,以至于不可能说孰轻孰重。纯粹的谈话和书面语似乎
常常在没有所谓事物的干预下完成业务。文字的神奇作用和成就在任何
地方和任何时代都可以看到。雅各和以扫为了从他们年迈眼盲的父亲那
里赢得祝福而进行了痛苦的斗争。他的话很重要。这些话可能会使未出
生的一代在他儿子的后代面前俯首称臣,或者使他和他的孩子们永远沦
为奴隶。

正如18世纪的一个牧师评论道,"词语有某种魔力或魅力,使它们的
作用力超出了我们能够自然地说明的范围"。欢乐和无限的悲哀随之而
来;我们无言的祖先一定是幸免于此的。文明的主要情感结构——人类
生活中如此凄美和独特的元素——在很大程度上是靠语言养成的。它们
的作用是建立新的敏感度和兴奋度的秩序。文字使我们的记忆更加清
晰,同时也使想象力更加活跃,如果没有文字,想象力是不可能存在的。
有着这些语言创造的附属物,我们能详尽阐释我们的希望、恐惧、踌躇、自
得、嫉妒、懊悔和野心,远超任何对于旁观者看似公正的事;我们能够将这
些投射至过去,亦可投射至未来。语言能够建造比人工更辉煌的宫殿,建
造比人工更深邃、更阴暗的地牢。

说话与思考

迄今为止,近期关于语言之看法有助于对古老术语"心智"与"理性"
做出新阐释。正如我们所见,这些似乎是过程,而非动因。它们是做事的

方式,而非事情本身。约翰·杜威(John Dewey)写了一本书《我们如何思考》(*How We Think*),这是他关于思考的一本小书,令人钦佩。当年长的哲学家开始探讨思考(thinking),通过思考我们如何了解真相,那么,他们通常发现自身所写的书,长篇大论,艰涩难懂;他们称所写之大主题为"认识论",或者"认知理论"。然而,建立文明的有效思考既不仰仗他们的论著,亦不受其影响。这里只能涉及两三个考虑因素,这些因素在调查"思考"中给最近的学生留下了深刻印象。

思考与语言相辅相成。需要申明的是,思考不得不依赖于名字及其彼此之间各种联系。比如,杂货铺的账单、支票簿、钢笔、信封、邮票、信箱皆是特定事件堆砌起来的名词。近来很多人在讨论,思考是否就是无声的自言自语。儿童起初会胡乱咿呀学语,之后会满腔热情地发声是意有所指,再然后他会无所拘束地天真闲谈,不合时宜地取悦其长辈;接着他或许只会动动嘴皮子——正如许多仍显稚嫩的成人坚持这么做——最后保持沉默。然而,很多合宜的测验表明,这种自觉抑制的交谈伴随着发声器官肌肉的调整,表明了人类说的话对发声器官潜移默化的影响。我们可以坦率地说"那太糟糕了",也可以喃喃自语,或者根据我们的意愿调整我们的器官来说这句话。这种自觉抑制的说话貌似正在思考。所有的思考不过是自言自语,这种观点会有许多人怀疑或否认。虽然有些保留意见是正当的,但是有大量的证据,例如从对聋哑人的研究中得到的证据,支持了上面的论点——没有语言,没有思考。

但是,思考可以容易地被看作有几个变体。有一种被称为遐想的回忆、模糊的忧虑、希望、偏好、失望和敌意的现象,这笼统被称为"沉思"(*reverie*)。它是其他更严格的思维形式的基础。经检查发现,它包括回忆、预期、为过去或考虑中的行为找借口、反思我们的同伴和整个世界的不公平;或者保证一切都很好,在事情的本质上必须保持如此。普通的日常计划是一种基本的思维形式——做出家庭式的决定和调整。在此之下,我们可以察觉到作为一种暗流的遐想,因为思考是非常复杂的。

有时候我们将思考转向试图发现我们尚未知晓的事。这或许带来多种结果,或者是纯粹个人怀疑与不雅的好奇心,或者是真诚渴望改善不尽善尽美的社会状况,又或者是获悉关于光波、中国绘画、精神病或者投资等更多信息。在研究物理宇宙的运转中，一种特殊的思维——数学产生了以下结果，它倾向于保护调研者免于往常的偏见，这困扰着我们所有的思维。它运用正余弦、对数、常数、变量、根、幂等术语，这是一种独特且高度精炼的语言，或者讨论事情的方式。这证明是讨论比如光、"物质"与"力"（物理学术语）的本质，处理工程难题的极其富有成效的方式。鲜有人沉迷于这种或其他类型的科学思维。

大多数发明似乎是通过思考着手试验，在智力上笨手笨脚、笨嘴拙舌，有时候取得成功。这种智力上的尝试是一种反复试验。若然没有外在行为来调查由沉思引发的猜疑与干涉的话，它不可能进行这么久。

获悉更多关于各种思考的最新颖、最可能的方式之一是异常心理学（abnormal psychology）。充斥精神病院的幻觉思维与强迫性思维看起来是一般情况下精神病患者思维的唯一夸张之处。精神病学家运用专业知识，研究婴儿与儿童，他们仍然对下述事情抱有希望，即随着文明的发展，发掘根除或减少文明恶习的方式。对他们而言，文明在诸多方面表现了自身是一种温和的疯癫；这些只能通过儿童被培养方式的巨大变革来消除，以便规避社会的失调和危难，这随之而来的便是文化环境的急剧改变。

人们不仅在清醒时思考，而且睡眠中思考仍未中断。他们在睡梦中的想法、幻觉和经历，我们已经知道了它们与清醒时的想法截然不同——似乎是太截然不同了。原始人类不会这么做。他不会认为他的梦只是滑稽或扰人心智的幻想，一觉醒来就不管了。它们对他来说不是可以忽略的，而是与他在白天看到的一样真实，对行为有指导意义。事实上，它们比所声称的日常经验更有分量和影响力，且有助于广泛地拓展日常经验。如果没有梦的各方面影响，那么文明将是什么，这不可能猜测。假如人类酣睡无梦，那么，他会拥有宗教、象征主义绘画、寓言、诗歌、艺术吗？这至少可以确定这点，即在多种情况下，原始人类的信念与实践直接归功于他们的梦境。更复杂的文明民族后来的信念与实践通常可追溯到原始人类的信念，这似乎是它们产生的土壤。因此，我们不得不得出下述结论，即在我们今天所知道的文明的创造过程中，梦是其中最显著的因素之一。

睡眠中，我们会发现自身拜访遥远之地；比如，我们正在巴黎街上漫步,突然在纽约醒来。人有第二个自我,从身体中抽离游荡,将其遗留在小屋,"精神"暂时摆脱了迟钝而笨重的肉身,在一段时间内过着不受束缚的冒险生活,早期的人类如何能够逃脱这一信念?然后在梦中,死者以完整的生命和活动出现在我们面前。他们可能训斥我们,或者鼓励我们;谴责我们背离了传统之道,或者增强我们成功的保障。北美印第安人与古代希伯来人和罗马人一样,对梦境充满信心。在印度和中国,对祖先的崇敬构成了引进西方制度的一个非常实际的障碍。因此,我们在这里得到了对精神(或灵魂)和死者仍生存的原始信仰的公平解释,而不可能对主要问题有太多疑问。我们还有很多观念。我们有了神和半神的曙光,有了关于超自然生物和他们与人交谈的整个信仰基础,有了通过献祭来抚慰他们愤怒和赎罪的可能性。

展　望

前文中列举了某些重要的思考,直到最近才引起学者的关注。它们一旦被指出来,就足够清楚了。但这一直是文明的一个悲剧性特征,即明显的东西很难被察觉,因为它太熟悉了,无法引起我们的注意。要发现所有讨论中我们无意识地认为理所当然的东西,需要一种特殊的洞察力。而我们最容易想当然的是未经修正的幼稚印象。

对于孩子稚嫩的抱怨颇多,在每个人都该有自己的发言权这种民主假设之下,这点更为凸显。在此举两个例子,兰登·戴维斯(Langdon Davies)《新时代的信念》(*New Age of Faith*)、艾尔丝(E. C. Ayres)的《科学:假弥赛亚》(*Science:the False Messiah*)。两人急躁且愤恨地详论了人类的容易受骗与顽固无知。他们假设的智力标准显然不占优势,就像人们阅读流行的报纸、布道和政治演说一样。他们感到失望,但没有理由感到惊讶。因为人类在语言、困扰的奥秘以及坚定的正统观念中徘徊,为什么作为一个超动物(ex-animal)不应该犯怪异的错误?正如我们所看到的,文明主要是在童年时期获得的,并被迫永远萦绕着幼稚的渴望和误解。当他的梦境和幻觉与他清醒的经验之间存在问题时,为什么人不应该选择前者呢?事实上,直到最近,那些被誉为伟大而深刻的思想家才关注想象中的生命、从未发生过的事件以及空洞的概念、寓言、符号和错误类比。约翰·杜威在他的《哲学的重建》中,从蒙昧祖先中推导出哲学和伦理学,并说明这些是如何与后来的猜测相互渗透的。将心灵和身体分开存在,认为它们是不同的物质,这种难以克服的偏见是蒙昧人容易解释且不可避免的错误。意志、无意识、道德感,被视为能动者,属于原始的泛灵论概念。即使是过去所设想的因果关系,也不过是一种天真的冲动的表现,即为这个或那个事件责备或赞扬某些特定的人或事。我们现在学习根据情况来思考。例如,当爱德华·卡彭特(Edward Carpenter)多年前写下《文明:病因和医治》一书时,他回归古老的用法。现在已经很明显,文明没有一个起因,而是一种宇宙性的复杂情况的结果。对于其公认的缺陷,不可能有一种治疗方法。最近一位意大利作家帕累托(Pareto)用两大卷书来说明当前社会学论文所依据的误解的例子。

随着人类或至少是他们的领导人,更充分地认识到文明的性质和起源,以及它迄今为止的发展方式,他们将发现文明赖以建立的更坚实的基础,发现更有效的方法来消除种族不可避免的和同类的错误,并刺激耐心和富有成效的重建和改革。到目前为止,人类一直在蹒跚前行,受其过去所束缚,而不是从过去解放出来以取得进一步的进步。这方面的原因开始变得比以往任何时候都明显,随着时间的推移,这可能会成为一种教育的基础,特别是在人类的早期,它将推动和指导文明的进步,而不是延缓其发展。

罗宾·乔治·科林伍德（Robin George Collingwood，1889—1943），英国著名哲学家、美学家、历史学家。1912年毕业于牛津大学，并留校任教，1941年退休。科林伍德兴趣广泛，著述丰富，在历史学、考古学、哲学尤其是历史哲学领域，都有杰出贡献。代表著作有《哲学方法论》(1933)、《牛津英格兰史》（第一卷，1936)、《艺术原理》(1938)、《形而上学论》(1940)、《新利维坦》(1942)，身后出版有《自然的观念》(1945)、《历史的观念》(1946)、《史学原理》(1999)等。

1939年，第二次世界大战爆发，法西斯国家的暴行让科林伍德重新思考"文明与野蛮"的议题。1940年，他在一篇题为《"文明"的含义》的演讲中，初步探讨了"文明"与"野蛮"的关系。在文中科林伍德重点讨论了文明与野蛮的辩证法以及文明的未来前景。他首先批评了启蒙运动以来西方人惯常使用的"文明一野蛮"二分法，然后从现实层面和理想层面表述了"文明与野蛮"的关系。他认为，在现实层面，文明与野蛮是统一的，任何一种文明都有野蛮要素，文明进程的进步并不意味着野蛮的下降，相反可能带来野蛮更大规模的扩张，19世纪人们比过去更贫穷，20世纪的战争比以前更残酷，便是明证。文明的理想可以分为三级，第一级已经实现了，第二级是意识到了还未实现，第三级仍十分遥远，不同文明的第三级理想是趋同的，第三级理想的实现即野蛮的彻底消失。

1942年科林伍德出版了《新利维坦：人、社会、文明与野蛮》一书，更加系统地研究了"文明"与"野蛮"的定义，以及"文明"与"野蛮"在欧洲文明中的体现，并严厉批评了德国的野蛮主义。正像科林伍德所说，该书的大部分内容是在纳粹德国轰炸伦敦期间完成的。本文摘选自《新利维坦》一书。选文涉及"文明的一般含义""文明的具体含义""文明的本质"以及"文明的价值观"等内容。

在科林伍德看来，文明（civilisation）的一般含义是指，一个共同体趋近文明性（civility）或文明理想状态的过程及其结果，在这一过程中，文明性不断增加，与文明性相反的野蛮性（barbarity）不断减少，但是，在现实层面，野蛮性不会彻底消失。而我们所说的某某文明是指某某共同体创造的作为一种结果的文明事实组合。

文明的具体含义是指，文明实现的过程中在不同时期不同地点呈现出来的阶段与状态,具体体现在三个指标上,即避免对自己的共同体成员使用暴力,更加科学和智能地榨取(exploit)共同体之外的自然界,以及文明地对待其他共同体成员。

文明的本质是个体和共同体利用理智战胜不受控制的情绪,即实现自由意志,按照自己的自由意志行事,并自觉地抵制野蛮意志(will to barbarism)。

文明的价值观包括(共同体的)富裕、法治、和平与繁荣。

（魏孝稷编写）

"文明"的含义

R. G. 科林伍德

（魏孝稷译）

什么是文明：一般含义

34.1. 我们现在要考虑什么是文明。

34.14. 文明是一种心灵事物（a thing of the mind）；因此，对其性质的研究属于心灵科学，必须用这些科学所特有的方法进行研究。

34.3. 我们必须探究"文明"一词的历史。

34.31. 探究它一些用法的历史：而不是探究所有的历史。

34.32. 这里有一个我们常常忽视的问题。法律有民法（civil law），也有刑法；有民法的程序，也有刑法的程序；有的案件与另一案件有某种相似之处；也许足以让它们共用一个名称：例如，诽谤可能是"民事诽谤"或"刑事诽谤"。

34.33. 通过某项法规或某位法官的作用，或类似的作用，刑法的程序可以转化为民法的程序。

34.34. 这种刑事案件向民事案件的转化在法律术语中被称为该案件的"民事化"（civilisation）；一般来说，刑法与民法的合并被称为"民事化"。

34.35. 这是"文明"（civilisation）一词的一个意义，即作为法律中的一个技术术语；这实际上是该词被记录的最古老的意义；但它与我们现在的用法无关。

34.36. 在与我们有关的意义上，"文明"一词当然是指一个过程，或者说是一个过程的结果。凡是有过程的地方,就有经历这个过程的事物;即使不知道这个过程是什么,也常常可以知道经历某过程的事物是什么。

34.37. 有时可以说,一个单词的某种含义不可能是我们要研究的含义,因为虽然每种含义都指一个过程,但我们要研究的含义关涉一种经历这一过程的事物,是另一种事物。

34.38. 例如,在法律意义上经历文明(民事化)过程的事物(34.33)是一个刑事案件,或者一般来说是刑法。

34.39. 因此,这不可能是我们要研究的含义:因为在我们要研究的含义上,经历文明进程的是一个共同体,而不是一个刑事案件。

34.4. 文明是发生于一个共同体的事物(something)。

34.41. 也就是说,除了人类它不会发生;对人类来说,它不是单独发生,而是集体发生。

34.42. 要知道这一点,就要知道一些关于词汇的使用情况。一个人只要知道"鼻疽病"这个单词在什么情况下被使用,就能知道鼻疽病是发生在马身上的东西。

34.43. 他只需要知道"文明"这个词(在我们研究的含义上)是在什么样的背景下使用的,以便知道它代表了发生在人类身上而不是任何其他动物身上的事物,或者发生在任何非动物身上的事物;而且不是发生在单个人身上,而是发生在群体内;就像,说某种语言是一发生在群体身上而不是发生在单个人身上的事物。

34.44. 我们还不知道这事物是什么。

34.45. 我们也不知道它所发生的共同体是否需要是一个与非社会性(non-social)共同体相对立的社会(society),还是一个与社会相对立的非社会性共同体。

34.46. 如果它是一个社会,那么(至少在这种情况下)文明化的过程是一个内在的(immanent)过程;如果它是一个非社会性的共同体,这个过程是一个跨越的(transeunt)过程。如果它是其中之一种,那么文明化的过程可能是内在的或是跨越的。

34.5. 文明是一个逐渐接近于理想状态的过程。

34.51. 文明化一个事物就是强加于它或促进它的一个过程;一个变

成的过程；某个事物的过程即某共同体的过程。(34.4)，它趋近于一个我称之为"文明性"的理想状态，而向相反的方向远离的理想状态，我称之为"野蛮性"。

34.52. 这些是理想状态，而不是实际状态。没有一个社会只是文明的；没有一个社会只是野蛮的。任何社会实际所处的状态都是文明和野蛮的混合体，就像油漆的状态一样。油漆在任何特定时刻都是白色和其他颜色的混合体。

34.53. 如果油漆随着越来越多的白色混入而变得越来越白，那么白色将逐渐占主导地位，而其他颜色将逐渐被取代，尽管它们从未消失。

34.54. 会有一个渐近于白色的近似值(approximation)。

34.55. 因此，在目前的情况下，如果文明化的过程在起作用，社会生活中的文明因素逐渐占优势，野蛮因素逐渐被压倒，尽管社会的状况永远不会成为一个纯粹的文明，野蛮因素永远不会消失。

34.56. 因此，文明的过程将是一个渐进式地接近于文明理想状态的过程。

34.57. 这个过程的另一端也是如此。就像经历了文明的社会永远不会是纯粹的文明一样，它也永远不会是纯粹的野蛮，因此，如果这个过程被逆转，也永远不会变成纯粹的野蛮。

34.6. 我已经把(34.51)作为理想状态的文明性与作为趋向理想状态过程的文明区分开来，后者并不能达到理想状态，而只是达到接近理想状态。

34.61. 这就是塞缪尔·约翰逊(Samuel Johnson)对它们的区分。博斯韦尔(Boswell)留下了记录，他反对这种区分，并敦促约翰逊采用"文明"一词来表示与野蛮性相反的状态，而约翰逊本人在 1772 年则希望称之为文明性。(O. E. D., s. v. 'civility')

34.62. 约翰逊的用词显示了更精细、更严谨的正确性；博斯韦尔用一个过程的名称来代替一种状态的名称，理由是，在心灵的生活中没有状态只有过程。

34.63. 每一种所谓精神"存在"(being)的案例，经检验都是精神"形成"(becoming)的案例。把一个共同体说成是处于文明性的状态，或任何与之相近的状态,是说它正在经历一个文明的过程;或者,在某些情况下,正好相反:一个野蛮化的过程。

34.64. 博斯韦尔取得了胜利;约翰逊希望称之为"文明性"的状态,现在在标准英语中被称为"文明"。

34.65. 如果我在前一段(34.51)中倾向于遵循约翰逊的用法,这并不是说我埋怨博斯韦尔的成功,也不是说我想让时间倒流,而只是因为我想在读者面前清楚地说明其中的某些区别,这些区别在今天的英语中经常被混淆。

34.66. 文明性是指一种理想还是多种理想,我现在还不去问这个问题;但即使它指一种理想,也可能有接近理想的多种近似值,它们之间的差异就像射在靶子上的子弹一样,不仅与靶心的距离不同,而且与靶心的方向也不同。

34.67. 每一次射击都被称为"文明"。每个共同体都以一定的方式和程度经历了文明的过程,文明的过程中他们各自实现的结果呈现出不同的境况。

34.68. 像博斯韦尔那样借用一个过程的名称作为这个过程中所追求的理想的名称,是一回事;而且只能说很难辩解。

34.69. 将一个过程的名称借用到具体过程中实现的结果上是另一回事,在许多语言中都有充分的先例支持,而且(如果需要任何辩解的话)很容易辩解。

34.7. "文明性"是我对理想状态的称呼(遵循英国几个世纪以来的习惯),无论谁想使一个共同体文明起来,都要努力把它带入这种理想状态。

34.71. "野蛮性"是我用来指有些人试图把一个正在文明化的共同体带出文明过程的状态。

34.72. 一个共同体的文明化就是致力于把它带入一种文明性的状态。

34.73. 一个共同体的野蛮化是指把一个共同体带入或试图带入野蛮性的状态。

34.74. 正如我所发现的,我在三种含义上使用"文明"。

34.75. 含义（I），文明用来指过程本身（约翰逊使用的含义）。

34.76. 含义（Ⅱ），它用来指在特定情况下它所达到的境况：过程的结果。

34.77. 含义（III），它等同于“文明性”（如34.7；博斯韦尔使用的含义）。

34.78. 为了对称起见，我承认“野蛮主义”（Barbarism）这个词也应当对应三种含义。

34.79. （I）表示野蛮化的过程，（II）表示在特定情况下该过程所达到的境况，（III）表示等同于“野蛮性”。

34.9. 我在上面提出的定义（34.）与现代的用法是一致的，可以看出，“文明”一词被赋予了多种含义（实际上被认识到的有三种）。

34.91. 它们也与被认识到的现代用法相一致，即，无论哪个地方的文明过程都以同一理想为目标，但在不同的地方和不同的时间都会导致不同的结果。

34.92. 因为，我们说，“青铜时代的文明”是与“新石器时代的文明”性质不同的历史事实组合；“中国文明”是与“印度文明”性质不同的历史事实组合；如此等等，在这里“文明”一词是在含义Ⅱ的层面上使用的。

34.93. 这样说的时候，我们既未承认也未否认这样一个“文明”的创造者与另一个“文明”的创造者在根本上做的是相同的事情，即把一个特定的共同体带入“文明性”的状态。

34.94. 我们随意地承认“文明性”，也同样随意地否认“文明性”。否认只会把“文明性”这个公认的过时的单词从我们的词汇中删除，并从我们的思想中删除它所代表的东西。

34.95. 如果否认它，我们就会坚持认为，一个特定文明的所有创造者旨在创造的事物就是他们事实上创造的文明。

34.96. 如果承认它，我们就会认为，他们致力于创造的文明性和他们所创造的文明（含义Ⅱ）之间是有区别的；就像创造一个特殊社会的人们致力于创造一个普遍的社会，但由于他们无法控制的事实，发现这个社会在他们努力之下仍然是一个特殊的社会（21.54）。

什么是文明:具体含义

35.1. 上一章已经表明,"文明"主要是一个过程的称谓,在这个过程中,一个共同体(34.4)经历了从相对野蛮性的状态到相对文明性的状态的精神变迁(34.14)。

35.11. 让我们暂时忽略这样一个事实:这个词也被用于这个过程的结果(34.76)和这个过程所指向的理想(34.77),但它从未完全实现;我称之为(令人讨厌地)渐近式地接近(34.56)。

35.12. 当我们理解了这个单词在第一种含义,理解其他两种含义就不会有任何困难。

35.13. 上一章没有告诉我们这个单词所表示的多重含义中的任何一种:它只告诉我们它的"一般性"的含义,让本章来解决它的"具体性"的含义。

35.14. 这就好像我们想知道狞猫是什么,而前一章告诉我们它是一种猫。

35.15. 我们应该还是想知道什么类型的猫。

35.16. 我们知道,"文明"的含义Ⅰ是指在一个共同体内发生的渐近于理想状态的过程。

35.17. 我们仍然想知道它与其他此类过程有什么不同。

35.18. 为了回答这个问题,我们还没有提供任何信息。

35.19. 我们知道,另一种叫作"野蛮性"的理想状态与所讨论的理想状态相反;但这个单词我们还没有讨论它的具体含义。

35.2. 我发现,"文明"一词存在两种用法分别表示它所适用的两种事物,不是指两种文明(更不是"文明"一词的两种含义),而是文明的两个组成部分。

35.21. 在上述三种含义中的第一种含义中,对文明的任何定义适用如下公式。

35.22. "文明"Ⅰ是指,一个共同体无论是通过自己的努力,还是通过其自身意志之外的努力,变得更多 x 的过程。

35.23. 空位词 x 将根据该过程(或者说,该过程所处的理想状态)中被识别出来的具体特征而填入不同的内容。

35.24. 目前发现它被确认为包含两种成分的化合物(让我们称它们为 a 和 b),我用(a+b)代替 x,然后继续评估 a 和 b。

35.25. 一个共同体对她自己的所有成员来说就是一个"我们"。一个自我、一个"我"总是与一个非自我、一个"非我"相关联。同样,一个"我们"也总是与一个"非我们"相关联。

35.26. 一个不是自我的事物可能是一个绝对的"非我",根本不是自我,而是一块无意识的物质;或者他也可能是一个相对的"非我",它本身就是一个自我,对他自己来说是一个"我",但却是一个不同于我的"我"。

35.27. 同样,一个"非我们"可能是一个绝对的"非我们";根本不是一个共同体;一个没有人认为是"我们"的东西;一个由各个部分组成的整体,其中每个部分都是一块无意识的物质。

35.28. 或者它可能是一个相对的"非我们";一个共同体,但我不是其中的一员;对他自己的成员来说是一个"我们",但对我来说是一个"你"或"他们"。

35.3. 让我们把文明的第一个组成部分(a)看作是关于一个共同体与自我的关系;其成员之间的关系。

35.31. 那么第二个成分(b)将涉及共同体与共同体之外事物的关系。

35.32. 这将被细分为 b1 和 b2。首先是共同体的任何成员与构成自然界一部分的任何事物即一块无意识的物质之间的关系。

35.33. 其次是共同体的任何成员与不同共同体的任何成员之间的关系。

35.34. 根据我在书中阅读到的观点,以及我在询问别人所得到的观点,文明与共同体内各成员的相互关系有关;与这些成员和自然界的关系有关;与他们和不属于同一共同体的其他人类的关系有关。

35.35. 就同一共同体的成员而言,文明意味着来遵守社会交往的规则。

35.36. 就自然界而言,文明意味着榨取(exploitation);或者,更确切地说,科学或智能的榨取。

35.37. 对于其他共同体的成员来说,它意味着比这更复杂的东西;我不想用半打字来概括它。我将在35.6中回到这个问题。

35.38. 我称之为 a 和 b 的文明的两个组成部分(35.24)现在变成了三个:共同体内影响任何一个成员与其他成员关系的文明;共同体外影响共同体成员与自然界事物之间关系的文明;以及共同体外影响共同体成员与其他共同体成员之间关系的文明。

35.39. 让我们分别考虑这些内容。

35.4. 如果一个共同体的文明(civilisation)是指使其进入文明性状态的过程(34.72),如果文明的第一个组成部分涉及该共同体任何一个成员与其他成员之间的关系(35.38),那么第一个组成部分就是使该共同体成员的举止变得文明起来的过程。

35.41. 对一个人表现出"文明"意味着尊重他的感受:避免惊动他,烦扰他,恐吓他,或(短时间内)在他心中激起任何可能削弱他自尊的激情或欲望;也就是说,避免通过让他感到失去选择权的危险以及被激情或欲望所控制而威胁他的自由意识。

35.42. "文明的"这个词怎么会有这个意义的,我就不去追问了。它在古拉丁语中已经这样做了。这个意义并不是一个拉丁词在中世纪和现代的发展中所特有的。

35.43. 对一个人采取的行为,如引起他无法控制的激情或欲望,导致他的意志崩溃,就是对他行使暴力(force)。

35.44. 因此,在与同胞的交往中,文明行为的理想即避免对他们使用暴力。

35.45. 因此,文明的第一个组成部分是一套行为体系,它决定了文明起来的共同体内各成员的关系是每位成员与其他成员打交道时避免使用暴力。

35.46. 或者说,尽可能地避免;因为文明性只是一个理想的状态,文明的进程产生一个渐近的近似值(34.56)。

35.47. 共同体所有成员之间表现出充分的文明性是一个完美的建议,不可能在实践中实现,也不可能作为一个最直接的目标。

35.48. 在一些情况下,没有暴力就没有行动;而在其他的情况下,为了一个共同体的存续,不需要一定程度的暴力,无论是公开的还是隐蔽的。一个共同体在成为文明的共同体之前首先是一个共同体;虽然涉及到对文明理想的偏离,一个共同体的存续所需要一定程度和一定种类的暴力,但暴力必须在文明规则中加以规定。

35.49. 之所以是文明而不是野蛮,因为它坚持要求你应尽可能文明地对待你共同体内的每一位成员;之所以是文明而不是乌托邦,是因为它把你必须文明的场合和你可能(事实上,即使为了文明性的缘故,也必须)不文明的场合区分开来。

35.5. 一个与自然界有关的"文明的"共同体是这样的:(a)从自然界获得它所需要的食物、衣服和满足她对自然界的其他需求;(b)不仅仅获得这些事物,而经过产业化而获得它们;不是作为礼物接受它们,而是通过自己的努力赚取它们;(c)不仅仅通过劳动,而且通过智力劳动获得它们;这种劳动的指导和管理得益于对自然界的科学探索,其目的是将自然界转化为满足人类需求的供应源。

35.51. 这三个条件中的第一个,远远不能使一个共同体有资格被称为文明的共同体,甚至没有资格被称为动物。田野里的草从自然界获得它所需要的食物、衣服("甚至像所罗门王那样荣耀显赫,他的衣饰还不如野草花绚丽。"……),等等。如果它在炎热中死去,它也不会对大自然有任何不满,因为大自然没有向她创造的生物承诺永生,甚至长寿,而只有死亡。

35.52. 第二个条件,也远远不能使一个共同体有资格被称为文明的共同体,甚至没有资格被称为人类。蜜蜂和蚂蚁,早起的鸟儿和追逐猎物的狮子,都是通过自己的劳动从周围的世界获得它们所需要的东西。

35.53. 我们所说的"蒙昧人"(savage)或未文明的人,在某种程度上也是如此。我们所说的"蒙昧"共同体是这样:它只能通过无思考的简单劳动从自然界中获取东西;它还没有学会通过使用它的大脑来节省肢体的肌肉力量。学会了使用大脑来节省肢体的肌肉力量这一课,哪怕一点一滴地学习,相对于自然界而言就变得文明起来,即在文明的第二个组成部分所示的意义上取得进步。

35.54. 我用"文明的"(civil)这个词(35.5)来表示趋向近似值的理想状态。这个理想就是通过劳动和科学的结合,或者说肌肉劳动和大脑劳动的结合,从自然界中获得你所需要的一切。

35.55. 与之前提到的"文明的"一词的意义不同(35.42),这不是一个古老的拉丁语意义;这是一个现代意义,特别是能在拉丁语的派生词"文事"(civilita)、"文教"(civilite)、"文明性"(civility)中找到,它们是文艺复兴时期的一组词,其中心思想是,人类可以通过更好地认识自然世界来提高自己的能力,从而从自然世界中获得所需,而在对自然世界的这种认识中取得进步,就是在与它关系上变得更加"文明"。

35.56. 我曾说过,人从自然界获取他所需要的食物、衣服等。(35.5).最好解释一下"需要"这个词的意思。

35.57. 有一种近乎迷信的说法是,有些东西对人类来说是必需的;当他向自然界或他的同胞要求这些东西时,他只是要求他有权利得到的东西。例如,足够的食物来维持生命。如果他要求的东西超过了这些必需品,那么他所要求的就是奢侈品,一种占有后让人愉悦的东西,但对奢侈品他没有强占性的要求或不可剥夺的权利。

35.58. 这简直是胡说八道。没有什么必需品。大自然在人类身上承认的权利并不比在一朵野花上承认的多(35.51)。人类对自然界的需求就是他认为他能从自然界获取的东西。随着对自然界的权力意识的扩大,人类对这些需求的清单也在不断扩大。在这个词的第二种含义上,随着人们变得更加"文明",过去的奢侈品不断被转移到必需品清单中,新的奢侈品也不断被发明出来。

35.59. 对较高文明来说是奢侈品的东西,对处于较低发展水平的文明来说却不是奢侈品;她可能会用"难以置信"来回答高级文明的吹嘘。有一次,我和一位生活在西班牙埃斯特雷马杜拉平原上的农民谈话,我认为他是个极端贫困的人。然而,在与他的谈话中,我羞愧地承认没有驴子。这个跛脚的人笑着说:"现在我知道了,你是在逗我玩;因为如果你没有驴子,你怎么能从河里提水?"

35.6. 对于一个共同体的成员来说,在关于处理其他共同体成员的关系上,文明是否表示文明性的提升,是一个难以回答的问题(35.37)。

35.61. 如何回答这个问题,取决于他们如何回答这个众所周知的难题:"外国人是人吗?"

35.62. 如果这第二个问题的答案是"是",那么在我们处理与外国人的关系方面,文明理想就开始发挥作用。

35.63. 因为文明性要求对任何被认为拥有文明的人和事物采取文明的态度。如果外国人也是人,那么文明性就要求我们应该文明地对待他们;而且,与我们文明的程度相适应的是,文明规则赋予他们在我们手中享有文明性的权利。

35.64. 如果答案是"否",那么外国人就是自然界的一部分;而且要尽可能科学地加以榨取。

35.65. 不管他们是否分享我们的家园;在这两种情况下,我们的文明都没有让我们承担任何义务来文明地对待他们。

35.66. 不与我们共同居住的陌生者即外国人,事实上经常受到最不文明地对待;例如,被杀害而不受惩罚,甚至被享有相对较高文明的民族杀害不被视为罪责。

33.67. 尽管人们坚信所有的人都应该得到文明的对待,但这种情况还是经常发生;这都因为缺乏陌生人也是人的观念。

35.68. 如果有的话,这种观念是如何产生的,而起初它是缺乏的?与以前的陌生人存在共同行动的经历,于是在我们身上建立起一种社会意识,凭借这种意识,我们承认他们是我们自己不可或缺的一部分。

35.69. 典型的共同行动是商业活动。一个习惯于与陌生人进行贸易的共同体,一般都习惯于以文明的方式对待陌生人。

35.7. 外邦人(metics,希腊语中表示与我们共同生活的外国人),即使在文明程度相对较高的共同体内,也往往得不到更好的对待。这种情况太常见了,不需要引证。

35.71. 原因是一样的:人们认为外邦人不完全是人。但是,这种观念可以通过与他一起参与共同行动来改变,并得以保持,直到产生外邦人也是人的社会意识。

35.72. 外邦人属于我们一部分的社会意识,即,从我的角度把他们带入人类圈,并从他们作为我榨取(exploit)的东西(甚至,如果有意愿,可以问心无愧地杀害的东西)转化为,我是一个文明人我必须文明地对待他,并确保其他人应文明地对待他。而且,这不同于一种炙热或泛滥的情感,即所谓的"喜爱"他或"喜好"他。

35.73. 通过到外国旅行(如我所说,与外国人交易)有时可以促进此社会意识的产生;有时则远远不能,如果一个愤世嫉俗的人把人们的旅行描述为外国人值得憎恨的理由,他可能会被原谅。

35.74. 相反,养猪的人温柔地爱它们,但这并不妨碍他们杀害所爱的对象。

35.75. 人们可能足够喜好外国人(无论是一个国家的国民,还是一个国家中同一阶级成员,反正不是自己的人),但从不认为他们是真正的人,也从不以文明的态度对待他们。

35.76. 简而言之,"喜好"一个对象与对它的非文明(uncivil)行为(即使用暴力),甚至不文明(uncivilized)行为(即在不需要暴力的地方使用暴力)可能是一致的;即使这个对象实际上是人。

35.77. 要理解,文明地对待一个对象的义务与不喜欢它也可以是一致的;以至于一个人以他厌恶、憎恨或害怕 x 为理由为自己对 x 的不文明行为开脱,是没有任何借口的。

35.78. 将非文明性(incivility)与残忍性(cruelty)区分开来可能是正确的。因为尽管"最具非文明性的行为"可能相当于杀害(35.66),但即使是最粗鲁和最粗暴的非文明性,即在向一个人的头部开枪之前不屑于警告他的那种非文明性的行为,与为了单纯地杀死或伤害他而杀死或伤害他的残忍行为之间似乎存在着区别。

35.79. 这是真的;但从受害者的角度来看,这种区别太细微了,没有什么意义。而且在任何情况下,文明性的理想都排除了这两者。

35.8. 这些考虑并不能成为我们处理这个问题的借口。我们所关注的是文明之人的文明观,而不是他的文明所规定的那些行为方式。

35.81. 如果一个文明的过程没有走得很远,或者一个文明进程的结果在很大程度上被野蛮化的反过程所破坏(34.73),那么,把共同体之外的人当作人或者文明地对待他们的理想,可能在任何程度上(我想,不完全)被把他们当作物质自然界的观念所取代:也就是说,被强行取代了。

35.82. 根据由此产生的文明(或野蛮)程度,这个共同体将以或多或少缺失文明性的方式对待非共同体成员;在那些情况下,在可以使用文明的地方,用暴力取代之。

35.83. 这将涉及到或多或少的无情榨取(exploitation);或者,更确切地说,科学或智能地榨取(35.36)陌生人(35.66)和外邦人(35.7)。

35.84. 这种榨取(exploitation)将被正当化,而且,确实是由共同体所采用的文明规则所规定。

35.85. 我们的问题是这样的:假定,一种公认的低级文明可以把非共同体成员降到奴役状态作为一种规则,并把它作为一种规则和一种生活方式加以正当化,那么,我们是否同样可以把非共同体成员降到替罪羊的地位,让他们沦为了残忍而实施残忍的对象?

35.86. 一个共同体的成员可能会回答:"雇佣外邦人或其他外国人的做法是我们文明的一个合法规定。根据你的说法,只有在真正的乌托邦文明中才会禁止榨取外国人。在所有实际存在于不完美世界的文明中,如我们的文明(因为我们不是伪君子),它都是不受谴责的。"

35.87. "你如何榨取你周围的世界,取决于你认为你能从中得到什么。我们有一种施加痛苦的心理需要。我们是虐待狂。如果你能解释它,至少要面对它。我们向周围世界索取的东西是我们虐待狂冲动的牺牲品。我们需要有人去折磨(torture)它们。你承认我们可以合法地榨取外国人。折磨他们是我们榨取他们的方式。"

35.9. 这种"施加痛苦的心理需要"(35.87)是什么? 它是类似于激情和欲望这样不可控制的冲动吗? 它还是冷静思考的结果,是意志控制下的东西?

35.91. 如果是第二种情况,为什么他们要为他们有理由认为不受欢迎的行为辩护呢? 如果是第一种情况,他们承认自己是在无法控制的冲动下以不受欢迎的方式行动。

35.92. 我们可以怜悯一个虐待狂,但我们不能说他遵守自己的文明规则。他没有文明。他更接近于人行兽(Yahoo),而不是服从高级或低级文明规则的理性动物。

35.93. 变成那样的人类禽兽是一种可怕的命运。但正是人类禽兽的存在,而不是一个特殊文明的一份子,给了我们所提问题(35.86—7)的答案(35.85)。这不是文明;这是野蛮。

文明的本质

36.1. 一般意义上,文明是指在一个共同体内实现的精神过程(35.1)。

36.11. 具体意义上,我们发现它指两个或三个此类过程的组合。

36.12. 第一个进程是,该共同体的成员在相互交往中变得不那么沉迷于暴力(35.4)。

36.13. 第二个进程是,他们更有能力通过智能或科学地榨取自然界,获得他们为维持和改善生活所需要的必需品或奢侈品(35.5)。

36.14. 第三种进程是,原本在第二种情况下他们为了自己的利益把共同体以外的人当作可榨取的自然物,后来在第一种情况下把他们当作人,因此,共同体以外的人就像共同体的成员一样有权享有文明性。

36.15. 我们是否将这些视为文明的两个特征(一个与人有关,一个与自然有关,)或三个特征(一个与人有关,一个与自然有关,一个与可被视为人或自然的事物有关);抑或是四个特征,都没有多大关系。

36.16. 在任何情况下,我们认为她们不止一个特征。

36.17. 我曾反对那种认为一个术语只有在被界定后才适合于科学使用的观点。使其适合科学使用的理由是它有了确定用法。

36.18. 但是,与那些相信"不可定义"的非理性主义者不同,他们声称允许任何心血来潮地改变字词的用法以及任意使用术语,而我坚持认为,只要一个词的用法已经确定,就可以被描述,也就是说,这个词可以被定义。

36.19. 根据传统的逻辑,定义必须说明要定义的术语的本质:而一个术语的本质(在这里是指文明)只能涉及一个种差(differentia)。

36.2. 如果有两个种差(例如"等腰三角形的两边相等,两个角相等"),定义就有问题了;应该证明这两个种差中的一个是另一个的必然结果。

36.21. 旧的逻辑书中关于定义的整个学说不是被有限客体原则（Principle of Limited Objective）及其对本质概念的破坏性后果破除了吗？

36.22. 不，它没有被破除；只是被修改。根据有限客体原则，确实不再认为一个特定事物的属性可以从一个单一的本质中推导出来，但仍然存在一个"相对本质"，即一个"从我们的角度看的本质"，其中"我们"是从事某种科学探索的人，如从事数学物理学的"经典"物理学家。

36.23. "我们"以一种明确的方式使用一个特定的术语，而"相对本质"是与这种用法相对应的本质。从这个"相对本质"可以推导出的，其实不是所讨论事物的所有属性，而是我们的专门性科学所能处理的所有属性。

36.24. 无论是两个还是三个，作为文明的"种差"，文明的特征必须减少到一个。

36.25. 面向我们同胞的文明性精神和面向自然界的智能榨取（exploitation）精神之间有什么联系吗？

36.26. 如果我们能找到这种联系，就能把上面提到的两个（或可能是三个）特征作为文明的"属性"或其本质的逻辑结果（36.23）。

36.27. 此外，当我们开始探寻时，我们也许能够发现其他的逻辑后果，从而增加我们关于文明特征的简短清单；现在的清单仅仅是阅读和谈话（35.34）的结果，是一种临时性的。

36.3. 对自然界的智能榨取涉及对自然界的科学研究，即自然科学。

36.31. 不一定是一种技术性很强的自然科学；它很可能是一种完全没有实验室和微分（甚至是简单）方程的自然科学；一种更类似于民俗而不是数学的自然科学，充满了迷信，而且从一个20世纪"科学家"的角度来看，它们是拙劣的非科学。

36.32. 与智能榨取自然界密不可分的那种自然科学意味着观察和记忆，并由父亲传给儿子。那些对猎人、牧羊人、渔夫、农民、水手或矿工之类的人员有用的东西：关于季节、天气、土壤、耕土、野味、鱼类、家畜和害虫习性；如何获得各种工艺所需的原材料，如何将它们加工成成品，以及如何使用、保存和修补这些成品。这是一种"自然科学"，如果我可以这样称呼它的话,它主要是在所谓的新石器时代发现的,主要发现者是我们所谓的(颇为反讽)非熟练农业劳动者。

36.33. 一个共同体相对于自然界而言达到的任何程度的文明水平,无论高和低,是通过获得和保存惊人数量的自然科学来保障的。毫无疑问,也部分得益于自然科学的改进;但是,改进传授给我们的科学远不如保存它重要;这是一个值得记住的事实。

36.34. 在过去的一两个世纪里,欧洲人出于偶然的和暂时的原因,过于重视发明,而低估了保存的重要性,两者之间的比例被严重误解而失调。

36.35. 考虑一下打绳结的例子。每位水手的生命,每个渔民的渔获,以及其他上千件不同重要性的事情,都取决于知道你打的结在你开始解开它之前不会解开,当你解它时很快就会解开。

36.36. 有四十个或五十种打结方法,经常使用的不到二十种。

36.37. 没有一个结是在任何已知的时间、任何已知的地点、由任何已知的人发明的。所有这些都是从远古以来就存在的。

36.38. 因此,至少在几千年的时间里,打少量简单可靠的结的传统一直被保留下来;没有新的发明加入其中,因为需要打结的目的不多,而且已经得到充分满足。

36.39. 发明一个新的绳结并没有什么好处;如果不保存我们已有的打结传统,几乎会产生难以置信的损失。

36.4. 相对于自然界而言,作为所有人类文明基础的"艺术"或"实用科学"是人类的共同财产。

36.41. 我不是说绳结的发明是从天上来的。任何一个习惯于打结的人都会同意,有一个人发明了它;在绳结发明者面前,集阿基米德、古腾堡、乔治·史蒂芬森和爱迪生于一体的发明家队伍,也会惭愧地低下头。

36.42. 我的意思是,这样的发明是一个持续性的过程,是无数没有留下姓氏的人共同的努力。基于此,人们结成了一个巨大的互不相识的社会,其成员把这个人的生命(也许幸存多少次)、那个人的鱼获、另一个人免于天气灾害的伤害,归功于无名的天才,因为他们学会了使用打绳结。

36.45. 这样的知识逐渐得以积累和保存,打结只是其中的一个极小的部分,同时,相对于自然界的人类文明也在逐渐积累和传承。

36.46. 整个过程的主要动力是协同精神(spirit of agreement)。如此庞大的知识体系(我称它为知识,但它不是逻辑学家所说的那种知识;它是所有实用的知识,知道如何系绳子,如何游泳,如何助产母羊,如何逗引鳟鱼,在哪里搭帐篷,什么时候犁地,什么时候播种,什么时候收获你的庄稼)汇集在一个共同体里,并形成一种风俗习惯:共同体的成员凡有东西要教给任何想知道它的人,都要教他;凡不知道知识可以帮助改善生活的人,都应该坦率地去找一个知道它的人,在此人解释它时认真倾听,在他展示它时认真观看。因此,关于文明的问题一定有一个关于文明的答案。

36.5. 在这里,答案出来了。我们发现了两种文明性之间的联系(36.25)。尽管文明性这个词还没有出现。

36.51. 同一共同体成员人与人之间表现出来的文明性,不仅是构成该共同体相对于人类世界的文明过程;也是使该共同体相对于自然世界的文明过程成为可能。

36.52. 我们过于轻视了这一点。我们都是史前先民文明性的受益者,但是太把它当作理所当然了。

36.53. 在柏拉图的一段对话中,一个人对另一个以知识丰富著称的人说:"我请求你,如果你知道这个问题的答案,告诉我;慷慨地展示你的知识;不要吝啬你的知识财富。"

36.54. 多么文明!我们感叹。这些古希腊人多么开明,把知识当作金子或银子来谈论!

36.55. 几个世纪后,我们发现乔叟这样描写他贫穷的书记员:"他很乐意学习,也很乐意教导。"

36.56. 这是多么令人钦佩,又是多么奇怪啊!想象一下,我们在十四世纪英格兰寒风呼啸的荒野;在这里,有个诗人正在用诗歌描绘它。所有诗人中这个诗人最不喜欢描绘花里胡哨的画面,最不喜欢奉承任何人或任何阶层。在诗人旁边有一个是一个衣衫褴褛的学者,他唯一的激情是贪婪地汲取知识并慷慨地分享它。

36.57. 但是,在当时以及更早的若干个世纪,我们轻描淡写地称之为野蛮的时代,除非人们在清醒的现实中像乔叟和柏拉图描述的那样贪婪地获取知识、慷慨地分享知识,否则根本不会有任何文明;不会发现任何文明的艺术,或者即使发现也不会传授。

36.58. 读者,你是否怀疑我在翻新黄金时代的旧故事?你是否不理会我对一个遥远过去的畅想,彼时人们乐于教导,乐于学习,而不是那些假人类学者中的最新口号:"野蛮人没有发明过任何东西;他们拥有的只是文明人使用过的残渣剩饭?"

36.59. 起源并不重要。谁发明了打绳结?不知道!永远无法知道!他是怎么发明的?不知道!永远无法知道!我无法想象有人曾做过如此出色的事情。你也不知道。但是,一旦发明了,它是如何传播的呢?我大致知道答案。发生情况的条件是,有一个共同体,在这个共同体里,发明不是被囤积起来的,而是被传授的;应该还有知道它们并愿意传授它们的人,以及不知道它们但愿意学习它们的人。

36.6. 如果那是一个黄金时代,那是一个与我们自己的状况如此不同的景象(我指的是),以至于我们无法冷静地相信它曾经存在过。我们哪怕用尽关于传播(diffusion)的神话也无法解释,任何一个文明,无论多么低级,是如何持续存在超过一代的。我们是不相信传播的传播论者。

36.62. 但那不是一个黄金时代。学习的热情和教育的热情并没有从人类中消失。它们仍然活着。

36.63. 就像亚里士多德写的那样,所有的人都有对知识的自然渴望。

36.64. 所有的人都有传授知识的自然渴望,这也是真的。

36.65. 我不否认还有一种与此相冲突的欲望,即通过垄断知识获得对他人的支配权力。

36.66. 肯定存在着知识的二律背反,一方面知识关乎争夺、竞争和垄断,同时存在着知识的辩证法,知识也关于协同、合作和分享。

36.7. 这就是文明的起源和本质。文明,即使在其最粗糙和最野蛮的形态中,部分地包含着文明性,部分地依赖于文明性:就人与人的关系而言,它包含着文明性;就人与自然的关系而言,它依赖于文明性。

36.71. 霍布斯认为(他是功利主义者,就像生活在他那个世纪的所有人一样),人与人之间天然(naturally)就是敌人,但理性教会他们通过结交朋友来避免相互敌视的可怕后果。

36.72. 他认为人与人之间是"天然"敌人的观点是对的;他们是敌人;但他们也是"天然"的朋友。

36.73. 人类的合作并不像霍布斯认为的那样,建立在人类理性这样一个脆弱的基础上。

36.74. 人类理性支持它,而且是强有力地支持它;但这并不是人类合作的起源。

36.75. 在人类生活的各个方面,我们都可以发现,人与人之间的相互需要和人与人的敌意不可分割地混淆在一起的。

36.76. 它们首先表现为人们彼此接近出现的愉悦感和痛苦感。它们在我们的偏好中再次出现,表现为与同胞交往的倾向和将自己与同胞分开的倾向。

36.77. 我们试图通过把我们的感情集中在"喜欢"的人(想与之交往)身上和"不喜欢"的人(想与之分离)身上来区分这两种偏好。但这是一个糟糕的承诺。如果我们用敏锐的眼光审视自己,就会发现自己不喜欢我们认为自己喜欢的人,反之亦然。

36.78. 从欲望的层面看,问题很简单。我们现在知道,自我与非自我是相关联的。我们是否喜欢他人或不喜欢他人,与我们是否喜欢或不喜欢自己的问题是相关的。我们两者都做。

36.79. 我们越是竭力相信我们对自己和他人都非常满意,我们就越有可能在私底下对两者都深感不满。如果我们假装爱我们的邻居而不喜欢我们自己,或者爱我们自己而不喜欢我们的邻居,这是可悲的自欺欺人。

36.8. 如果从意志的层面看,问题就复杂得多。情况可能看起来毫无希望,但在某种意义上,我们有一个新的开始。

36.81. 我们的情感、偏好、激情和欲望不可分割地混乱在一起,充满无望的矛盾,这是事实,但这并不可怕;因为在一定程度上,我们可以忽略它们并作出决定。

36.82. 我们无法阻止自己对同胞产生友好和不友好的混乱情绪。我们无法阻止这种混乱情绪把我们推向一种"以邻为壑式"的生活,在这种生活中,我们试图压制、伤害甚至杀害其他人,在他们中间传播死亡和暴力,以满足我们的权力欲望;也无法阻止把我们推向一种"同舟共济式"的生活,在这种生活中,我们试图与所有人和平相处,与他们组成社团,以通过讨论我们不时发现的困难和处理它的方法来实现共同目标。

36.83. 但我们现在可以选择这两条路线中的哪一条,或者我们应该在这两条路线之间采用哪一种折中方案。我们现在可以坚定地利用我们的意志,而不是被情绪的狂风吹来吹去。我们可以想一想,我们要做的是什么,是过"以邻为壑式"的生活还是过"同舟共济式"的生活。

36.84. 在这里,随着人类生活中自由意志的出现,文明的进程开始了。

36.85. 到我们描述的这个时代,人们一直生活在一个非社会性的共同体中,不是靠他们自己的意志(他们还没有意志)而是靠其他东西生活;也许是靠他们内心的心理力量,我们称之为"本能",也许是靠一些人或一群人野兽般的残酷暴力强迫他们生活在一种和谐之中。

36.86. 现在,他们在智力上达到了成熟(我把它说成是一个迅速发生的事件,但它通常是小步地缓慢地发生的),并意识到在非社会性共同体中,由于情感的支配,他们是随心所欲地表现出彼此的友好和不友好,带来了混乱。现在,他们下定决心,要做一个什么样的人。

36.87. 如果他们决定交朋友,这种自由意志的觉醒就是文明过程的觉醒。

36.88. 这个过程的本质是每个人的情感被他的理智所控制:也就是说,人人坚持按照自己的意志行事。

36.89. 文明的过程是共同体各个成员按照自己意志行事的过程:既有个人意志,也有社会意志(两者是不可分割的)。

36.9. 野蛮主义也是一个过程。在这个过程中,非社会性共同体虽然不再像以前那样在情感的乱风中摇摆,但是,他们强调其生活的非社会性、非自愿性;他们曾经考虑过控制情感,现在决定不去控制情感,或者决定交给情感来支配。

36.91. 用一个悖论来说,非社会性共同体是为了实现人行兽群(Yahoo herd)的聚集而形成一个社会。而文明的意思是,非社会性共同体为了促进自由意志的发展而将形成一个社会。

36.92. 之所以说是一个悖论,是因为人行兽群(否定自由意志)的存在是对社会性的否定;而对社会性的否定不可能是一个社会。

36.93. 追求文明的意志是正确的意志。任何非社会性共同体成员,如果在自由意志的觉醒下决定不再随情感摇摆,而是共同负责他们面对的各种状况,积极作为,那么,无论他们决定做了什么,都已经开始了自我文明化的过程。

36.94. 追求野蛮的意志(will to barbarism)也是一种意志,否则它就不会打破原始性的非社会性共同体;但它是一种无效意志(*will to do nothing*),一种重新默许情绪混乱统治的意志。它所做的一切不过是先按照自己的意志行事,然后又拒绝按照自己的意志行事。

文明与财富

38.3. 必须仔细区分财富(wealth)和富有(riches)的差别。

38.35. 形容词"富裕"主要适用于一个共同体,只是在次要意义上适用于其个体成员。富裕的是共同体;个人只有作为富裕共同体的成员时才是富裕的。

38.36. "富有"首先适用于个人,而不是他们所在的共同体;单一共同体只有按照生产能力与贫困共同体做比较时才可以说是富有的。

38.37. 亚当·斯密写的《国富论》在标题中就提出了这个观点:财富是主要是属于共同体的东西,富有是主要是属于个人的东西。

38.38. 其次,"富裕"是一个比较词,"富有"是一个相对词。

38.39. 我所说的比较词是指它涉及到一个标准。

38.74. 贫富差距的存在是对文明理想的冒犯;因为它涉及富人在与穷人打交道时不断使用一种暴力;经济暴力;这种暴力的本质是迫使穷人在与富人打交道时接受或给出不公平的价格。

38.75. 虽然这是对文明理想的冒犯,但不一定是对某一文明的冒犯。

38.76. 我们知道,任何文明都只是趋近于这一理想,而且在许多方面往往偏离了这一理想,甚至要求使用暴力。

38.77. 因此,某一文明的机构负责人必须清楚地认识到,贫富之间存在差距,即使是微小的差距,也包含了野蛮因素。但是,如果只是微小的差距,他们可能会认为富人作为负责维持公共财富的阶级为整个共同体提供了服务,那是他们应得的报酬。

38.78. 因此,存在贫富差距的共同体,如果它是明智的,就不会浪费律师们的聪明才智试图废除这种差距造成的弊端。

38.79. 该共同体将非常仔细地检查它经济生活的运行情况,以判断贫富差距的程度是否超出了维护它生活标准的可容忍程度。

38.8. 如果它判断贫富差距可以减少(因为贫富差距永远不可能被完全废除,就像暴力作为政治生活的特征不可能被完全废除一样),而对收入或资本的影响在它所能承受的范围之内,它就会采取必要的步骤来缩小这种差距。

38.81. 因为,像亚里士多德所说的那样,不仅是政治机构,而且是每个共同体存在的理由是,人们应该过上美好的生活;用我们的术语来说,亚里士多德所说的"美好生活"就是文明。

38.82. 这就是人们积累财富的唯一动机:为了追求文明。

38.83. 如果积累财富被用于制造贫富差距,那它是在破坏文明,或追求野蛮。

法律与秩序

39.19. 上文已经表明,一个社会越是文明,它就越是富裕,不是由于生产能力的增长超过了它的需要,而是由于需要和生产能力同时增加;财富在整个社会的扩散(因为"富裕"一词首先适用于整个社会(38.35))意味着消除贫困;消除贫困意味着要消除贫富差距。

39.2. 现在,我再补充两个内容来结束关于文明的理论叙述,第一个"法律与秩序",第二个"和平与繁荣"。

39.21. 两者都是人们熟悉的短语。每一个都是对文明其中一个主要方面的称呼。第一个是对文明作为任务(civilisation as a task)的表述，它意味着实现文明化你必须做的事情。第二个是对文明作为后果(civilisation as a product)的表述，它表示实现文明化后你得到的东西，即文明生活的结果。

39.3. 法律与秩序是任何文明社会生活中的一个特征，也称为法治。根据欧洲的标准，一个没有法治的共同体根本上不属于文明；它是野蛮的；但野蛮性也藏身于文明之中，特别是低级文明之中；在没有法治的情况下也可以享受某种程度的文明，尽管这种文明程度对于欧洲人来说太低级了，甚至不能称之为文明：例如，能够在野蛮专制君主粗暴司法统治下享受那种文明的人，他可是一个令人钦佩的家伙。

39.31. 首先，法治意味着要有法律；不一定有成文法典，因为在不成文的习惯法的情况下，也可能实现法治；或者法律由专制君主不定时地实施判决，但即便如此，也可能有法治，条件是他今天制定的法律在他废除之前仍在。

39.32. 其次，法治意味着那些处于法律约束下的人们可以知晓法律。如何做到这一点，在不同的情况下会有所不同；也许是通过咨询口头传统的保存者；也许是通过阅读书籍文本；也许是通过在法庭上提起诉讼；但除非能以某种方式做到这一点，否则就没有法治。

39.33. 再次，必须存在依法作出判决的法院。因为法律不适用于具体案件就是一纸空文。

39.34. 最后，法律面前必须平等。法律与行政规定或法令的区别在于它的普遍性：它适用于任何一个明确的案件。在法律的范围内任何人都在法律之下，无论他在其他场合拥有什么身份。

39.35. 否认法律面前人人平等，就等于说法律允许有例外；法律允许有例外，要么法律的表述不严谨，要么法律的执行不规范。

和平与繁荣

40.1. "和平与繁荣"(正如奥托·叶斯伯森(Otto Jespersen)所说，

英国人喜欢用这些押头韵的短语表达自己的想法)是关于文明生活之成果的一个尽人皆知的表述(39.21)。

40.11. "法律与秩序"(同一类型的另一个短语)是文明对你要求所做的事情,其形式和标准是欧洲从古罗马那学到的。

40.12. "和平与繁荣"是文明基于这种形式和标准对你的承诺。

40.13. 然而,把它们分别称为手段和目的将是一个错误。所谓的手段本身没有价值;它们唯一的价值是效用,也就是说,手段与目的关系仅仅是为了实现目的。

40.14. 但是,法治本身就存在一种价值,即正义。正义的结果可能是和平与繁荣;但就其本身而言,独立于这一结果,正义存在其自身的价值,一个人或一个共同体如果重视它,就会为其本身而重视它;一个人如果只把它当作实现和平与繁荣的手段,就根本不重视它。

40.15. 此外,如果没有法治,也可以(在某种程度上)拥有和平与繁荣,尽管不那么彻底。没有通过某种事物就能达到目的,该事物就不能作为实现目的的手段。

40.16. "法律与秩序"是共同体生活的特点,即使不考虑这种生活的副产品或结果,这种生活本身也足以称得上是一种美好生活,一种幸福的生活(因为美好生活必然是一种幸福生活)。

40.17. 作为副产品或结果,法律与秩序的生活就是和平与繁荣的生活。因为如果没有法律与秩序,和平与繁荣足在某种程度上是可以得到的(40.15);但有了法律与秩序,和平与繁荣就会得到保障,而且是持久稳固的保障。

40.18. 我要提醒读者,只是为了警告他不要这样认为:当一个好人在他的所有交易中被恶人抢劫时,法律与秩序可能会被剥夺,他却可以通过和平与繁荣的形式重新获得正义(因此不能确保他们不会失败)。

40.19. 文明是发生于共同体的事物(34.4);因此,法律与秩序、和平与繁荣也是发生于共同体的事物;如果在某个共同体内,美德受到压制,这个共同体在法律与秩序方面就有缺陷。如果它确保其成员之间实现正义,美德就不会受到压制。

附　录：
中国传统的"文明"概念及其在晚清的嬗变

刘文明

《高级汉语词典》对"文明"一词的解释有四层意思：(1)人类所创造的财富的总和，特指精神财富，如文学、艺术、教育、科学。(2)指人类社会发展到较高阶段并具有较高文化的状态。(3)旧指具有当时西方色彩的。(4)光明，有文采。这是词典编纂者对中国人所使用的"文明"含义的归类概括。如果我们仔细分析一下这一概括，便会发现两个问题：

首先，对"文明"概念的这几种静态解释，反映了"文明"概念在中国的动态演变，它包含了现代意涵与历史意涵的"文明"观念。第一、二两层含义是当代中国人经常使用的，诸如"物质文明""精神文明""文明社会"等。第三种意义上的"文明"在20世纪上半叶曾广泛使用，如"文明戏""文明棍"等，但随着中国社会半个多世纪的发展，这些概念在当代社会生活中已经很少使用。第四种含义基本上只用于古代中国，如《易经》中的"天下文明"、《尚书》中的"濬哲文明"等，当代中国社会中已经没有这种用法了。

其次，词典中对"文明"含义的这几种解释，也是对固有的中国"文明"观念与外来的西方"文明"观念的综合，反映了这一概念演变过程中的中西互动与文化采借。在第三层含义中，"文明"代表了当时带有西方色彩的事物，暗含着西方比中国更"文明"和"文明"来自西方。其实，"文明"这一词汇本身并非舶来品，中国古代已有"文明"这一概念，只不过其直接的含义主要是上述第四种解释，指的是"光明，有文采"。同时，在古代中国人的价值判断里，"文明"也意味着社会文化发展中的一种比较优势，一种良好的教化状态，因此"文明"也指"文治教化"。可以说，中国古代的"文明"与西方的"civilisation"在第二层释义上是近义词。而综观"文明"一词在古代中国的运用，基本没有第一层含义的用法，"文明"的此种含义，显然是19世纪下半叶之后来自西方。在西方，"文明"一词（如英语civilisation）明显具有上述第一、二层含义。因此，上述第二层释义正是中国固有"文明"与外来西方"civilisation"两个概念的结合点，也正是以此为基础，英文的"civilisation"在19世纪末译成了中文的"文明"，由此中文的"文明"具有了西方"civilisation"的意思，而传统中文"文明"的部分含义与用法逐渐消失了。当然，这并非一个简单的翻译问题，而是19世纪末20世纪初中国与欧洲互动的结果。

那么，在中国于19世纪下半叶接受西方"文明"概念之前，中国有着怎样的"文明"概念与观念？这种"文明"观念是如何形成的？到晚清发生了怎样的嬗变？因此，本章的主题，是要从"文明"这一概念及其使用来看"文明"观念及其价值取向，将"文明"当作这一概念使用者的主体意识，而不是"文明"概念使用者所生活于其中的社会文化这一客体，亦即探讨19世纪中叶以前的中国人具有怎样的"文明"概念，以及它在晚清的变化。

19世纪中叶前中国的"文明"概念

"文明"一词早在先秦时期就开始使用，先秦文献中使用这一词汇较多的是《周易》。据笔者统计，《周易》有6处提到"文明"。这里偶举几例，对《周易》中的"文明"概念及其内涵予以分析。

《乾》卦中说："见龙在田，天下文明。"唐初孔颖达对此解释为："'天下文明'者，阳气在田，始生万物，故天下有文章而光明也。"①若将此句与其前面的"见龙在田，利见大人"联系起来理解，是以自然来比喻人文。正如孔颖达所说："见龙在田，是自然之象。'利见大人'，以人事托之，言龙见在田之时，犹似圣人久潜稍出，虽非君位而有君德，故天下众庶利见九二

———————————
① 王弼注，孔颖达疏：《周易正义》卷第一·乾。

之'大人'。"①北宋张载对这一句的理解是:"庸言庸行,盖天下经德达道,大人之德施于是(者)溥矣,天下之文明于是(者)著矣。"②因此,"文明"在此是名词"文"与动词"明"的组合,其核心内涵在于"文","天下文明"的含义,是指随着"大人"的出现,天下因其文德辉耀而光明,这就犹如自然之阳气出现而始生万物。

《贲》卦中说:"刚柔交错,天文也;文明以止,人文也。"魏王弼对此注解为:"刚柔交错而成文焉,天之文也。止物不以威武而以文明,人之文也。"唐孔颖达的解释是:"天之为体,二象刚柔,刚柔交错成文,是天文也。文明,离也,以止,艮也。③ 用此文明之道,裁止于人,是人之文德之教,此贲卦之象。既有天文、人文,欲广美天文、人文之义,圣人用之以治于物也。"在此,"文明"是指"文德之教"。这一意思,从《贲》卦后面一句"观乎天文以察时变,观乎人文以化成天下"可以得到更好的理解。孔颖达说:"'观乎天文以察时变'者,言圣人当观视天文,刚柔交错,相饰成文,以察四时变化。'观乎人文以化成天下'者,言圣人观察人文,则《诗》《书》《礼》《乐》之谓,当法此教而'化成天下'也。"④因此,以文德止物教人,使人们有良好的道德行为,这就是人文。人文与天文相对应形成一对范畴,文明也就是与自然之道相对应的一种文治教化。这种将"文明"与"天"对应起来以究天人之际的用法,也见于《大有》卦中:"其德刚健而文明,应乎天而时行,是以元亨。"孔颖达解释为:"'刚健'谓强也,'文明'谓离也。德应于天,则行不失时,与时无违,虽万物皆得亨通,故云'是以元亨'。"⑤张载也说:"刚健故应乎天,文明故时行。"⑥因此,"文明"便是应天顺时之文治教化。

《同人》卦中说:"文明以健,中正而应,君子正也。唯君子为能通天下之志。"王弼解释是:"行健不以武,而以文明用之,相应不以邪,而以中正

---

① 王弼注,孔颖达疏:《周易正义》卷第一·乾。
② 《张载集》横渠易说·上经·乾,章锡琛点校,中华书局 1978 年版,第 73 页。
③ 在《周易》中,"离"卦意味着火与光明,"艮"卦象征山与抑止。"贲"的卦象是离下艮上,象征山下燃烧着火焰。
④ 王弼注,孔颖达疏:《周易正义》卷第三·贲。
⑤ 王弼注,孔颖达疏:《周易正义》卷第二·大有。
⑥ 《张载集》横渠易说·上经·大有,中华书局 1978 年版,第 98 页。

应之,君子正也,故曰'利君子贞'。君子以文明为德。"孔颖达疏为:"此释'君子贞'也。此以二象明之,故云'文明以健'。'中正而应',谓六二、九五,皆居中得正,而又相应,是君子之正道也,故云'君子正也'。若以威武为健,邪僻而相应,则非君子之正也。'唯君子为能通天下之志',此更赞明君子贞正之义。唯君子之人'同人'之时,能以正道通达天下之志,故利君子之贞。若非君子,则用威武。今卦之下体为离,故《象》云'文明',又云'唯君子能通天下之志',是君子用文明为德也。谓文理通明也。"①在此,"文明"是一种与中正之道相对应的美德,有别于"威武"与"邪僻",君子用文明为德,由此达到"同人",从而能通达天下人的意志。孔颖达解释"同人"为"和同于人",因此《同人》卦象征和同于人,有和谐、和平之意。18世纪下半叶的章学诚在其《文史通义》中,也谈到了《周易》在此处提到的"文明":"《易》曰:'惟君子为能通天下之志。'说者谓君子以文明为德,同人之时,能达天下之志也。《书》曰:'乃命重、黎,绝地天通。'说者谓人神不扰,各得其序也。夫先王惧人有匿志,于是乎以文明出治,通明伦类,而广同人之量焉。"②显然,章学诚继承了《周易》中"文明"的含义,它作为一种能通天下之志的正道与美德,倡导"和同于人"。

孔颖达对《周易》的正义中,多次提到"文明,离也"。如何理解《离》卦与"文明"之间的关系?《离》中说:"离,利贞,亨。"意即离卦象征附着与柔顺,这样利于坚守正道,由此才能亨通。因为《象》辞对"离"的解释是:"离,丽也。日月丽乎天,百谷草木丽乎土。重明以丽乎正,乃化成天下。"何谓"丽"?孔颖达疏曰:"丽谓附著也。以阴柔之质,附著中正之位,得所著之宜,故云'丽'也。"日月附着于天,百谷草木附着于地,皆宜其所着。"'重明'谓上下俱离。"即离(日)上离(日)下,光明接连升起悬附于空中。"'丽乎正'者,谓两阴在内,既有重明之德,又附于正道,所以'化成天下'也。"(这一点也有助于我们可以进一步理解"观乎人文以化成天下"的意思。)《象》辞对"离"的解释是:"明两作,离;大人以继明照于四方。"孔颖达疏曰:"'明两作离'者,离为日,日为明。"③因此《离卦》的本象为火,代表

---

① 王弼注,孔颖达疏:《周易正义》卷第二·同人。
② 章学诚:《文史通义》卷四·内篇四·释通。
③ 王弼注,孔颖达疏:《周易正义》卷第三·离。

光明。伟大的人物效法这一现象,连绵不断地用太阳般的光明美德普照四方。由此,我们从《离》卦及孔颖达的注疏中可以得出这样一个逻辑:"离"卦意味着"文明",而"离"即"丽"(附着)、即"日",日为明,重明之德照于四方、附于中正之道,这种柔顺守正的品德便可以"化成天下"。这便是《周易》中"文明"一词的意义所在。因此《周易》中的"文明",直接的含义指文德辉耀与文治教化,但其内涵是柔顺中正之德,以及天人和谐、和同于人的价值取向。正是在这种意义上,张载在《横渠易说》中多次提到这种"文明"之德:"六三以阴居阳,不独有柔顺之德,其知光大,含蕴文明,可从王事者也。"[①]"非柔中文明之主不能察,非刚健不私之臣不能通,故曰'小人弗克'。"[②]

除《周易》外,先秦文献《尚书》中也出现了"文明"一词,《尚书·舜典》中记载,舜帝"濬哲文明,温恭允塞"。孔颖达解释说:"经纬天地曰文,照临四方曰明。""舜既有深远之智,又有文明温恭之德,信能充实上下也。"[③]在此,"文明"也用于描述个体的品德,具有文德辉耀的含义,说明舜帝具有良好的修养与行为举止。

由上可见,"文明"一词既可用作动词,也可用作名词;既可应用于个体,亦可应用于社会。但无论如何,其核心内涵都在于"文",以"文"为体,以"明"为用,文明即以文教化,用作动词时指教化行为,用作名词时指有教化之文德或状态。那么,"文"之意义何在? 北宋石介作了很好的回答:

> "文之时义大矣哉! 故春秋传曰:'经纬天地曰文。'易曰:'文明刚健。'语曰:'远人不服,则修文德以来之。'三王之政曰:'救质莫若文。'尧之德曰:'焕乎其有文章。'舜则曰:'濬哲文明。'禹则曰:'文命敷于四海。'周则曰:'郁郁乎文哉。'汉则曰:'与三代同风。'故两仪,文之体也;三纲,文之象也;五常,文之质也;九畴,文之数也;道德,文之本也;礼乐,文之饰也;孝悌,文之

---

① 《张载集》横渠易说·上经·坤,中华书局 1978 年版,第 81 页。
② 《张载集》横渠易说·上经·大有,同上书,第 98 页。
③ 孔安国传,孔颖达疏:《尚书正义》卷第三·舜典第二。一般认为,《尚书》中描写舜帝这句话是南齐姚方兴所加,但笔者认为即使如此,也反映了南齐时对"文明"一词的理解与运用。

美也;功业,文之容也;教化,文之明也;行政,文之纲也;号令,文之声也;圣人,职文者也。君子章之,庶人由之,具两仪之体,布三纲之象,全五常之质,叙九畴之数,道德以本之,礼乐以饰之,孝悌以美之,功业以容之,教化以明之,行政以纲之,号令以声之。燦然其君臣之道也,昭然其父子之义也,和然其夫妇之顺也。尊卑有法,上下有纪,贵贱不乱,内外不卖,风俗归厚,人伦既正,而王道成矣。"[1]

从上述"文明"的释义中,我们可以得出以下两点:首先,"文明"一方面与人文、中正之道相联系,强调柔顺守正、文治教化,具有人际和谐的价值取向,"文明"由个体之德上升为社会之德;另一方面又与天、天文相联系,强调天人感应与应天顺时,具有天人和谐的价值取向。其次,"文明"一词的使用往往与"威武"相对应,构成一个对立统一的范畴。这意味着与天人和谐、人际和谐价值取向同时并存的,还有威武、邪僻等等"非文明"现象,正是这种"现象"的存在,凸显了"文明"作为一种美德与文治教化的价值与意义。

从《周易》和《尚书》中"文明"的含义,以及其后魏王弼、唐孔颖达、宋张载、清章学诚等人的解释与使用,不难发现,"文明"的基本含义,即文德教化的意思,在他们的表述中基本上没有大的变化。这表明"文明"一词的基本含义与用法,从先秦、魏、唐、宋到 18 世纪,保持着文化的连续性。

然而,当这一词汇用于描述不同民族之间的差异时,带有文化优越感的"文明"观念也一直具有连续性,并在一定程度上有所发展。从《周易》和《尚书》中所提及的"文明"来看,"文明"一词的使用都不是一种孤立的状态,而是相对于"不文明"而言的。《易经》中的"文明"相对于"威武"而言,《尚书》中的"文明"相对于没有教养而言。因此,"文明"的存在,都以不文明的"他者"的存在为前提。正如前蜀杜光庭在其《贺黄云表》中所表述的,"柔远俗,以文明;慑凶奴,以武略",[2]在某种程度上意味着"远俗"

---

① 石介:《徂徕石先生文集》卷十三·书六篇·上蔡副枢书,陈植锷点校,中华书局 1984 年版,第 143—144 页。
② 杜光庭:《广成集》贺黄云表。

是不"文明"的。

　　从文化社会学的角度来说,任何一个概念的产生,都有其赖以形成的社会条件。那么,具有自我认同的"文明"观念在先秦时期是如何形成的呢?

　　先秦时期,中原的华夏"文明"意识是在"夷夏之辨"与文野之分的基础上形成的。夷夏之辨始于西周,到春秋时期,由于周天子地位的式微,齐、晋等诸侯竞相打出"尊王攘夷"的旗帜,其目的虽是为了争霸,挟天子以令诸侯,但在攘夷的过程中,各诸侯国加强了对中原文化的认同,从而促使了华夏文明的初步形成。由于中原诸夏与周边四夷(所谓东夷西戎南蛮北狄)存在着文化的差异,"尊王攘夷"便增强了诸夏自身文化一致性的认同。

　　中原与四夷的差异,从外在表现来看,主要是语言、习俗、生活方式等方面的不同。《礼记》中对四夷的描述是:"中国夷戎,五方之民,皆有性也,不可推移。东方曰夷,被发文身,有不火食者矣;南方曰蛮,雕题交趾,有不火食者矣;西方曰戎,被发衣皮,有不粒食者矣;北方曰狄,衣羽毛穴居,有不粒食者矣。"[1]因此孔子修《春秋》也是"内诸夏而外夷狄"[2],内外有别。这种文化差异由于地域和民族的不同而产生不同的文化认同。《左传》记载,鲁襄公十四年姜戎酋长驹支曾在晋国说:"我诸戎饮食衣服不与华同,贽币不通,语言不达。"[3]可见,姜戎虽已内迁至晋国南部,但因习俗、语言等与诸夏不同,仍以戎人自称,并没有完全认同华夏文化。外在的文化差异是形成不同认同的直观因素,但文明认同的核心,是对一种文明主流价值观的认同。在"尊王攘夷"的过程中,一个诸侯的行为是否"合法",关键在于他是否遵循了周礼。因此,以周礼为核心的价值体系在诸夏内部互动中不断完善并得到强化,为诸夏所认同。这从诸侯盟会中表现出来。管仲就曾说道:"戎狄豺狼,不可厌也;诸夏亲昵,不可弃也。"[4]他在此将戎狄"豺狼"化而强调诸夏亲昵。这样,一种文明的核心

---

① 郑玄注,孔颖达疏:《礼记正义》卷第十二·王制。
② 公羊寿传,何休解诂,徐彦疏:《春秋公羊传注疏》卷十八·成公十五年。
③ 左丘明传,杜预注,孔颖达正义:《春秋左传正义》卷第三十二·襄公十四年。
④ 同上书,卷第十一·闵公元年。

价值观及对这种价值观的认同逐渐形成了。正是因为夷狄不具备以周礼为核心的价值观和礼仪典章，这是夷夏之别的根本原因。中原为何称"华夏"？孔颖达在《左传》中正义说："夏，大也。中国有礼仪之大，故称夏；有服章之美，谓之华。华、夏一也。"[1]言外之意，周边四夷便缺乏"礼仪"与"服章"。从这些夷夏之辨的描述可以看出，华夏文明因其"礼"而优于周边文明，具有文化优越感的夷夏之辨和夷夏文野之分，在相当长的时期里与华夏文明的成长联系在一起。北宋时期，在面临北方少数民族政权威胁的背景下，石介的《中国论》便典型地反映了传统的夷夏观念："居天地之中者曰中国，居天地之偏者曰四夷。四夷外也，中国内也。""仰观于天，则二十八舍在焉；俯观于地，则九州分野在焉；中观于人，则君臣、父子、夫妇、兄弟、宾客、朋友之位在焉。非二十八舍、九州分野之内，非君臣、父子、夫妇、兄弟、宾客、朋友之位，皆夷狄也。二十八舍之外干乎二十八舍之内，是乱天常也；九州分野之外入乎九州分野之内，是易地理也；非君臣、父子、夫妇、兄弟、宾客、朋友之位，是悖人道也。苟天常乱于上，地理易于下，人道悖于中，国不为中国矣。"因此，中国之所以为中国，在于俗、教、礼、衣服、居庐不同于四夷，如果"各人其人，各俗其俗，各教其教，各礼其礼，各衣服其衣服，各居庐其居庐，四夷处四夷，中国处中国，各不相乱，如斯而已矣。则中国，中国也；四夷，四夷也"。[2] 这种观念，直到 19 世纪下半叶才开始改变。

中国历史表明，在 19 世纪中叶以前，华夏文明虽曾几度受到北方游牧民族的威胁，但这些威胁仅仅是政治和军事意义上的，而非文化意义上的，因为南下的游牧民族很快便被中原在文化上反征服了。由于华夏文明对"自我"与"他者"的区分并非族群意义上的歧视，而是文化意义上的差异。同时，由于华夏文明中和谐的价值取向，这为"自我"与"他者"在互动过程中的文化融合提供了可能，因而夷夏之间"互变"也成了可能。因此，在"自我"与"他者"的互动中，界限有时候是模糊的，在文化上可以"用夏变夷"，入主中原的少数民族政权以华夏正统自居，便是夷变夏的表现。

---

① 同上书，卷第五十六·定公十年孔《疏》。

② 石介：《徂徕石先生文集》卷十·论四篇·中国论，陈植锷点校，中华书局 1984 年版，第 116—117 页。

因此，从这一角度来说，直到 19 世纪中叶，华夏文明生存的国际文化环境一直没有发生根本性的变化，华夏文明在东亚一直处于中心地位。正因为如此，中国古代的"文明"观念也就不具备发生根本性变化的国际条件，这就是为何到章学诚时代，"文明"概念仍然与先秦时期的含义没有多大差异的重要原因。

由上可见，中国与欧洲在 19 世纪中叶前都有自己的"文明"概念与观念，中国的"文明"与欧洲的"civilisation"在相遇之前是一个近义词，最初都表示一种具有较好修养的道德与行为，以及以此为基础具有教化的社会，以别于没有教养的粗野行为与社会状态。当然，所谓是否有教化，衡量的尺度是从中国与欧洲各自文化价值标准出发的。因此，一个国家或族群所理解的"文明"，尽管具体涵义有差异，但其共性是对自身行为及其社会发展水平的一种认知与文化认同，它与"野蛮"相对应，不可避免地带有自我中心主义的色彩。

然而，中国与欧洲表面相同的两种文化中心主义，却在与他者的互动中具有不同的形式与后果。最为典型的事例便是明朝郑和下西洋和欧洲人到达美洲，互动的后果是完全不同的。郑和下西洋是将已有的以中国为中心的国际体系扩大了，而欧洲发现美洲的结果，是以欧洲为中心的殖民体系的建立。因此，这两个航海事件的后果，意味着两个不同的国际体系与国际秩序。究其原因，从"文明"观念的角度来解释，便是由于中国与欧洲"文明"观念反映出的文化价值之差异造成的。

19 世纪中叶之前中国的"文明"观念，强调柔顺守正与文治教化，具有人际和谐与天人和谐的价值取向，因此虽然怀着自我中心主义来对待远人，却强调"修文德以来之"，所谓"圣人之治天下也，先文德而后武力。"[1]武力是下下策，以华夏文化怀柔远人成为中国历代王朝处理对外关系的重要政策。反观欧洲的扩张，不难发现，欧洲人以种族中心主义心态来对待"他者"，不是以文德来怀柔，而是以武力来征服。这是欧洲殖民主义的文化根源。从经济因素来看，中国人注重文明柔远，不以获取经济利益为先导，故而对待他者较为温和。而欧洲人在对外关系中，以经济利

---

[1] 刘向：《说苑》卷第十五·指武。向宗鲁校证，中华书局 1987 年版，第 380 页。

益为先导,这必然造成与他者的利益冲突,故而在其对外扩张过程中,文化与武力是并举的,造成对其他文明体的破坏甚至毁灭。

遗憾的是,19世纪中叶以后,由于中国在与欧洲的互动中处于劣势,中国知识分子在对待西方文明的态度上也由"中体西用"演变为"西化",最终导致中国放弃了自身传统的"文明"观念而选择接受了西方的"文明"观念。

"文明"概念在19世纪中国的嬗变

19世纪上半叶的中国知识分子,对"文明"一词的使用基本上保持着先秦以来的传统。例如,陆以湉在其《冷庐杂识》中说道:

> "桂林陈莲史方伯继昌,廷试时,因病勉力对策,仅得完卷。阅卷大臣初拟第二,歙曹文正公振镛谓:'本朝百余年来,三元只一人,无以彰文明之化。'改置首列。遂以三元及第。其座师刊'桂林一枝'图章赠之。"①

魏源在其《古微堂诗集》中也用到了"文明"一词:

> "试问仓颉前,谁睹文明造。周书千不一,商前万无考。"②
> "泰伯与箕子,商、周剥复期。断发适荆蛮,佯狂走东垂。遂开文明化,千载周、孔齐。青牛未适胡,乘桴未浮夷。春阳一启蛰,八表开霆曦。始知声与光,所届无端倪。"③
> "今日斗米黄巾薮,昔时柴胡桔梗沮泽旁。吴越文明甲天下,昔时断发文身化。齐、鲁今谁礼乐郊,幽、燕盛竟长安亚。"④

---

① 陆以湉:《冷庐杂识》卷三·桂林一枝。
② 魏源:《古微堂诗集》卷一·偶然吟十八章呈婺源董小槎先生为和师感兴诗而作。
③ 同上。
④ 魏源:《古微堂诗集》卷七·观往吟。

这几处“文明”的使用，基本上都是指具有文德和教化的社会状态，与“荆蛮”相对应。魏源在此把“仓颉”与“文明”联系在一起，表明识文断字是“文明”的重要表现。具有文德修养的泰伯和箕子，断发文身走“东垂”，使“荆蛮”之地“文明化”了，尤其是泰伯后裔的吴越社会，“文明”达到了“甲天下”的程度。因此，魏源在此所说的“文明”，虽仍是中国传统“文明”的用法，但他通过今昔对比的方式，已有用来表达一种社会开化或进步的意思，与 civilisation 的含义非常接近。

那么，中文的“文明”与西文的“civilisation”是何时及如何对译起来的？对译之后“文明”的内涵在中国发生了怎样的变化？国内学者关于近现代中国“文明”概念及其所反映观念的研究，已有多篇论文问世，[①]这些研究具有重要参考价值。但笔者认为，这个问题仍有进一步探讨的必要。

有学者认为，把 civilisation 译成中文“文明”，至少可以追溯到1833—1838 年间出版的杂志《东西洋考每月统记传》，提出“文中‘文明’概念之西洋对应词便是 civilisation。根据是：早在‘文化’、‘文明’还未在欧洲成为流行概念之前，基督教已在观念上将西方文明（civilisation）归结为基督教文明，并视之为西方文明的核心”。[②] 对此，笔者认为这种推断难以令人信服。这里从三个方面予以说明。

首先，从“文明”一词在《东西洋考每月统记传》中的使用含义来看，它与 19 世纪之前中国的传统用法没有什么差别。文中首次使用“文明”，恰好是引用《尚书》中的舜帝“濬哲文明”，[③]其后几处提到“化昭文明之治以留其教泽”“昭文明而流教泽”等。这些用法，从文章内容来看，其含义仍停留于伦理道德层面，并没有扩大到当时欧洲“文明”概念已含有的文化成果与社会进步的含义，因而其范畴仍然没有脱离中国传统的“文明”概念，因此宜视之为中国固有词汇及其传统含义的使用。

---

① 参见方维规：《论近现代中国“文明”、“文化”观的嬗变》（《史林》1999 年第 4 期）；黄兴涛：《晚清民初现代“文明”和“文化”概念的形成及其历史实践》（《近代史研究》2006 年第 6 期）；史革新：《近代文明观形成浅议》（《史学史研究》2007 年第 3 期）；戴银凤：《Civilisation 与“文明”——以〈时务报〉为例分析“文明”一词的使用》（《贵州师范大学学报》2002 年第 3 期）等等。

② 方维规：《论近现代中国“文明”、“文化”观的擅变》，《史林》1999 年第 4 期。

③ 爱汉者等编：《东西洋考每月统记传》道光丁酉年正月，《洪水后纪》。

其次，在《东西洋考每月统记传》中，"文明"与"教泽"常一并使用确是事实，认为其中的作者将"文明"强调为基督教文明，这种理解也有一定的合理性。然而，19 世纪之前中国知识分子所用的"文明"概念，"文"的内涵恰恰是儒家伦理，以儒家伦理来行教化，是外来传教士试图要加以改变的。他们的使命是以基督教教义来行教化。因此，"文明"中的"文"，自然要以基督教教义来取代儒家伦理，这就不难理解多次使用"昭文明而流教泽"这种说法了。

第三，《东西洋考每月统记传》出版后的 30 多年间，没有证据表明期间有人将 civilisation 译作中文的"文明"。而恰恰相反，许多史料却表明，学者们将 civilisation 译成了中文的"教化""服化""文雅"等等。例如，美国传教士丁韪良于 1864 年翻译的《万国公法》，英文版中有 64 处用了形容词 civilized，有 13 处用了名词 civilisation，而中文版却根本没有使用"文明"。他将 the civilized and Christian people of Europe 译为"欧罗巴崇耶稣服化之诸国"，把 the most civilized 译为"教化最盛"，把 savage and civilized 译为"蛮貊文雅"，[①]the progress of civilisation 译为"教化既盛"，[②]civilized nations 译为"服化之国"。[③]

至 19 世纪 70 年代，似乎 civilisation 在中国还没有与中文"文明"对译起来，这在郭嵩焘的《伦敦与巴黎日记》中反映出来，因为 1878 年的郭嵩焘将英文 civilized 音译为"色微来意斯得"，或解释为"有教化"的。他说：

> "盖西洋言政教修明之国曰色维来意斯得[civilized]，欧洲诸国皆名之。其余中国及土耳其及波斯，曰哈甫色维来意斯得[half-civilized]。哈甫者，译言得半也；意谓一半有教化，一半无之。其名阿非利加诸回国曰巴尔比里安[barbarian]，犹中国夷

---

① 惠顿：《万国公法》，丁韪良译，上海书店出版社 2002 年版，第 7—9 页；Henry Wheaton, *Elements of international law*，Boston，1866，pp. 17 - 18.

② 同上书，中文版第 69 页，英文版第 21 页。

③ 同上书，中文版第 9 页，英文版第 23 页

狄之称也,西洋谓之无教化。"①

郭嵩焘在此使用了音译与意译并用的办法,意译"有教化",正是丁韪良等人翻译 civilisation 或 civilized 的主要对应词。另外,1875 年香港出版的《字典汇集》中,也将 civilisation 译为"教以礼仪、教化之事、礼貌、文雅",②而不是"文明"。

然而,在黄遵宪初版于 1879 年的《日本杂事诗》中,却有了"文明"一词。黄遵宪写道:"一纸新闻出帝城,传来令甲更文明。曝檐父老私相语,未敢雌黄信口评。"诗中注云:"新闻纸中述时政者,不曰文明,必曰开化。"③在此,黄遵宪以报纸为例评述了日本学习西方文明的态度。注中所说"文明""开化",正是日本明治维新的重要主题之一。因此,此处所用"文明",并非中国传统意义上的文明,而是当时日本人所谓的"文明"。而日本福泽谕吉于 1875 年出版的《文明论概略》,明确提出"文明"一词是英语的 civilisation。④ 从郭嵩焘与黄遵宪的比较可以看出,虽然不清楚最初在中国是由谁首先用"文明"来指称西方的 civilisation,但可以推断,西方意义的"文明"一词,很可能并非中国学者或传教士直接译自西文,而是从日本汉字中借用而来,即"和制汉语"。由于《日本杂事诗》在 1879 年即有北京同文馆、香港循环日报馆、中华印务局等多个版本问世,应该说对中国知识分子产生了不小的影响。因此它的出版,可以说是西义"文明"在中国出现的重要标志。

西方意义上的"文明"概念在中国大量使用,是在甲午战争之后。翻检 1895 年至 1910 年间维新派与革命派知识分子的著述,不难发现,"文明"一词的使用频率较前大为增加。这里偶举数例,对此一时期中国知识分子所用新义"文明"的涵义予以分析。

梁启超在 1896 年的《论中国宜讲求法律之学》,主题虽是论述法律于

① 郭嵩焘:《伦敦与巴黎日记》卷十七,光绪四年二月初二日。
② 黄兴涛:《晚清民初现代"文明"和"文化"概念的形成及其历史实践》,《近代史研究》2006 年第 6 期。
③ 黄遵宪:《日本杂事诗(广注)》,岳麓书社 1985 年版,第 642 页。
④ 福泽谕吉:《文明论概略》,北京编译社译,商务印书馆 1959 年版,第 30 页。

中国之重要,却间接表述了他对法律与文明关系的看法:"法律愈繁备而愈公者,则愈文明,愈简陋而愈私者,则愈野番。"他认为,法律可以使文明之国战胜野番,"使世界渐进于文明大同之域"。然而,"今吾中国聚四万万不明公理不讲权限之人,以与西国相处,即使高城深池,坚革多粟,亦不过如猛虎之遇猎人,犹无幸焉矣。乃如此之国势,如此之政体,如此之人心风俗,犹嚣嚣然自居于中国而夷狄人,无怪乎西人以我为三等野番之国"。因此,他提出"吾愿发明西人法律之学,以文明我中国"。① 由此可见,法律与法治是文明的重要标志,如果一个国家的人民讲公理讲权限,政体与人心风俗有"至繁至公之法律",便是"文明"的。另一方面,梁启超从进化论出发,以法律完备与公正的程度为尺度来衡量文明与否,提出了文明与野蛮的相对性:"抑又闻之,世界之进无穷极也,以今日之中国视泰西,中国固为野蛮矣。以今之中国视苗、黎、獞、猺及非洲之黑奴,墨洲之红人,巫来由之棕色人,则中国固文明也。……然则文明野番之界无定者也,以比较而成耳。"②"文明"的相对性,表明文明程度是可以改变的,中国如果学习西方法律,成为西式法治国家,那么相对西方而言也称得上文明国家。

从1901年的《中国史叙论》中,我们又可以看到梁启超对"文明"的另一种理解:"西人论世界文明最初发生之地有五:一曰小亚细亚之文明,二曰埃及之文明,三曰中国之文明,四曰印度之文明,五曰中亚美利加之文明。而每两文明地之相遇,则其文明力愈发现。今者左右世界之泰西文明,即融洽小亚细亚与埃及之文明而成者也。"③在此,"文明"是指地域性的历史文化共同体,这些共同体取得了不同的物质与精神成果,而这些成果反映的社会总体发展水平的高低,在不同文明相遇时表现为"文明力"的强弱。这种实体"文明"的基础,就是"地理与人民"这两个基本要素,"地理与人民二者常相待,然后文明以起,历史以成;若二者相离,则无文

---

① 梁启超:《论中国宜讲求法律之学》,张品兴等主编:《梁启超全集》第一册,北京出版社1999年版,第60页。
② 梁启超:《论中国宜讲求法律之学》,《梁启超全集》第一册,第60页。
③ 梁启超:《中国史叙论》,《梁启超全集》第一册,第448页。

明,无历史"。①

1898 年 5 月 11 日的《湘报》上,有一篇《论湖南风气尚未进于文明》的文章,批评当时一些人认为湖南已经进入"文明",因为这些人认为:

> "今南学会开矣,湘学报馆设矣,时务学堂尤大有规模矣,省垣及各府州县书院亦渐讲变通矣,制造则有公司,矿产亦将开采,举积不能行之电线而行之弗阻,创屡不可通之轮船而通之弗违,铁路已露机牙,方言特营馆舍,保卫初议,禀请速行者纷如,舆算求精,专门为会者林立。推而至于一不缠足会,入其籍者,新闻纸日日题名。苟非风气之大开,文明之成化,其雷动风驰、云蒸霞起,能如是乎?"②

该文作者并不认为如此,而是指出:"风气之开,或者此为起点;文明之化,其实尚未权舆。"因此湖南的"文明"进程才刚刚开始。在此,"文明"表现为开学会、设报馆、建学堂、讲变通、办公司、开矿产、架电线、通轮船、修铁路、立协会等等,因而具有深厚的西方色彩。

20 世纪初,革命派知识分子也广泛使用西义"文明"一词,"文明"成为他们宣扬革命的理论工具。例如,邹荣的《革命军》(1903 年)中多达 12 处提到"文明",而且时常将"文明"与"野蛮"对应并用,提倡"文明之革命",反对"野蛮之革命",革命就是要"由野蛮而进文明"。因为他还意识到,"彼英法等国之能亡吾国也,实其文明程度高于吾也"。③

综上所述,19 世纪 70 年代之前,中国的"文明"概念是传统的狭义用法,主要指"以文教化"。此后,西文 civilisation 译为"文明"经日本传到中国,从而改变了中文"文明"一词的内涵。"文明"之义除保留了原有的"教化"之外,至少还增加了两层意思:一是指以欧洲国家的物质与精神文化成果为标准来衡量的社会状态,如求法治、开学会、设报馆、建学堂、讲改

---

① 梁启超:《中国史叙论》,《梁启超全集》第一册,第 450 页。
② 《湘报》第五十七号,光绪二十四年闰三月二十一日。
③ 参见邹荣:《革命军》,华夏出版社,2002 年。

革、办公司、开矿产、架电线、通轮船、修铁路、立协会等等，都视为"文明"的表现。二是将文明看作一个历史文化共同体，包括这个共同体所取得的物质与精神文化成果的总和。

晚清知识分子为何接受西方"文明"观

19世纪下半叶的中国知识分子为何要接受欧洲的"文明"概念及其观念？这看起来是一个颇为简单的问题，因为从晚清社会来看，在民族危机与维新图强的背景下，学习西方成为趋势，欧洲的"文明"观念也就随着许多新思想进入了中国。然而，如果我们仔细考察一下欧洲"文明"观念进入中国的国际形势与国际话语环境，便会发现，欧洲"文明"观念进入中国，是中国与欧洲及日本互动的结果。可从以下三个方面来理解。

首先，19世纪的欧洲"文明"话语对当时中国"开眼看世界"的部分知识分子明显产生了影响。19世纪中叶以后，一部分晚清知识分子走出国门，直面西方，身临其境地感受到了以英国为首的欧洲国家所编织的"文明"话语，但由于时代的局限，他们并不具备反思欧洲"文明"话语的条件，而是选择了接受。例如，郭嵩焘与梁启超都接受了将世界按文明程度不同分为三个等级的理论。郭嵩焘在对欧洲人关于文明、半文明和野蛮国家的分类进行介绍之后，评述道："三代以前，独中国有教化耳，故有要服、荒服之名，一皆远之于中国则名曰夷狄。自汉以来，中国教化日益微灭；而政教风俗，欧洲各国乃独擅其胜。其视中国，亦犹三代盛时之视夷狄也。中国士大夫知此义者尚无其人，伤哉！"①由此看来，郭嵩焘对中国被置于半文明国家地位是认可的，并认为中国文明自汉以来就衰微了，甚至已沦为"夷狄"。梁启超在《自由书》（1899年）之《文野三界之别》中，也谈到了西方的文明等级理论："泰西学者，分世界人类为三级。一曰蛮野之人，二曰半开之人，三曰文明之人。其在春秋之义，则谓之据乱世、升平世、太平世。皆有阶级，顺序而升。此进化之公理，而世界人民所公认

---

① 郭嵩焘：《伦敦与巴黎日记》卷十七，光绪四年二月初二日。

也。"①可见在梁启超看来,世界人类分为三个等级,是合理且得到公认的。虽然,他撰写此文之时身居日本,但其"文明"观对中国影响甚大,这种观点不可能不传导给国人。

其次,欧洲"文明"标准通过国际法对晚清官吏与知识分子产生影响。19世纪的欧洲人自命肩负着"文明"使命,把侵略扩张美其名曰传播"文明",从而使其行为具有"合理"性与"合法"性,这样,"文明"观念成了欧洲称霸世界的工具与意识形态。他们将这种意识形态强加于非西方世界,由此形成了国际关系中的"文明"标准。按照欧洲"文明"标准,晚清中国只是一个"半文明"或"半野蛮"的国家。当欧洲人以其"文明"标准来处理与中国的关系时,与中国自身的"文明"标准必然发生矛盾。因此,鸦片战争及19世纪下半叶的一系列中西冲突,虽然是出于经济利益的军事冲突,但从文化及观念来看,是两种带有不同程度自我中心主义的文明观之间的碰撞。"冲突的核心是文明的标准,这种标准由不同文明自身所认同并以此来规范其国际关系。"②因此,19世纪下半叶中国与欧洲的互动,是不同文化价值体系之间的互动。在这种互动中,欧洲人凭借其经济与军事力量,掌握了互动中的话语权,其结果是以欧洲的文明标准将中国纳入到欧洲主导的国际体系与国际秩序之中。③

当然,晚清涉外官吏与知识分子在接受欧洲"文明"观念与"文明"标准的过程中,也表现出了一定的能动性。美国传教士丁韪良先后翻译的《万国公法》(1864年)、《星轺指掌》(1876年)、《公法便览》(1877年)和《公法会通》(1880年),较早、较系统地向中国传递了欧洲"文明"标准。例如,《万国公法》和《公法会通》都明确表明国际法是"文明"国家适用的

---

① 梁启超:《文野三界之别》,《梁启超全集》第一册,第340页。

② Gerrit W. Gong: *The Standard of "Civilization" in International Society*, p3.

③ 韩国学者河永生(Young-Sun Ha)认为,到19世纪中叶止,欧洲国际秩序与中国的世界秩序有三大不同:其一,欧洲国际秩序中的主要行动者是诸多民族国家,而中国世界秩序是由大小不同政权等级构成的单一体;其二,欧洲国际秩序中讲求权力与财富,而中国世界秩序中讲求的是"礼";其三,欧洲国际秩序中以权力制胜,而中国世界秩序中以"事大慈小"方针来实现大小不同政权之间的中庸行为规范。见 Young-Sun Ha: The Conceptual History of Civilization in the 19th Century Korea,该文为第十届观念史国际会议的参会论文,见 http://www.itb. itu. edu. tr/ anchorage/ papers/。

法律，"盖此公法或局于欧罗巴崇耶稣服化之诸国，或行于欧罗巴奉教人迁居之处，此外奉此公法者无几"。① "是以公法之道，惟赖教化隆盛之国（civilisirten Staten）以行之。"② 虽然，丁韪良在这些翻译中没有使用"文明"一词，但清朝涉外官吏都可从这些文本中体会到欧洲"文明"的内涵，并在涉外事务中认识到，只有遵守这些规则，才能较为顺利地与欧洲国家交涉。因此，从恭亲王奕訢到总理衙门各级官吏，都表现出学习国际法的积极姿态。当奕訢获得《万国公法》之后，奏请刊行的理由是，通过了解"外国条例"而"借彼国事例以破其说"，"遇有事件，亦可参酌援引"。③ 本来，奠基于《威斯特伐里亚和约》的欧洲国际法，它只适用于欧洲国际社会，但在欧洲国家与清政府交涉过程中，由于中国丧失了话语权，不能按中国的"天下"秩序来处理国际关系，欧洲国家便根据其国际法准则，在处理与中国的关系中持双重标准。一方面，他们以国际法中保护外国公民、自由通商、派驻领事等规定来要求清政府。另一方面，他们又认为当时中国并非"文明国家"，因而不完全适用于国际法，尤其是在国家主权独立、平等方面，否认中国享有国际法中规定的这些权利。中国在国际法及国际社会中处于"部分承认"的"半野蛮"国家地位，给中国带来了危害。当时，这种被排斥于国际法之外所带来的危害，已为一部分知识分子所认识。薛福成就是其中的杰出代表。他在《论中国在公法外之害》（1892年）一文中指出，西人"谓中国为公法外之国，公法内应享之权利，阙然无与。如各国商埠，独不许中国设领事官；而彼之领事在中国者，统辖商民，权与守土官相埒；洋人杀害华民，无一按律治罪者；近者美国驱禁华民，几不齿中国于友邦。……公法外所受之害，中国无不受之。……曷若以公法为依归，尚不受无穷之害。……近年以来，使臣出驻各国，往往援据公法为辩论之资，虽有效有不效，西人之旧习稍改矣"。④ 因此，中国也应该像日本那样，"尽力经营，以求附乎泰西之公法"，利用公法来保护自己。

---

① 惠顿：《万国公法》，第 8 页。
② 布伦：《公法会通》卷一第五章，丁韪良译，光绪庚辰同文馆聚珍版。
③ 《同治朝筹办夷务始末》卷二十七。沈云龙主编：《近代中国史料丛刊》第 62 辑，文海出版社1966 年版，第 2701—2702 页。
④ 《筹洋刍议——薛福成集》，徐素华选注，辽宁人民出版社 1994 年版，第 157 页。

驻外公使的行为已经表明了公法在改变西方对华态度上的作用。由此可见,国际法成了晚清知识分子接受西方"文明"观念并按西方"文明"标准来改造国家的一个重要媒介。

第三,甲午战争之后,晚清知识分子在日本"文明开化"和"脱亚入欧"取得成功的示范作用下,逐渐放弃了"中体西用"而开始选择接受欧洲"文明",并要求在内政改革与对外关系中按照欧洲"文明"标准来行动。因此,晚清"文明"观的变化离不开日本因素。一方面,西义"文明"概念很可能从日本传入中国;另一方面,日本积极学习西方"文明"而实现了"脱亚入欧",并在19世纪末20世纪初先后战胜中国和俄国,成为中国知识分子接受西方"文明"的正面教材。

19世纪下半叶日本学者的"文明"观念,影响最大者莫过于福泽谕吉。他在《文明论概略》中所讲的"文明",完全是西方意义的"文明",因为他对这一点有明确的说明。若将梁启超的文明观与福泽谕吉的文明观进行对比,不难发现,梁启超深受福泽谕吉的影响。例如,梁启超在《文野三界之别》中所说文明分三等,正是福泽谕吉采用西方学者的观点:"文明、半开化、野蛮这些说法是世界的通论,且为世界人民所公认。"[1]福泽谕吉认为文明是一个相对概念,"现今的世界文明,还正在前进的道路上,所以政治也显然处在前进的途中,各国之间前后相差不过几步而已。以英国和墨西哥相比较,英国的文明走在前面,政治也走在前面。美国的风俗虽然不好,但若与中国的文明相比,却略胜一筹,因此美国的政治也就比中国好"。[2]而梁启超在《论中国宜讲求法律之学》中也持完全相似的文明相对论,提出"文明野番之界无定者也,以比较而成耳"。

日本自明治维新始,便不遗余力实施"文明开化"与"脱亚入欧"策略,其在对外交涉中的精彩"表演",不能不对晚清知识分子产生影响。按照欧洲"文明"标准,在战争期间能否遵守战争法,被视为文明与否的重要表现。甲午中日战争中,日本正是利用这一点为自己在欧洲人面前初步树立起了"文明"形象。1894年8月1日,日本按照国际法正式对清政府宣

---

① 福泽谕吉:《文明论概略》,第9页。
② 同上书,第40—41页。

战，并在宣战书中明确表示"与万国公法保持一致"。日本如此力图"师出有名"，是想做给欧洲国家看，一是不给他们干涉的借口而使其中立；二是向他们表明日本是"文明"国家。事实证明日本达到了这两个目的。英国法学家霍兰德(Thomas Erskine Holland)于1898年对这次战争评论说："日本在对待敌人和处理与中立国关系方面都遵守了战争法，其行为堪比西欧最文明的国家。而中国则没有表现出她能进行文明的战争。"[1]在1904年日俄战争期间，日本《国民新闻》有一篇文章《论日俄战争之真相》，更表明了日本是如何"树立"其文明国家形象的。文章说道："今次之战，就日本而论，虽为我国之安全、远东之平和计，然合世界而观之，乃为文明、公正及世界各国之利益，以仗义而起也。""吾今表我国文明之程度，为世界旁观者，扫其偏见，明其公道。试以战后我国之举动，与俄国较，孰为文明，孰为野蛮，一目了然矣。"[2]由于日本在对外交涉中极力运用国际法和西方话语，以打造自己"文明"国家的形象，最终为西方国家所认可和接纳，成为亚洲国家中最早进入欧洲主导的"国际社会"的成员。这些都为晚清知识分子尤其是留日学生所熟知。正因如此，中国留日学生比留学欧美者更强调"文明开化"，更多地使用"文明"一词。

由上可见，"文明"观念在19世纪的欧洲，是在民族国家自主发展与对外扩张过程中建构起来的，由此形成一套"文明"话语，并成为欧洲称霸世界的意识形态。而"文明"概念在19世纪的中国，虽然也与自身的国际地位与民族命运紧密相连，但它却与欧洲的情况恰恰相反。中国在与欧洲国家互动的过程中，民族自信遭遇危机，由此导致中国固有"文明"观念在19世纪70年代之后，出现了一个西化的过程，造成了"文明"观念在中国的嬗变。

---

[1] Susumu Yamauchi："Civilization and International Law in Japan During the Meiji Era (1868－1912)"，*Hitotsubashi Journal of Law and Politics*，24 (1996).

[2] 吕浦等编译：《"黄祸论"历史资料选辑》，中国社会科学出版社1979年版，第357、359页。

图书在版编目(CIP)数据

西方"文明"概念史/刘文明,魏孝稷主编.—上海:上海三联书店,2023.9
ISBN 978-7-5426-8251-2

Ⅰ.①西… Ⅱ.①刘…②魏… Ⅲ.①文化史-研究-西方国家 Ⅳ.①K103

中国国家版本馆 CIP 数据核字(2023)第 184805 号

西方"文明"概念史

主　　编 / 刘文明　魏孝稷

责任编辑 / 郑秀艳
装帧设计 / 一本好书
监　　制 / 姚　军
责任校对 / 王凌霄

出版发行 / 上海三联书店
　　　　　(200030)中国上海市漕溪北路 331 号 A 座 6 楼
邮　　箱 / sdxsanlian@sina.com
邮购电话 / 021-22895540
印　　刷 / 上海普顺印刷包装有限公司

版　　次 / 2023 年 9 月第 1 版
印　　次 / 2023 年 9 月第 1 次印刷
开　　本 / 640mm×960mm　1/16
字　　数 / 270 千字
印　　张 / 18.5
书　　号 / ISBN 978-7-5426-8251-2/K·742
定　　价 / 78.00 元

敬启读者,如发现本书有印装质量问题,请与印刷厂联系 021-36522998